루스 베네딕트

루스 베네딕트

인류학의 휴머니스트

마거릿 미드 지음 | 이종인 옮김

연암서가

옮긴이 **이종인**

1954년 서울에서 태어난 이종인은 고려대 영문과를 졸업하고 한국 브리태니커 편집국장, 성균관대 전문 번역가 양성 과정 교수를 역임했다. 현재 전문 번역가로 활동 중이다. 옮긴 책으로 『파더링 : 아버지가 된다는 것』, 『촘스키, 사상의 향연』, 『폴 오스터의 뉴욕 통신』, 『오픈북』, 『폰더씨의 위대한 하루』, 『성서의 역사』, 『자서전』(프랭크 로이드 라이트), 『축복받은 집』, 『비블리오테라피』, 『만약에』, 『영어의 탄생』 등이 있고, 지은 책으로는 『전문번역가로 가는 길』, 『번역은 내 운명』(공저), 『지하철 헌화가─번역가 이종인의 책과 인생에 대한 따뜻한 기록』 등이 있다.

루스 베네딕트

2008년 4월 21일 초판 1쇄 인쇄
2008년 4월 25일 초판 1쇄 발행

지은이 | 마거릿 미드
옮긴이 | 이종인

펴낸이 | 전명희
펴낸곳 | 연암서가
등록 | 2007년 10월 8일(제396-2007-00107호)
주소 | 경기도 고양시 일산동구 장항동 591-15 2층
전화 | 031-907-3010
팩스 | 031-932-8785
이메일 | yeonamseoga@naver.com

ISBN 978-89-960434-1-6 03380
값 12,000원

옮긴이의 말

  이 책은 저명한 문화인류학자 마거릿 미드(1901~1978)가 집필한 『루스 베네딕트』 전기(1974) 출간 30주년을 맞아 펴낸 컬럼비아 대학 출판부 기념판(2005)을 완역한 것이다. 마거릿 미드가 1978년에 사망하고 1990년대에 들어 미의회도서관에 보관 중이던 마거릿 미드 문서 중 루스 베네딕트 관련 문서를 입수할 수 있게 되면서, 두 사람이 1920년대 중반에 몇 년에 걸쳐 연인 사이였음이 확실하게 밝혀졌다. 이런 새로운 정보를 감안하여 베네딕트를 연구하는 서던 캘리포니아 대학의 두 교수가 새로이 추천사 두 편을 써서 이 책에 덧붙였다.

  루스 베네딕트(1887~1948)는 일본문화 연구서인 『국화와 칼』(1946)과, 문화의 다양성을 추적한 『문화의 패턴』(1934)을 쓴 미국의 문화인류학자이다. 특히 『국화와 칼』은 제2차 세계대전 종전 후 일본에서 번역되어 베스트셀러가 되었고 그 후 매해 15만 부 이상씩 팔리는 스테디셀러로 자리 잡았다. 한국에서도 1974년에 번역판이 나와서 지금까지 꾸준한 인기를 누리고 있다. 『문화의 패턴』은 북아메리카의 두 인디언 부족인 주니 족과 콰키우틀 족, 그리고 동부 뉴기니의 도부 족 등 3개 부족을 서로 비교하면서 문화의 상대성과 문화가 개인의 성격에 미치는 영향을 설명한 책이다. 발간 당시 12개국 언어로 번역되는 큰 성공을 거두었고 영어판만도 약 160만 부가 팔렸다. 문화인류학의 진면목을 소개한 이 책은 한국에서도 1980년에 번역판이 출간되었다.

문화나 문화의 다양성 같은 용어는 상당히 학술적인 분위기를 풍기기 때문에, 우리는 이러한 책들의 저자인 베네딕트가 상아탑의 창백한 지식인이 아니었을까 어림짐작하게 되는데, 실은 전혀 그렇지 않다.

베네딕트는 1887년 뉴욕 시에서 태어나 두 살 무렵에 외과 의사이던 아버지가 급사하는 바람에 뉴욕 주 섀턱 농장 (외할아버지 집)에서 자랐다. 어머니는 교사와 도서관 사서 등으로 일하면서 힘겹게 두 딸을 키웠다. 그 때문에 베네딕트는 내면적으로 깊은 고뇌를 느끼며 성장했다. 과부 생활의 어려움을 지속적으로 호소하던 어머니에게 심한 염증을 느꼈고, 발작 비슷한 격심한 신경질을 부리기도 했다. 어린 베네딕트기 아비지의 관 옆에 서 있는데 어머니가 신경질적으로 아버지의 얼굴을 기억하라고 채근하는 바람에 그런 신경질적인 여자가 되었다고 회상하기도 했다. 게다가 그녀에게는 신체적 장애도 있었다. 아주 어릴 적에 열병을 앓아 한쪽 귀의 청력을 잃었다. 이 때문에 성격이 우울해졌는데, 두 살 아래 여동생 마저리는 성격이 밝고 예쁘고 활달한 아이이여서 더욱 대조가 되었다. 그녀는 자신의 우울한 성격을 혐오하여 심적으로 대혼란을 겪었다. 하지만 겉으로는 침착하고 눈물 없는 외양을 꾸며야 했기 때문에 더욱 자기 혐오감이 깊어졌다. 베네딕트는 고등학교 시절부터 시를 썼고 1909년 배서 대학 영문과를 우등으로 졸업했다. 그녀는 한때 문필업에 전념할 생각도 있었으나 문화인류학에 입문하면서 시 쓰기를 중단했다.

베네딕트는 1914년 여름 스탠리 베네딕트와 결혼했다. 이 무렵 남편은 뉴욕 시 코넬 의과대학에서 생화학자로 근무하는 장래가 촉망되는 사람이었다. 그러나 결혼 후에도 자기 정체성의 확립이라는 문제를 두고 남편과 갈등을 빚었다. 그녀는 그런 갈등을 해결해줄 촉매제로서 아이의 출생을 간절히 기다렸다. 하지만 1919년 결정적 전환점이 찾아왔다. 이해에 그녀는 아주 위험한 수술을 받지 않으면 아이를 가질 수 없다는 사실을 알게 되었는데, 남편이 그 수술에 반대하면서 부부 관계는 더욱 틀어졌다. 이제 아이를 낳을 수 없다는 사실을 안 베네딕트는 자신의 길을 가기로 결심했다.

그녀는 32세가 되던 1919년 일반인을 위한 인류학 강의를 들으면서 그것이 아주 흥미로운 학문임을 알게 되었다. 평소 늘 갖고 있던 질문들, 가령 "나는 누구인가?" "나는 왜 이런 성격의 소유자인가?" "나는 왜 인생에 많은 두려움을 느끼는가?" "나는 왜 현대 미국 사회에서 소외감을 느끼는가?" "내가 할 수 있는 가장 가치 있는 일은 무엇인가?"에 대한 답변을 문화인류학에서 찾을 수 있을지도 모른다고 생각한 그녀는 이 학문에 매진했고, 이후는 누구나 다 아는 이야기가 되었다.

여기에 번역한 루스 베네딕트 전기는 하나의 감동적인 이야기다. 절반쯤 청각장애인이 된 아이, 조울증 기질을 가진 소녀, 결혼에 실패하여 별거한 여자, 성 정체성에 심한 혼란과 갈등을 느낀 여자, 남성 주도의 대학 사회에서 차별 대우를 받으며 경쟁해야 하는 여성 학자 등 온갖 불리한 상황을 극복하고 세계적 인물이 되었으니 말이다.

비록 베네딕트 생존 당시에는 알려지지 않았으나 그녀의

성 정체성 또한 독특한 인생의 에피소드이다. 미드가 이 책을 집필했던 1974년 당시만 해도 미국 내에서 동성애는 반드시 숨겨야 할 혐오 사항이었다. 따라서 미드는 이 문제를 정면에서 다루지는 못했지만, 그래도 자신의 깊은 관심을 완전히 감추지는 못했다. 이 책의 행간을 읽어보면 그런 관심사가 배어 나오는데, 가령 미드는 이렇게 말하고 있다. "대학 시절 그녀는 영문학을 전공했고, 아주 외로운 학생이었으나 기이한 방식으로 다른 외로운 사람들에게 매력적인 인물이었다." 베네딕트가 외로운 여성에게 강하게 어필하는 사람이었음을 암시적으로 말하고 있는 것이다. 이어 55페이지의 사진 캡션은 "그녀의 아름다움이 시들어가던 무렵, 1924년경"이라고 되어 있는데, 이때는 베네딕트가 자신의 성 정체성과 관련하여 커다란 시련을 겪고 있던 시기였다. 그러나 64페이지의 사진은 "그녀의 아름다움이 회복된 시절, 1931년"이라는 설명을 달고 있는데, 이때는 베네딕트가 자신의 성 정체성을 깨닫고 미드와의 사랑이 절정에 도달했던 시기였다.

베네딕트는 이런 온갖 어려움을 헤치고 문화인류학 연구에서 자신의 고민에 대한 답변과 인생의 의미를 발견했다. 그런 만큼 그녀의 글에는 자기 지칭성(베네딕트 자신의 문제를 문화의 분석에 원용하는 것)의 경향이 강하다. 전기 뒤에 붙어 있는 7편의 논문도 이런 자기 지칭성의 관점에서 읽어볼 수 있다.

베네딕트가 미국 사회에 대해 깊은 소외감을 느꼈다는 사실은 파격적 성 정체성이라는 자기 인식과 깊은 관계가 있다. 그녀는 1930년대 초반에 자신의 성 정체성을 적극적으로 인정했기 때문에 새로운 자신감을 얻게 되었고, 그것을 바탕으로 방황과 고뇌의 세월을 청산하고 『문화의 패턴』을 썼다.

이 책에 수록되어 있는 논문 중의 첫 번째인 「북아메리카의 문화적 통합형태」는 문화의 패턴 이론을 정립하는 데 획기적 역할을 한 글이다. 이 글과 두 번째 논문인 「주술」에는 이런 주장이 나온다.

문화는 판타지, 공포 관념, 열등감, 위선과 허세의 탐닉 등에 바탕을 두고서도 얼마든지 조화롭고 견고하게 구축될 수 있다고 나는 생각한다. 진실을 대면하고 위선을 회피하려는 동인을 가진 개인이, 나름대로 균형 잡히고 조화로운 문화 내에서 범법자로 지목될 수도 있다. 잘 정의된 문화적 통합형태는 정직한 것이 아닐 수도 있기 때문이다(「북아메리카의 문화적 통합형태」).

현대 사회는 성과 관련된 까다로운 문제에서는 주술적으로 운영되고 있다. 다시 말해 기존의 계시종교와 전통적 도덕이 용인한 것 이외에 다른 바람직한 섹스의 방식이 있다는 것을 인정하지 않는다(「주술」).

비록 이 책이 집필된 1974년에는 베네딕트의 성 정체성이 밝혀지지 않아, 위에 인용한 문장들의 의미를 정확하게 이해하기 어려웠지만 지금은 그 주장을 보다 구체적으로 이해할 수 있게 되었다.

「일본문화의 극기 훈련」이라는 논문은 『국화와 칼』의 한 챕터를 가져온 것이다. 이 논문은 극기에 도달하는 선종의 정신과 수행을 기술하고 있다. 선종은 인생의 의미를 추구하는 베네딕트에게 하나의 해결안을 제시했다. 베네딕트는 퓨리터니즘과 감성의 부흥이라는 모순적 경향을 가진, 복음주의적 침례교 환경에서 성장했다. 그러나 인류학을 공부하면서 어릴 적 신앙을 버렸고, 그 이후 꾸준히 대안을 찾아오다가 선종에서 그것을 발견했다. 선종은 현세, 개인의 자아, 내세와 신비주의의 거부, 선정禪定과 명상, 공안公案이라는 화두, 무술의 정진 등을 통해 개인의 극기를 유도하고 또 행위자와 방관자라는 분열된 자아의 치유와 화해를 강조한다. 이런 선종의 훈련을 통해 통합된 자아를 성취한 개인은 그 어떤 긴장이나 구속, 수치심과 죄책감도 느끼지 않는다. 다시 말해 진정한 자유인으로 행동할 수 있는 것이다. 진정한 자유인이라는 가르침은 인생의 의미와 관련하여 깊은 고민과 갈등을 되풀이해온 베네딕트에게 분명 하나의 빛이 되었다. 그 외의 논문도 모두 재미있게 읽을 수 있는 글들이다.

독자는 먼저 앞부분의 루스 베네딕트 전기를 읽고 이어서 논문을 읽으면 베네딕트의 삶과 업적을 입체적으로 조망해볼 수 있다. 한 솥 끓여놓은 국은 한 숟가락만 떠먹어도 전체 국 맛을 알 수 있듯이, 이 7편의 논문만 읽어도 베네딕트 문화인류학의 전모를 개관해볼 수 있다. 『국화와 칼』과 『문화의 패턴』을 이미 읽은 분들은 요점 정리를 다시 한다는 기분으로, 베네딕트의 글을 처음 읽는 분들은 입문서로서 아주 적당한 책이다.

끝으로 이 책의 저자인 마거릿 미드의 삶과 연구 업적, 그리고 미드와 루스 베네딕트의 특별한 관계를 살핀 역자해설을 덧붙였다.

2008년 2월

이종인

이 간단한 전기는 이 시리즈의 다른 전기들과는 여러 면
에서 다르다. 나의 초창기 학자 생활은 루스 베네딕트의 시
기와 거의 정확하게 겹친다. 그녀는 나보다 15세 연상이지
만 인류학에 입문한 것은 나보다 3년 정도 앞설 뿐이다. 그
녀가 학자 생활을 하는 내내 우리는 함께 일했다. 서로 자리
를 비울 일이 있으면 상대방의 제자들을 대신 맡아주었다.
또 현장에 나가 있을 때에도 자주 편지를 교환했다.

베네딕트의 문서는 친구인 마리 E. 에이첼버거가 정리하
여 배서 대학 도서관에 보관 중인데, 나는 문서 관리자로서
모든 문서에 접근할 수 있었다. 나는 그녀의 많은 편지와 일
기를 볼 수 있었기 때문에 그녀 자신의 언어로 직접 자신의
생애를 말하게 할 수 있었다. 게다가 나는 이런 자료들을 보
다 방대한 전기인 『연구 중인 인류학자 : 루스 베네딕트의 저

술」(1959)에 수록해놓았다. 이 책은 아직도 출판되고 있으므로, 이 전기를 읽다가 좀 더 자세한 것을 알고 싶은 독자는 참조하기 바란다. 나는 이 간단한 전기에서 현대 독자들의 관심사에 중점을 두어가면서 루스 베네딕트의 논문들을 약간 다르게 선정해보았다.

1974년 6월
뉴욕 미국자연사박물관

마거릿 미드

차 례

옮긴이의 말 · 5

들어가는 글 · 16

루스 베네딕트 : 인류학의 휴머니스트 · 21

유년 시절 · 29

인류학 : 확신이 점점 더 커지던 시절 · 53

문화의 패턴 · 84

책임 있는 공적 활동의 시기 · 104

보아스의 은퇴 : 전환기 · 114

전쟁 시기 · 117

현대 문화 연구 · 131

베네딕트의 대표적 논문 · 151

북아메리카의 문화적 통합형태 · 155

주술 · 201

주니 족 신화 서문 · 219

원시적 자유 · 253

일본문화의 극기 훈련 · 276

유럽 국가들의 문화 패턴 연구 · 300

인류학과 인문학 · 309

부록 · 329

추천사 1 : 20세기 미국 인류학의 개척자 루스 베네딕트 · 330

추천사 2 : 여성 운동의 선구자 루스 베네딕트 · 351

루스 베네딕트의 저작 · 387

역자해설 · 392

루스 베네딕트
인류학의 휴머니스트

루스 풀턴 베네딕트는 사회과학자로서 세계적 명성을 얻은 최초의 여성이다. 그녀가 인류학에 입문한 1919년, 인류학은 아직 초창기 과학에 지나지 않았다. 그녀가 사망한 1948년에 이르러 사람들은 문화적 가치의 상대성을 이해하게 되었고, 현대 문화든 원시 문화든 문화 연구가 인류학이라는 학문 범위를 훨씬 넘어서는 중요한 주제임을 알게되었다. 그녀는 이러한 변화를 가져오는 데 획기적 역할을 했다.

『문화의 패턴』은 그녀의 저작 중 가장 잘 알려진 것이다.[1] 이 책은 근 30년 이상 인류학 입문서로서뿐 아니라, 이 세상을 폭넓게 이해하고자 하는 여러 분야 연구자들의 안내서로서의 역할도 해왔다. 발간된 지 40년이 지난 지금에도 이 책은 발간 당시와 마찬가지로 생생하게 살아 있다. 왜냐하면 루스 베네딕트는 세상의 의미를 찾아내려는 다양한 인간의 노력을 어떻게 이해해야 하는가, 라는 아주 현대적인 문제를 다루었기 때문이다. 학문적 깊이와 영문학 전통의 심미적 감수성을 갖춘 그녀의 설명은, 인류학이라는 한 사회과학 학문의 경계를 넘어서서 인간성의 이해라는 폭넓은 경지를 겨냥하고 있다.

인류학에 입문하기 오래 전, 아직 소녀이던 시절에 루스 베네딕트는 이런 일기를 썼다.

인생의 문제점은 해답이 없다는 것이 아니라 너무 많다는 것이다. 그리스도와 부처의 해답, 토마스 아켐피스와 엘버트 허바드의 해답, 브라우닝, 키츠, 스피노자의 해답, 소로, 월트 휘트먼, 칸트, 시오도어 루스벨트의 해답 등 아주 다양하다. 그들의 해답은 돌아가면서 나의 필요에 부응한다. 하지만 결국에 가서 나는 나이고 그들 중 어떤 사람도 될 수 없기 때문에 그 누구도 나의 완벽한 해답이 되어주지는 못한다.AAW: 126[2]

---

1 1934년에 발간된 「문화의 패턴」은 12개국 언어로 번역되었고, 영어판만 약 160만 부가 팔렸다.

자신의 정체성을 추구하고 자신의 문화와 사회 내에서 개인의 위치를 이해하려는 노력은 루스 베네딕트의 저작에 일관되게 나타나는 주제이다. 아주 어릴 적의 일기에서 메리 월스톤크래프트의 전기(1917, AAW : 491~519)에 이르기까지 그 주제는 반복적으로 등장한다. 이 짧은 전기의 말미에서 베네딕트는 이렇게 썼다.

국립 초상화 갤러리에는 죽기 몇 달 전에 제작된 메리 월스톤크래프트의 그림이 걸려 있다. 나는 막 소녀로 발돋움하려는 어린 시절에 그 초상화를 처음 보았다. 나는 다른 여자들은 어떻게 살아서 그들의 영혼을 구제했는지 정말로 알고 싶었다. 작은 그림틀 안에 있는 그 여자는 나를 매혹시켰다. 갈색 머리카락, 슬프면서도 침착한 갈색의 눈매, 의젓하게 들고 있는 머리. 그녀는 살아서 자신의 영혼을 구제했다. 그녀의 침착한 눈은 아무런 두려움 없이 밖을 내다보고 있었다. 인생이 그녀에게 요구한 대가가 그 얼굴에 뚜렷이 새겨져 있었다. 하지만 그녀의 그림 앞에 서 있던 나에게, 그런 값비싼 대가도 하나의 보장, 혹은 하나의 약속처럼 느껴졌다. 그 초상화를 그리기 위해 가만히 앉아 있었

---

2 AAW는 마거릿 미드가 편집한 『연구 중인 인류학자 : 루스 베네딕트의 저술*An Anthropologist at Work: Writings of Ruth Benedict*』(1959)의 약어이다. 이하 이 책은 계속 AAW로 언급.

을 때 그녀가 만족을 느꼈다는 것을 나는 알았다. 나는 그런 만족의 관점에서 그녀의 인생을 서술했다.**AAW: 519**

나는 바너드 대학 4학년이던 1922년 가을에 루스 베네딕트를 처음 만났다. 그녀는 당시 컬럼비아 대학에서 프란츠 보아스의 지도하에 대학원 과정을 막 마치고 1년간 바너드 대학에서 보아스의 조교로 일하고 있었다. 그녀는 우리 학생들을 미국 자연사박물관에 데려가기도 했다.

소녀 시절에 그리고 그 후에 하나의 전설이 되었던 그녀의 미모는 이 당시 완전히 허물어지고 있었다. 그녀는 아주 수줍음이 많고 정신이 산만한 중년 부인 같아 보였고, 가느다란 쥐색 머리카락은 고정되어 제자리에 그대로 있는 법이 없었다. 여러 주가 지나가도록 계속 엉성한 모자를 쓰고 칙칙한 색깔의 같은 옷을 입었다. "남자들은 매일 같은 옷을 입잖아, 여자는 왜 그렇게 하면 안 돼?" 하고 그녀는 말했다. 그녀는 학생들과 대화할 때 약간 말을 더듬었고 얼굴이 새빨개질 때도 있었다. 학생들이 '태양 춤'의 미니어처 모델 주위에 모여 서 있는 가운데 그녀가 평원 인디언에 대해 설명할 때 나는 그녀에게 자세한 것을 물어보는 질문을 했다. 그녀는 내게 나중에 줄 것이 있다고만 허겁지겁 대답할 뿐이었다. 처음에 나는 그녀의 태도가 나를 가볍게 무시하는 것이라고 생각했다. 하지만 나중에 알고 보니 자신의 저서에 대해 이야기할 때 심한 수줍음을 느껴서 그런 것이었다. 그 다음 주 그녀는 나에게 자신의 첫 저서 「평원 문화의 비전」(1922)―푸른색 표지의 소책자 사본―을 주면서 역시 수줍은 태도를 내보였다.

이런 수줍음에도 불구하고 인류학이라는 학문에 대한 베네딕트의 열정과, 원시적 의식儀式과 시詩―나는 곧 그녀가 현대시에도 조예가 깊다는 것을 알게 되었다―에 대한 조예는 학생들을 매혹시켰다. 그녀의 열정과 보아스의 명료한 가르침 덕분에 당시 초창기 학문이었던 인류학에 대한 나의 관심은 높아졌다. 사회과학자였던 부모의 영향으로 종족, 언어, 문화의 독립성과 문화비교의 중요성 등은 이미 나에게 낯익은 개념이었다. 하지만 원시 문화의 복잡한 세부사항을 강조하는 것은 나에게 새롭게 보였다. 나의 부모의 스승이기도 했던 비교 사회경제학자들―베블런, 페이턴, 케이스비 등―의 저작에서는 그런 세부사항을 발견할 수 없었던 것이다. 루스 베네딕트의 조언에 따라 나는 여러 날 밤 (남의 아이를 돌보는 아르바이트를 하면서) 오스트레일리아의 부족 체계와 토다 족의 부족 체계를 암기했고 북서해안 인디언의 문양을 복사했다. 그리하여 상어와 독수리를 멋지게 해부해놓은 그 문양을 속속들이 알게 되었다.

그녀는 또한 전통적 아메리카 인디언의 소중하고 회수 불가능한 기억들이 무덤 속으로 사라지기 전에 빨리 인류학적 현지탐사를 해야 한다고 여러 번 강조했다. 그녀 자신도 1922년 여름 모롱고 계곡의 세라노 족을 상대로 현지탐사를 했다. 세라노 족은 남부 캘리포니아에 산재한 쇼쇼니 족의 한 파였다. 그녀는 「세라노 문화의 간략한 스케치」(1924)에서 그러한 사정을 자세히 묘사했다.

오늘날 세라노 족에게서 수집할 수 있는 정보는 거의 전적으로 공개된 것이다. 예전의 샤먼hümtc이나 사제paha는 더 이상 존재하지 않는다. 연례 축제는 약간 변형된 형태로 여전히 유지되고 있다. 몇 년 전까지만 해도 모롱고 보호지구의 세라노 족은 예전의 춤이나 샤먼 의식을 위해서는 카후일라 사막의 샤먼에 의존해야 했다. 사회적 조직이나 종교적 실천 등 과거에 의미를 갖고 있던 것의 상당수가 사라져버렸다. 그들은 이제 의식의 노래를 설명할 때 추측에 의존하고 있다. 가령 바위 그림 같은 종교적 의미가 부여된 행위는 이제 더 이상 알려져 있지 않다. 예전에는 모든 현지 부족을 동물로 상징했으나 이제는 그런 상징을 찾아보기 어렵다. 따라서 그런 심오한 해석의 부재가 예부터 세라노 족의 특징이었는지, 아니면 과거의 전통이 사라져버렸기 때문인지는 명확하게 알기가 어렵다.pp. 366~368

학생들은 사라져가는 문화 속에서 작업하는 것이 현지탐사자에게 어떤 의미를 가지는지 막연하게만 알고 있었다. 그래서 우리는 현지탐사의 구체적 내용이 무엇이며 또 어떻게 수행해야 하는지 알지 못했다. 하지만 루스 베네딕트는 우리에게 자신의 정보 제공자인 그 부족의 노인과 노파를 아주 생생하게 묘사해주었고, 그런 사람들에게 박진감을 부여했다. 그것은 몇 년 후 그녀가 디거 인디언 추장의 말을 묘사한 것에서도 명백히 나타난다.

> 그가 말했다. "태초에 신은 모든 사람에게 흙으로 만든 컵을 주었습니다. 그리고 사람들은 이 컵으로 그들의 생명을 마셨습니다." 나는 그 비유가 내가 발견하지 못한 어떤 부족의 전통적 의식에 나오는 것인지, 아니면 그 추장 자신이 만들어낸 이미지인지 알 수가 없었다…… 아무튼 이 겸손한 인디언의 마음속에서 그 비유는 살아 있을 뿐 아니라 의미가 가득한 것이었다. 추장이 계속 말했다. "사람들은 모두 물속에 컵을 담급니다. 하지만 그들의 컵은 다릅니다. 우리의 컵은 이제 깨졌습니다. 그것은 사라졌습니다." 1934b: 21~22

베네딕트는 학생들과 말하면서 전통 문화의 인멸을 아주 생생하게 설명해주었다. 하지만 그녀는 인디언 사회의 보존

가능성에 대해 감상적인 태도를 보이지 않았고, 상속을 박탈 당한 인디언들에 대해 낭만적인 감정을 갖고 있지도 않았다. 그녀는 감상주의에 빠지지 않을 만큼 성숙했고, 그것이 또한 우리를 보호해주었다.

유년 시절

그녀는 1887년 6월 5일 루스 풀턴이라는 이름으로 태어 났다. 출생지는 그녀의 조부모와 외조부모가 살았던 뉴욕 주 북부에 있는 셰넌고 계곡의 농업 공동체였다. 어머니 베아트 리스 섀턱은 배서 대학을 졸업했고, 아버지 프레더릭 S. 풀 턴은 뉴욕에서 연구 중인 장래가 촉망되는 젊고 똑똑한 외과 의사였다. 루스가 아직 어린아이였을 때 아버지는 진단명 미 상의 질병을 앓게 되었다. 루스 가족은 섀턱 농장으로 내려 와 살게 되었는데, 이때 여동생 마저리가 태어났고 그 몇 주 후인 1889년 3월 아버지가 사망했다.

루스는 외할아버지의 농장에서 유년 시절을 보냈다. 그녀 가 다섯 살이 되었을 때, 어머니―당시로서는 보기 드물게 독립적인 성격을 가진 여인―는 인근 노리치 마을에서 교편 을 잡기 시작했다. 이어 두 자매를 데리고 미주리 주 세인트

조지프로 옮겨 갔다가 다시 미네소타 주 오와토나로 이사했고, 마지막으로 뉴욕 주 버팔로에 정착했다. 이 동안 어머니는 학교 교사로 생계를 유지했고 나중에는 도서관의 사서로 일했다. 하지만 루스 가족이 여름마다 찾아갔고, 또 나중에는 마음씨 좋은 노처녀 이모가 있었던 섀틱 농장이 루스에게는 평생의 고향이 되었다.

베네딕트는 1935년에 집필한 단편적인 자서전에서 자신의 유년 시절을 회상하면서 소외감의 시기였다고 적었다. "나 혼자만이 살고 있는 세계, 나 혼자만이 간직하는 귀중한 시간, 그런 것이 행복이었다."(AAW : 100) 베네딕트는 과부 생활의 어려움을 지속적으로 호소하던 어머니에게 심한 염증을 느꼈고, 발작 비슷한 아주 심한 신경질을 부리기도 했다. 베네딕트는 자신이 그런 신경질을 부리게 된 것이 어릴 때의 트라우마(정신적 상흔─옮긴이) 때문이라고 말했다. 어린 베네딕트가 아버지의 관 옆에 서 있는데 어머니가 신경질적으로 아버지의 얼굴을 기억하라고 채근했다는 것이다. 아주 어릴 적에 그녀는 열병을 앓아 한쪽 귀의 청력을 잃었다. 하지만 이 사실은 오랫동안 외부에 알려지지 않았고 그녀는 심술궂은 뚱한 아이라는 질책을 당했다. 반면에 두 살 아래 여동생 마저리는 성격이 밝고, 예쁘고, 배배 꼬이지 않은 아이라는 평가를 받았다.

어린 시절의 루스와
마저리 풀턴

베네딕트는 농장의 풍경이 무척 아름답다고 기억했으며
그 풍경에 상상의 친구들을 만들어 넣었다. 하지만 만년의
베네딕트는 가족과 이웃 사람들의 생각과 자신의 열정적인
방황 사이에는 공통점이 별로 없었다고 회상했다. 그래서 그
녀는 그런 방황을 곧 남들에게 숨기게 되었다. 그녀의 근본
주의 기독교도 친척들이 철석같이 신봉하던 성경은 그녀가
꿈꾸는 백일몽의 배경이 되었다. 하지만 성경에 대한 그녀의
느낌은 가족들과는 너무나 달라서, 성경에서 느끼는 즐거움
도 또 다른 소외의 원천이 되었다. 이런 식으로 그녀는 내면

생활의 기초를 쌓았고, 그것에 대해서 아무에게도 말하지 않고 비밀로 지켰다. 오랜 세월이 지난 뒤 그녀는 한 친구에게 말했다. "그건 어린아이가 알기에는 너무 위험한 것이었어." 여러 해 동안 그녀의 내면 생활은 간헐적으로 쓰는 일기 속에서만 표출되었다. 그리고 후에는 시를 쓰기 시작했다. 다양한 필명을 사용하여 시를 발표했는데, 그 중 하나인 앤 싱글턴은 나중에 널리 알려졌다. 그녀의 두 가지 측면ー개인적인 내면 생활과 남들에게 내보이는 부분ー은 인류학과에 입학하여 시에 관심이 많은 인류학자들을 만나면서 하나로 합쳐지게 된다.

그녀와 여동생이 성장하던 시기에 어머니는 가계의 적자를 면하기 위해 빠듯한 생활을 했고, 그 때문에 살림이 궁핍했지만 베네딕트 자신은 물질적 소유에는 관심이 없었다. 하지만 어릴 적의 박탈 경험ー버팔로 시절에 그녀는 동급생들보다 훨씬 가난했다ー으로 인해, 그녀는 대공황 시절에 대학에 입학한 자신의 제자들에게 따뜻한 관심을 표시했다. 그녀는 얼마 안 되는 봉급을 아껴서 제자들이 현지탐사에 나가는 데 필요한 비용을 아낌없이 보조해주기도 했다. 어릴 적의 경제적 궁핍은 아버지의 요절로 인한 것이었다. 비록 경제적으로 어렵기는 했지만 가족의 배경은 탄탄한 편이었다. 농장에는 그녀가 깊이 신임하는 외할아버지가 있었고, 이모들과 외삼촌들과 사촌들은 모두 유복하게 살고 있었다.

그녀와 마저리가 배서 대학에 입학한 1905년 이전의 미네소타와 버팔로 시절을 이야기할 때면, 그녀는 자신의 어려움을 회상하곤 했다. 그녀 주변의 생활을 이해하기가 힘들었고, 주체하기 어려운 우울증을 억제하기 위해 애를 썼으며, 속으로는 대혼란을 겪으면서도 겉으로는 침착하고 눈물 없는 외양을 꾸몄고, "하늘에 진홍색으로 빛나는" 단풍나무 봉오리를 보면서 잠시나마 기쁨의 순간을 가지려고 애썼다는 것이다. 고등학교 시절 그녀는 글을 쓰기 시작했다. 그녀는 여동생과 달리 살림 솜씨가 별로 없었고, 집안일과 옷 만드는 일을 "아주 어렵게" 생각했는데, 이에 대한 보상으로 글을 쓰게 된 것이라고 나름대로 결론을 내렸다. 나중에 그녀는 이런 일들을 아주 빠르게 잘했지만, 정성이 깃들어 있지는 않았다. 무슨 일이든 일단 시작하면 최선을 다해야 한다는 말은 사실이 아니라고 확신했다.

대학 시절 그녀는 영문학을 전공했고, 아주 외로운 학생이었으나 기이한 방식으로 다른 외로운 사람들에게 매력적인 인물이었다. 1909년 대학을 졸업하자 그녀는 동창생 두 명을 따라서 샤프롱(처녀들을 따라다니며 보호자 역할을 하는 기혼 부인—옮긴이)과 함께 유럽 여행을 떠나게 되었다. 이어 1년 동안 어머니와 버팔로에서 살면서 '자선협회'에서 일했고,

그 후 집을 떠나—어머니가 그랬던 것처럼—교사 생활을 하게 되었다. 1911~1912년의 1년 동안 로스앤젤레스의 웨스트레이크 여학교에서 가르쳤고, 그 후 1912~1914년의 2년 동안 패서디나의 오튼 여학교에서 근무했다. 패서디나는 여동생 마저리가 사는 곳에서 가까웠다. 동생은 젊고 진보적인 목사와 결혼하여 행복하게 살고 있었다. 그 후 아이를 낳지 못하던 시절에 베네딕트는 아이들이 많은 마저리의 집에서 가족과 함께 있는 느낌을 갖게 되었다. 조카들의 유아복을 만들면서 그녀는 바느질 솜씨를 길렀고 또 거기서 즐거움을 얻었다.

여학교 교사로 근무하던 시절 그녀는 여자로서의 일생을 고민했다. 나중에 결혼하는 남자—배서 대학 동창생의 오빠—를 만나기는 했지만, 그녀는 과연 그 남자와 결혼할 것인지 알 수가 없었다. 여학생들을 샤프롱하고 공부를 감독해야 하는 여학교 교사 생활은 그녀를 우울하게 했다. 그녀는 여자란 결국 사랑하고 사랑받는 존재가 아닌가 하는 느낌에 몰두했다. 1912년 10월의 일기에 그녀는 이렇게 썼다.

이 많은 문제가 발생하는 것은 내가 여자이기 때문이다. 내가 볼 때 여자라는 존재는 정말 끔찍한 것이다. 이것을 감당하게 해주는 단 하나의 왕관이 있다. 커다란 사랑, 조용한 집, 귀여운 아이들이 그것이다. 우리는 그런 것만이 정말 가치 있는 것임을 안다. 그러나 우리는 열심히 일해야 하고, 돈이 있으면 자신을 매물로 내놓아 자화자찬하고, 돈이 없으면 스스로의 힘으로 세상에 나오는 수밖에 없다. 우리는 교직이나 사회사업을 "평생직장"으로 삼을 만한 동기가 없다. 성공을 한참 해나가는 과정에서도 제대로 된 남자를 만나면 할렐루야 하고 소리 지르며 그것을 포기하리라는 것을 스스로 잘 알고 있기 때문이다.

그리고 우리의 의식 뒷면에는 언제나 제대로 된 남자는 오지 않을지도 모른다는 경고가 울려 퍼진다. 위대한 사랑은 아주 소수의 사람들에게만 주어진다. 어쩌면 이 임시 시간 때우기 직장이 우리의 평생직장이 될지도 모른다._{AAW: 120}

미래는 전혀 변화가 없을 것이라는 생각이 그녀를 괴롭혔다. 그녀는 이렇게 썼다. "나의 큰 고민은 '현재'의 자아가 평생 동안 지속될 것이라고 생각하는 것이다. 미래의 성취 가능한, 아주 다른 자아를 예비하는 자아라고는 여기지 않는 것이다."(AAW : 122) 그녀는 주변의 노처녀들을 보면서 많은 여자들이 "위대한 사랑"을 발견하는 것이 불가능하다고 느꼈다. 그녀는 교직을 그만두고 외할아버지 농장에 내려가 "사과나무와 라일락을 배경으로 접시꽃과 팬지꽃 정원을 가꾸는 것"(AAW : 127)을 꿈꾸었다.

학년 말에 베네딕트는 오튼 여학교의 교장과 자신의 의심을 의논했다. 교장은 이렇게 말했다. "우리는 관심사를 좁혀나가다가 결국은 화석이 되어버리지요. 지금의 나처럼. 그러면 우리는 교직으로 우리의 인생을 채웁니다. 살아나가기 위해서는 그렇게 해야 돼요. 나는 당신이 많은 관심사를 갖기 바랍니다. 인생에서 많은 것을 기대하기를 바라요."(AAW : 128) 잠시 위안을 얻고서 베네딕트는 다음 학년에도 여학교에 근무하겠다고 말했다.

하지만 여름 방학 동안 섀턱 농장에 내려간 지 몇 주 되지 않아 그녀는 일기에 이렇게 썼다.

나는 다시 농장으로 돌아왔다. 나는 정원과 과수원에서 뭔가 만들어낼 것이다. 시간이 좀 지나가면 이익을 만들어내는 사업이 될 수도 있을 것이다. 겨울 넉 달 동안의 방학 기간을 제외하고 나는 별로 많은 돈을 필요로 하지 않을 것이다. 나는 일차적으로 여기 오고 싶어서 왔다. 나는 즐거움이 없는 생활이 의미 있는 생활이라고 생각하지 않는다.AAW: 128

농장에서 일하는 것은 그녀에게 아무런 어려움이 아니었다. 그녀는 커다란 손을 가진 키 크고 단단한 여성이었다. 그녀는 산책이나 수영 등 운동을 좋아했고 때때로 장작을 패

뉴욕 주 노리치에 있던 섀턱 농장, 1900년경,
왼쪽에서 오른쪽으로 : 루스의 이모 마이라 F. 섀턱, 외할아버지, 외할머니

는 일로 스트레스를 해소하기도 했다.

하지만 그녀에게 농업은 교직과 마찬가지로 하나의 수단
일 뿐이었다. 본질적인 것은 그런 것들과는 다른 어떤 것이
라고 그녀는 썼다.

열정적인 이상과 일치하는 생활 방식을 찾는 것이 필요하다.

인생에 대해 열광하는 것이 중요하다. 나를 비겁함의 수치심으로
부터 해방시켜줄 모험에 대한 열광. 여러 가지 경험들을 하나로
묶어 인생이라고 부를 만한 것으로 엮어낼 수 있는 적극적 생활
태도.AAW: 128~129

농장 생활은 그녀에게 "내가 좋아하는 야외생활, 여가, 가
정생활"(AAW : 129)을 주었지만, 그래도 그녀의 고민은 줄
어들지 않았다.

나를 괴롭히는 단 한 가지 사항이 있다. 나 자신의 개인적 즐거
움을 위해 싸우지 않고 도망치는 자가 되는 것이다. 이 세상과 마
찰하고 부딪히면서도 자신의 주장을 잃지 않는 확고한 신념, 그게
필요하다. 나는 내 양심을 달래기 위해 농부들과 그들의 자녀들과
함께 커다란 일을 계획하고 있다. 하지만 모르겠다.AAW: 129

이렇게 쓴 지 한 달 후인 1913년 8월, 그녀는 스탠리 베네
딕트와 사랑에 빠지고 결혼을 약속했다. 이어 일기에 이렇게
썼다.

이제 온 세상이 바뀌었다. 이것은 정말 놀랍지 않은가. 표현할
수 없을 정도이다. 매일 나는 더 확실해지고 더 행복해진다. 일

요일 오후에 라이언 브룩으로 드라이브를 나가고, 강가의 산책로에서 함께 산보하는 것보다 더 소중한 것은 없다.

우리 여성은 기생하는 자이기 때문에 잠에 호소하고 신음을 한다. 우리는 아무것도 생산하지 못하고 아무 말도 하지 못하기 때문에 남자의 사랑에서 온 세상을 발견한다. 부끄러운 일이지만 우리는 속물이 되어버린다. 여성만의 세계라는 점에서, 그리고 여성의 권리라는 측면에서 어떤 전망을 얻을 수 있으리라고 기대하는 것은 시기상조이다. 그리고 우리가 "성취" 혹은 "성취 못함"이라는 유치한 산술적 계산을 해도 별 탈 없는 인간 존재의 문제는 이것 이외에는 없는 듯하다. 하지만 아주 판단하기 어려운 것들이 지속적으로 교환되는 복잡한 남녀 관계—여기서 우리는 거친 세상의 수중에 몸을 싣는다—에서는, "세상에 너의 존재를 정당화하라"고 우리는 말한다. 우리는 베아트리체가 사교 클럽을 형성했거나 소네트를 썼다는 사실에 신경이나 쓰는가? 조용하고 충만한 워즈워스의 사랑의 가정에서, 메리 워즈워스가 개인적 자기표현을 성취해야 한다고 물어보기나 하는가? 일반적으로 말해서 여성은 사랑한다는 단 하나의 지고한 권력을 갖고 있을 뿐이다. 우리가 인생을 대면하는 데 어떤 즐거움에 도달하고자 한다면, 이 사랑의 선물을 실천하고 그것을 최대한 활용할 때, 여자는 자기 자신을 성취하고 또 "자신의 존재를 정당화"할 수 있다.**AAW: 130**

루스 풀턴은 여기서 새로 사랑에 빠진 여인의 자격으로 발언하고 있다. 하지만 그녀의 발언에는 예고적인 분위기가 있다. 그녀는 50년 뒤의 청춘 남녀들이 신봉하는 바를 표현하고 있다. 즉 인생은 직접적 체험과 사랑의 강렬함에 의해서만 정당화된다는 것이다.

하지만 가을에 그녀는 캘리포니아에 돌아와 오튼 여학교에서 1년을 더 가르쳤다. 이어 1914년 여름 그녀는 스탠리 베네딕트와 결혼했다. 이 무렵 그는 뉴욕 시의 코넬 의과대학에서 생화학자로 근무하는 장래가 촉망되는 청년이었다. 신혼 몇 년 동안 부부는 롱아일랜드 교외의 더글러스 매너에서 살았다. 1922년에 이르러 베네딕트는 교외 생활은 최악의 슬럼보다 더 나쁘고 더 사람의 영혼을 파괴하는 곳이라고 생각하게 되었다. 하지만 나에게 그렇게 말하던 베네딕트는 재빨리 이렇게 덧붙였다. "그렇다고 내가 슬럼을 좋아한다는 뜻은 아니에요!"

신혼 초에 그녀는 새롭게 발견한 여가를 아주 소중하게 여겼다. 그녀는 이렇게 썼다. "이번 겨울에 나는 내가 원하는 것은 뭐든지 성취할 수 있다. 단지 뭔가에 집중하는 데 좀 어려움을 느낀다는 게 문제다……"(AAW : 132) "재미 삼아" 남편이 플롯을 제공하는 "화학 탐정 소설"이나, 버팔로에서 일하면서 알게 된 "사회사업" 소설을 써보려고 생각하기도 했다. 그녀는 셰익스피어와 괴테를 읽고 싶었고, "노트로 가득 들어찬 책"을 갖기를 원했다. 하지만 그녀가 좋아하는 계획은 이런 것이었다.

과거에 노예나 다름없이 살았던 여성들의 삶 속으로 들어가 "새로운 여성"의 관점에서 그들의 전기를 써보는 것이다. 이 문제에 관한 나의 결론은 이렇다. 그 모든 문제에서 표현 스타일이 좀 달라지고 근래에 들어와 여성의 경제적 지위가 좀 나아졌다는 것 이외에, "새로운" 것이라고는 없다. 불안해하고 끊임없이 모색하는 것은 여성에게 내재된 본성이다. 오늘의 여성 세대는 그런 본성이 그들에게 부과하는 제약을 솔직하게 말할 수 있다는 점에서 과거의 여성 세대와 다를 뿐이다. 그 본성은 여성에게 아주 강압적이고 독재적인 손길을 보낸다. 여성은 그런 손길을 거부하거나 회피하려고 투쟁하지만 아무 소용이 없다. 인생은 그것을 거부하는 여성에게 오히려 그것을 증명해주는 아이러니를 즐긴다. 여성은 자연이 그녀에게 부과한 전제조건을 거스르지 않고 그 조건을 수용할 때에만 성공의 희망을 가질 수 있다.AAW: 132~133

이것은 그녀가 나중에 수립한 문화 이론과는 아주 거리가 있다. 그녀는 어떤 문화의 기질이 개인의 성취에 상당한 장애가 된다는 점을 인정하면서도, 문화가 다양한 방식으로 인

스탠리 R. 베네딕트
1914년,
루스 풀턴과 결혼할 무렵

루스 풀턴,
캘리포니아 시절

간의 요구조건―남자와 여자에 대한―을 수정한다고 말했던 것이다.

1915년 유럽에서는 전쟁이 한창이었다. 하지만 이 당시 루스 베네딕트를 괴롭힌 것은 그녀가 느끼는 내면적 동요였다. 그녀는 아이를 가지려고 했으나 생각대로 되지 않았다. 동시에 아이를 낳는다고 해서 자신의 긴급한 필요가 완전히 해소되리라고 보지도 않았다. 그녀는 일기에 이렇게 썼다.

어린아이를 낳아야 한다는 신념은 우리의 내부에 아주 단단하게 심어져 있다. 그것은 인생이라는 연회의 사회자가 헛되이 우리에게 심어 놓은 것으로, "우리의 아이"에 대한 신념으로부터 온갖 빛이 퍼져 나온다. 모래시계에서 빠져나오는 모래처럼 우리에게서 빠져 나가는 꿈, 아이를 낳고 키워야 한다는 과업, 이 모든 것을 업적의 단단한 돌에 새기는 것이다. 놀라운 아이러니, 아주 쓰라린 점은 이 것이 너무나 고상하고 희생적인 꿈이라는 사실이다. 이것은 정말로 "고상한 마음의 마지막 약점"이다.AAW: 133

그리고 이렇게 의아하게 여긴다.

확실히 이 세상은 자선협회 못지않게 나의 비전을 필요로 한 다. 나 자신을 비틀어 유익한 도구가 되는 것보다는 올곧게 성장 하는 것이 더 좋다. 내 마음의 가장 깊은 곳에서 울려나오는 외 침을 활용하는 것이 더 좋다. "오 하느님, 나를 깨어 있게 하소 서. 평생 동안."AAW: 135

지적인 생활 태도—자신의 자아를 찾으려는 노력—를 모 색하면서, 자신을 스탠리로부터 분리시키고 이렇게 썼다.

내 노력을 펼칠 수 있는 나의 세계, 나의 출구, 나의 기회를 가져야만 한다.

나의 욕구는 아주 소박한 것이다. 나는 어떤 지위나 협회장 자리를 노린 적이 없었다. 내가 원하는 것은 여기 집에서 한가한 시간 동안에 해낼 수 있는 것이다. 나의 목적을 아주 진지하게 깨닫고 쉼 없이 글쓰기를 하면 된다.

내가 아이를 낳거나 임신을 하게 된다면 그건 이런 욕구에 대한 일시 휴전이 될 것이다. 하지만 휴전에 지나지 않는다. 영원한 평화 조약은 아니다……

아이를 가짐으로써 자신이 오랫동안 품고 있던 꿈이 마침내 실현되었다는 생각처럼 남자와 여자를 기만하는 인생의 오독誤讀도 없을 것이다. 부모의 "창작품"으로 태어나 성장하는 것은 아이에게도 옳은 일이 되지 못한다. 아이는 아이이고 그런 만큼 부모와는 정반대의 존재가 될 수도 있다. 자기 자신만의 노력과 창조의 세계를 갖는 것이 어머니 겸 아내인 존재가 마땅히 가져야 할 지혜이다.AAW: 136

이 어려운 시기 동안 그녀는 "과거에 노예나 다름없이 살았던 여성들의 삶"의 첫 번째 프로젝트로서 메리 월스톤크래프트의 전기를 집필했다. 하지만 1년 뒤인 1916년 10월 그녀는 낙담했다.

또 다른 겨울이 찾아왔다. 지나간 두 번의 겨울을 만족스러운 시선으로 바라보기가 어렵다. 그런데 이제 또 다른 겨울이 닥쳐왔다. "메리 월스톤크래프트"를 나는 믿는다. 하지만 이 원고가 과연 발간될까? 의심스럽다. 그러나 그럴수록 더욱 더 출판을 하고 싶다.AAW: 135

그해 12월 그녀와 스탠리는 휴가 때마다 찾아가는 위네페소키 호숫가의 별장으로 갔다. 거기서 그녀는 "생에 대한 강렬한 의욕"을 느끼면서 뭔가 실현성 있는 계획을 다시 시도했다.

이 겨울의 특별한 문제는 인생의 질서라는 복잡한 미로를 뚫고 나가 내 글쓰기를 더욱 좋게 만드는 것이다. 나는 우리의 생활을 단순화하고 싶다…… 집안 일, 석탄 난로, 여러 코스의 디너 등에서 면제되고 싶다.AAW: 137~138

크리스마스 날에는— "폭설 때문에 호수에 갇혀서"—인생의 어떤 전환점에 도달했다.

나는 이제 "인생의 사업"에 헌신할 생각이다. 지난밤 스탠리와 대화를 나누었다……

우리의 사랑—혹은 우정—을 위해서 스스로 직업을 가짐으로써 내게 들어가는 비용을 감당해야 한다고 말했다. 나는 권태나 연민 따위에는 빠져들지 않겠다. 그는 내가 무슨 직장을 잡든지 그게 나를 붙들어주지는 못할 것이라고 말했다. 사회봉사를 하든 교사 노릇을 하든 아무 소용없을 것이라고 했다. 아이들도 일이 년은 붙잡아주겠지만 그 이상은 안 될 것이라고 했다……

나는 그에게 어디 두고 보자고 말했다. 내가 과거에 근무했던 직장은 아무것도 증명하지 못했다. 그를 사랑하기 전에 그 어떤 것도 성취의 가치가 있는 것처럼 보이지 않았다. 나는 그 어떤 동기도 발견하지 못했다. 나는 이제 이해한다. 점점 더 깊이 신경 쓴다…… 내가 구르는 돌이 아니라는 것을 증명해야 한다. 내가 인생에서 성취하는 것이 무엇이 되었든 그게 우리의 관계에 도움이 되리라는 것을 증명해야 한다.

이제 나는 내 말을 증명해야 한다. 그 말을 나에게 단단히 붙들어매어 내 호흡, 내 손이나 발처럼 나에게 아주 가까운 것으로 만들어야 한다. 난생 처음으로 나는 힘껏 노력하여 성공을 거두겠다는 약속을 했다. 그것은 여름이 되기 전에 "여성성의 모험들"을 완성하고 출판해줄 출판사를 찾겠다는 뜻이다. 그것을 잡지에 실을 수 있다면 그렇게 하겠다. 이 겨울 내 안에 있는 모든 힘을 총동원하여 글을 쓰겠다.AAW: 138~139

하지만 1917년 5월 그녀는 모든 계획이 수포로 돌아갔다고 보고했다. 그해 겨울 글을 쓴 게 아니라 주간 보육 조직을 만들면서 시간을 보냈다. 그녀는 이렇게 썼다. "어떻게 보면 나는 이 일에 만족하고 있다. 나는 좋은 일을 하는 보육 조직을 만들었다…… 그리하여 달리 일할 데를 찾을 수 없는 12명의 여자들이 그곳에서 일하고 있다."(AAW : 142) 하지만 딜레마는 남아 있었다.

> 어제 회의에 참석하여 낮 동안 전화를 받으면서 보냈는데, 쓰다가 만 시 원고를 발견하고 울었다. 하지만 앞으로 10년 동안 내가 글만 쓴다면 이 눈물의 사유를 되돌릴 수 있을 것 같다. 글을 써서 자아를 내보이고 싶다. 그것을 포기하느니 죽는 것이 낫다. 그것이 내가 사랑하는 자아이다. 유능한 박애주의자는 자아가 아니다. 그것이 하나의 테스트가 되지 않을까?AAW: 142

그녀는 1917년 실제로 "메리 월스톤크래프트"를 탈고했지만, 호튼 미플린 출판사는 그 원고를 거부했다. 41년 뒤 그 원고는 『연구 중인 인류학자』(1959)에 묶여 출판되었다. 하지만 이 사실을 루스 베네딕트는 알지 못했다.

1911년에 시작하여 10년 동안 그녀는 사회사업과 교사직을 성공적으로 수행했고, 스탠리와의 결혼에도 많은 희망을

루스 베네딕트,
결혼 생활 초창기

걸었다. 하지만 그녀의 절실한 필요는 자기 자신의 정체성을
확립하는 것이었다. 의미가 있고 자신의 모든 재능을 쏟아
부을 수 있는 생활 방식에 자기 자신을 헌신하는 것이었다.
이 시기 동안 그녀의 일기는 정체성 확립이라는 문제를 거듭
기록하고 있다. 그녀와 마찬가지로 전통적인 여성관의 굴레
를 깨트리기 위해 애쓰는 여성들에게 가장 중요한 것은 무엇
인가를 깊이 사색하면서 점점 생각이 원숙해져갔다. 나중에
자신이 나아가야 할 방향을 이미 발견했을 때에도 그녀는 또
다시 이 문제를 거론했다.

페미니즘의 진보와 관련하여 문제는 결국 기생주의 대 노동으로 집약된다. 길먼 부인은 여성의 경제적 자립을 위해, 올리브 슈라이너는 여성의 자기 성취를 위해 노동을 강조했다. 나는 지금의 여러 조건들이 이런 전제를 급격히 왜곡시키고 있다고 생각한다. 많은 여성들이 이제 노동의 권리를 갖고 있다. 전시이기 때문에 이것이 가능하다. 그리고 전시 동원 노력에서 그 누구도 예외는 없다. 그것은 반드시 필요한 해방이다. 그것이 없으면 더이상의 진전이 불가능하다. 하지만 이것은 겨우 초보에 지나지 않는다. 우리의 공장들은 여성과 소녀들로 가득 차 있다. 이 여성들의 경험은 그들의 발전에 아무런 도움을 주지 못한다. 그들은 노동의 고귀함을 체험하지 못하고, 생산된 제품의 기여적 가치를 느끼지 못하고, 조직된 자율통치의 체험이 없다. 따라서 노동조합을 설립함으로써 이 무의미한 노동이 여성의 진보라는 큰 흐름에 기여하는 요소가 되어야 한다.

대부분의 여성들에게 열려 있는 모든 "노동"이 똑같은 반대에 노출되어 있다. 여성의 노동이 가치를 지니려면 뭔가 구체적 조치가 있어야 한다. 그러한 가치는 어떤 직업의 내부에서 혹은 외부에서 얻어질 수 있다. 따라서 현대의 조건은 더 이상 노동을 문제 삼으면 안 된다. 유급노동 대 기생주의……

그럼 무엇이 문제인가? 인생의 어떤 커다란 것을 추구하려는 적극성이 있어야 한다. 무엇인가로부터 면제되는 자유가 아니라 무엇인가를 획득하려는 적극성. 어떤 여성에게 그 커다란 것은 정치 활동인데, 그들이 정계에서 일정한 자리를 차지하는 것은 너무나 당연하다. 그러나 대부분의 여성에게 인생의 커다란 것은 사랑, 자녀, 능력에 맞는 사회 활동이다. 그런데 양심적으로 말해보자면 사랑과 자녀의 문제에는 적극성이 없다. 하지만 우리 여성은 인생의 중요한 문제들이 실현되는 조건에 대해 일정한 발언권이 있어야 한다. 우리 여성도 그런 문제들을 성취할 수 있는 자유를 가져야 한다. 여성의 생활 중 정서적인 부분—그녀를 여성으로 만드는 부분—이 어둠 속에서 해방되어 그 최선의 성취를 이루도록 허용되어야 한다.AAW: 145~146

하지만 1917년 당시 그녀는 그런 방향을 아직 발견하지 못했다. 전쟁 기간 동안 스탠리는 생화학 독가스를 실험했고 그 과정에서 독을 흡입하게 되었다. 이 때문에 그는 여름이면 뉴햄프셔의 호숫가에서 따로 떨어져 살았다. 루스는 이제 더 이상 더글러스 매너의 따분한 생활을 참을 수가 없었다. 뉴욕에서 1년을 산 후 부부는 도시에서 더 멀리 떨어진 베드포드 힐스로 이사를 갔다. 이 기간 동안 루스는 리듬 댄싱을 하면서 큰 즐거움을 얻었다. 그녀는 또한 뉴욕 주 자선협회에서 사회봉사를 하면서 1년을 보냈다. 그 후 그녀의 강한 사회적 책임 의식은 다른 형태를 띠었다.

여동생의 아이들과 함께 있는 루스 베네딕트

결정적 전환점은 1919년에 찾아왔다. 그녀는 그해 사회연구를 위한 뉴스쿨New School for Social Research에 입학하여 2년 동안 강의를 듣게 되었다. 당초에는 공부를 하면서 시간을 보내려는 계획이었다. 당시 그녀는 아직 아이를 갖겠다는 희망을 버리지 않고 있었다. 하지만 이 시기에 그녀는 아주 위험한 수술을 받지 않으면 아이를 가질 수 없다는 사실을 알게 되었는데, 스탠리는 그 수술에 반대했다. 이제 아이 없는 결혼 생활의 전망에 직면하게 된 베네딕트는 "노력과 창조의 개성적 세계"를 만들어내야 한다고 확고하게 마음먹었다.

그녀는 알렉산더 골든와이저와 엘시 클루스 파슨스의 서로 상반되는 강의를 들으면서 인류학이 아주 흥미로운 학문이라는 것을 깨달았고, 이 새 학문에서 자신이 존중할 수 있는 어떤 실체를 발견했다. 이 학문에 모든 재능을 쏟아 부을 수 있을 것 같았고, "왜 나는 현대 미국 사회에서 소외감을 느끼는가?" "내가 할 수 있는 가장 가치 있는 일은 무엇인가?"라는 개인적 질문에 답변을 얻을 것 같았다.

그 전에 베네딕트는 일기에 이렇게 썼다.

최고의 재능은 창조하지 않는다. 단지 발견할 뿐이다. 모든 초월적 존재는 이것이 진실임을 우리에게 증명해 보이는 힘을 갖고 있다. 셰익스피어와 베토벤 같은 사람이 그들의 평생의 작품을 창조했다고는 생각할 수 없다. 보통 사람에게 희미하고 불가해하게 보이는 우주를 그들은 보고 또 들었다고 할 수 있다. 우리가 그들의 작품에 크게 감명을 받았을 때, "오 탁월한 창조자여"라고 말할 게 아니라, "오 당신은 어떻게 알았는가! 그래 당신이 말한 그대로야"라고 말해야 한다. 그들보다 재능이 떨어지는 사람은 "창조"를 통해 우리에게 커다란 기쁨을 준다. 가령 에드거 앨런 포나 루이스 스티븐슨이 그런 경우이다. 하지만 그들조차도 어떤 때 지금껏 사람들에게 알려지지 않은 어떤 것을 발견한다. 그러면 우리는 그들의 기량을 칭송하는 것을 잠시 멈추고 그들의

발견에 완전히 공감한다. 그리고 이런 순간이야말로 그들의 영광이다.AAW: 141

그녀는 이제 문화를 알게 되었다. 원시 사회를 전반적으로 살펴보는 것이 가능하다는 것을 느끼게 되었다. 그것은 우리 문화 속에서 어떤 예술품을 감식하는 것과 비슷했다. 그것은 "창조"되는 어떤 것이 아니라 "발견"되는 어떤 것이었고, 그리하여 통합된 전체가 되는 것이었다.

인류학 : 확신이 점점 더 커지던 시절

34세가 되던 1921년 루스 베네딕트는 프란츠 보아스 밑에서 학위를 받기 위해 컬럼비아 대학원에 입학했다. 그녀는 당시 막 발족되던 연구 펠로십의 혜택을 보려 했으나 이미 35세가 넘어서 해당이 되지 않았다. 그녀는 꾸준한 공부와 편집 일, 약소한 지원금을 받는 단기 조사, 수업 등을 하면서 독립의 길로 힘겹게 나아갔다.

이 당시 그녀는 아주 근검한 생활을 하며, 일주일에 닷새 동안 컬럼비아 대학 근처의 원룸에서 살았다. 어떤 학교 교사가 주중에만 임대 놓은 방이었는데 주말에는 그 교사가 사용했다. 원룸은 경제적이기는 했지만 제약이 아주 많았다. 그 방에는 그녀의 소유물이 단 하나도 없었다. 심지어 사진도 걸어놓지 않았다. 주말이면 베드포드 힐스에 있는 자그마한 집으로 돌아가 스탠리와 함께 보냈지만, 이 무렵 남편과의 의사소통은 점점 더 어려워지고 있었다.

그녀는 프란츠 보아스 밑에서 3학기를 공부하고 학위를 땄고, 1922년 가을에는 바너드 대학에서 조교로 근무했다. 그리고 당시 그 대학의 학부 학생이던 나는 베네딕트를 처음 만났다. 그 후 2년 동안 그녀는 계속 보아스 강의에 조교로 참석했다.

그녀의 첫 인류학 연구는 보아스가 가르친 역사적 전파이론의 틀 내에서 수행되었다. 첫 저서 「평원 문화의 비전」(1922)과 학위 논문 「북아메리카의 수호신 개념」(1923a)에서 그녀는 문화적 요소의 다양성을 아주 꼼꼼하게 분석했다. 그런 요소들은 개별적인 분포 상태를 나타내고 있고, 어떤 문화에서는 어떤 방식으로, 다른 문화에서는 아주 다른 방식으로 통합되어 있다.

그녀의 스승 보아스는 모든 사회가 똑같은 발달 단계를 거친다는 19세기의 단선적單線的 진화론을 강력하게 비판했다. 세상의 문화의 기원은 하나뿐이라는 영국학파(G. 엘리엇 스미스, W. J. 페리 및 그 추종자들)의 극단적 전파론이나, 문

그녀의 아름다움이
시들어가던 무렵,
1924년경

화의 전파 흔적을 더듬어 몇 개의 소수 고대 문화로 소급하려는 독일학파(프리츠 그레브너, W. 코퍼스, W. 슈미트 외) 등에도 강력하게 반대했다. 보아스는 문화 발달과 관련하여 단하나의 결정론적 근원이 있을 뿐이라는 이론을 철저히 배척했다.

그래서 보아스는 제자들을 가르칠 때 각 문화의 흔적이나 주제를 꼼꼼하게 상호 비교하면서, 각 문화를 그 문화의 독특한 맥락 속에서 파악해야 한다고 강조했다. 학생들은 여러 세미나에서 나왔던 토의 사항 중 하나를 골라잡아 추가 연구 대상으로 삼았다. 가령 나의 논문 「폴리네시아의 문화적 안정성에 대한 탐구」(1928)는 동일한 문화 지역 내에서 발견되는 일련의 집단들―카누를 만드는 집단, 집을 짓는 집단, 문신을 하는 집단―을 검토한 것이다. 루스 베네딕트와 동시대인이었던 멜빌 허스코비츠는 동아프리카의 가축 집단에 대해 논문을 썼다(허스코비츠, 1926). 이러한 논문은 보아스의 감독을 받으며 집필된 마지막 것들로서, 보아스의 제자들은 전파된 문화 요소와 특정 문화의 생활양식 사이의 관계를 기록했다.

여러 해 뒤 루스 베네딕트는 보아스에게 언제 전파의 문제에 집중하는 것을 포기했는지 물어보았다. 보아스는 내가 사모아 현지탐사에 나가는 데 동의했던 1925년이었다고 대답했다. 사실 그보다 한 해 전인 1924년 보아스는 루스 번젤에게 한 개인이 예술 양식에 기여하는 문제를 연구하라고 지시했다. 그 결과가 아주 독창적인 책 『푸에블로 도자기 : 원시 예술에서의 독창적 상상력의 연구』(1929)였다. 이때부터 보아스와 많은 제자들의 학문적 관심은 이 방향으로 옮겨갔다.

그러나 루스 베네딕트는 이런 새로운 관심이 생겨나기 전에 보아스 밑에서 공부했다. 그래서 첫 저서는 역사적 전파론의 이론적 틀 내에서 집필되었다. 바로 이것 때문에 A. R. 래드클리프-브라운은 베네딕트의 연구 방식이 "너덜너덜한 걸레조각을 이어 붙인" 문화 연구 방법이라고 비난했다. 위트가 가미된 파괴적 헛소문이 늘 그러하듯이, 래드클리프-

브라운의 비판은 빈번하게 인용되거나 잘못 인용되었다. 하지만 베네딕트는 이런 논문들 속에서, 역사적으로 차이가 있는 문화들의 통합을 이해하는 데, 자신의 이론이 어떤 기여를 할 것인지 잘 알고 있었다.

「북아메리카의 수호신 개념」에서 이 문제를 다루는 그녀의 방식을 높이 평가한 사람은 에드워드 사피어였다. 그는 오타와에서 베네딕트에게 이런 편지를 보냈다.

베네딕트 부인,

나는 어제 당신의 논문을 단숨에 읽었습니다. 단지 저녁식사를 하기 위해 한 차례 중단했을 뿐입니다. 아주 멋진 논문을 발표한 데 대해 먼저 축하를 드리고 싶습니다. 인류학이 보아스에게 신세를 지고 있는 역사적 비판의 중요한 논문이 하나 추가된 것 같습니다. 나는 당신의 논문을 골든와이저의 「토테미즘」(1910)과 워터맨의 「아메리카 신화의 탐험적 요소」(1914)와 동격으로 봅니다. 하지만 당신의 논문이 이 두 논문보다 더 많은 영감을 불러일으켰습니다. 이 논문의 논리적 결과는—물론 사람이 논리적으로 일하는 건 아니지만—어떤 특정 지역에서 수호신의 개념이 역사적으로 발전한 과정을 추적하는 후속 논문을 필요로 합니다. 그러니까 특정 문화적 요소가 "어떻게" 특징적 패턴으로 결정結晶되는가 하는 과정을 보여주어야 합니다. 이 "어떻게"는 특정 지역이나 부족의 일반적 행동 패턴을 고려해야 할 것이고, 당신이 모든 상황을 심리학으로만 설명하려는 게 아니라면, 그러한 결정이 어떻게 개인적 표현의 타당한 틀이 되는지 그 과정을 밝혀야 합니다. 물론 심리학의 여지는 있습니다. 하지만 그것이 문화적 결정決定 요인이라기보다 부수적인(그렇지만 중요한) 문화적 내용(혹은 활용)으로 고려될 수는 있을 것입니다.

아니면 당신은 이런 극단적인 견해를 취하고 있습니까? 그러니까 어떤 패턴이 발생하든 또 그 패턴이 인간 행동의 지침으로 부적절하다고 판단되든, 인간의 심리는 그런 패턴에 적응한다는 것입니까? 인간 심리가 그 어떤 물리적 환경에도 적응하는 것처럼? 그렇다면 문화는 개인 심리의 환경 정도에 그치고 인간 심리의 변덕에 따라 중요한 것이 되는가 하면 사소한 것이 되기도 할 것입니다.

반대로 문화는 역사적으로 조성되어 온 "환경"이기 때문에 개인 심리의 사실이나 이론 따위는 전혀 개의하지 않을 수도 있습니다. 만약 당신이 이 후자의 견해를 취한다면 당신은 인류학 전공자로서 심리학은 필요로 하지 않을 것입니다. 하지만 어떻게 당신은 이러한 견해의 "복음"을 전파하겠습니까? 그 경우 당신은 문화적 운명론자가 될 것입니다. 문화를 역사적 실체로 인식하는 학자에 의해 개인 심리학 혹은 집단 심리학이 무시되지 않고 대담하게 다루어지기를 나는 바랍니다. 나는 당신이 어떤 구

체적 문제와 관련하여 이렇게 할 수 있기를 바랍니다. 그 주제가
수호신이든 뭐든.AAW: 49~50

당초 인류학 논문에 대한 관심으로 시작되었던 베네딕트
와 사피어의 우정은 급속히 발전했고, 그 후 3년 동안 그녀
의 인생에서 하나의 중요한 측면이 되었다. 그는 캐나다의
오타와에 따로 떨어져 있어서 외로웠다. 그는 언어학 텍스트
도 열심히 연구하면서 시를 써서 발표했다. 학문과 결혼의
양 기둥 사이에 갇혀 있던 루스 베네딕트도 아주 외로웠다.
두 사람은 곧 상대방이 시를 좋아한다는 것을 알게 되었다.
시인이 되고 싶다는 열망은 두 사람을 아주 친하게 만드는
결속 요인이었다. 많은 편지(하지만 사피어의 편지들만 남아 있
다)를 주고받으면서 두 사람은 각자 쓴 시를 교환하고 논평
하고 또 출판을 논의했다.

루스 베네딕트는 인류학을 전공하기 전에 많은 시를 발표
했다. 이제 사피어와의 우정을 통해, 또 레오니 아담스, 에다
루 월턴, 루이스 보건(그녀는 나를 통해 보건을 만났다) 등을
통해, 시를 논의할 수 있는 친구들을 갖게 되었다. 그녀는
당시 앤 싱글턴이라는 가명으로 시를 발표했다.

그녀는 인류학이라는 학문을 존중했고 또 그 학문을 열심
히 연구할 생각도 있었지만, 가장 가치 있는 표현 수단은 시

였다. 당시만 해도 그녀는 인류학을 자신의 글쓰기 능력을 충분히 발휘할 수 있는 학문이라고 생각하지 않았다. 자신의 현지탐사와 관련하여 몇몇 시를 써보기도 했으나, 이 두 가지 관심이 하나로 합치되는 적은 없었다. 「신화」(1949c)는 그녀가 인류학의 주제를 이미지로 차용한 몇 안 되는 시 중 하나이다.

머리카락에 기다란 까마귀 깃털을 꽂은 신神,
기다란 사지와 청동의 몸, 해질녘부터 시작하여,
밤새 무도장에서 춤을 추네,
그의 가슴에는 우리의 슬픔이 알알이 들어박혀.

버려진 줄기를 우리는 꽃필 때까지 간직하지 못하네,
가시는 우리 자신의 피가 아니면 꽃피지 못하나니,
그는 우리가 그것들을 버린 곳에서 하나하나 주워들어
자신의 넓은 가슴을 덤불과 불모의 관목으로 채우네.

그는 혼자서 시시각각 춤을 추네,
우리의 모든 꿈이 꽃필 때까지, 그리고 우리의 잠은
정원의 냄새가 나네. 우리는 그 향기를 지나
피곤한 모습으로 경작하고 추수하네.

1928년 루스 베네딕트와 사피어는 『포에트리』, 『메저』, 『팜스』, 『보이시스』 등의 시 전문지에 실렸던 상당수의 시 원고를 묶어서 한 권의 시집을 만들었다. 그리고 같은 해 그 원고를 하코트 브레이스 출판사의 시 편집 담당인 루이스 언터마이어에게 보냈다. 두 사람의 시집은 모두 출판을 거부당했다.

사피어는 1925년 오타와에서 시카고 대학으로 옮겼다. 그는 이 대학에서 행정 업무에 깊숙이 관여했고 뉴멕시코 주 산타페에 '인류학 실험실'을 설립했으며, 전국연구협의회 산하의 위원회에서 일했다. 맡은 보직이 이렇게 많아지자 시에 대한 사피어의 관심은 서서히 사라졌다. 시집을 발간하려고 애쓴 것이 그가 시인으로 인정받으려 한 마지막 노력이었다. 루스 베네딕트 또한 원고를 거부당한 것이 결정적 사건이었다. 이 일을 계기로 그녀는 시 쓰는 것에 더 이상 시간을 투자하는 것은 낭비라고 확신하면서 인류학 연구에 매진하기로 결심했다.

초창기에 그녀는 명목적인 지위만을 갖고 있었다. 처음에는 바너드 대학에서 보아스의 조교로 일했고 그 다음에는 1923년부터 컬럼비아 대학에서 1년 정도 강사로 근무했다. 1926~1927년에는 바너드 대학에서 글래디스 레이처드 대신 일했다. 나는 이 해에 베네딕트의 조교로 일했다. 마침내

1931년 그녀가 스탠리 베네딕트와 별거한 이후에 보아스는 컬럼비아 대학의 조교수 자리를 마련해주었다. 그녀는 이 자리를 1937년까지 지켰다.

이러한 보직은 그녀가 맡은 책임이나 앞으로 수행할 역할을 잘 보여주지 못한다. 그녀가 근무하던 저널리즘 빌딩 7층에서 세미나가 벌어지면 대학원생들은 늘 그녀를 찾았다. 의논하고 조언을 구하기 위해 찾아오는 다른 과 학생들도 있었다. 그녀는 컬럼비아 대학 종교학과의 웬들 T. 부시, 시티 칼리지 철학과의 모리스 R. 코언(1927년 여름에 컬럼비아 법과 대학원에서 강의했던 교수)과 협조적인 관계를 맺었다. 인류학과 내에서도 학문적으로 많은 우정을 맺었다. 1926년 로마에서 열린 아메리카학 국제회의에 참석했고, 1928년 이 회의가 뉴욕에서 열리자 전 세계의 많은 인류학자들과 교류하게 되었다.

1925~1926년 사이에 인류학과(대학원)에 새로운 그룹의 학생들이 들어왔다. 그들은 멜빌 제이콥스, 알렉산더 레서, 델마 애덤슨, 진 웰트피시, 오토 클라인버그 등이었다. 클라인버그는 인종 및 얼굴 표정과 관련하여 프란츠 보아스와 긴밀히 협조한 심리학자였다. 미국 자연사박물관의 P. E. 고다드는 이들에게 "제이콥스의 무리"라는 별명을 붙여주었다. 처음에 루스 베네딕트는 그들에게 별 호감을 느끼지 못했다.

그들은 폴 래딘 주위에 몰려들어(나의 시절 학생들이 알렉산더 골든와이저 근처에 몰려들었던 것처럼) 인류학과의 정식 과정 이외에 비공식 "강의"를 요청했다.

1925년에서 1933년 사이의 시절에 대한 루스 베네딕트의 생각은, 내가 사모아, 마누스, 뉴기니의 세피크 지역에 나가 있을 때 나에게 보낸 편지에 잘 나타나 있다.

1926년 3월 그녀는 나에게 편지를 보내 브로니슬라프 말리노프스키가 갑자기 뉴욕을 방문했다고 썼다. 말리노프스키는 이때 폴 래딘과 그의 컬럼비아 대학 제자들을 만났다. 같은 편지에서 베네딕트는 다양한 학생들이 혼재해 있는 인류학과의 어려움을 토로했다.

나는 어제 말리노프스키와 아주 재미있는 시간을 보냈어. 그는 점심시간에 나타났어. 아무도 그가 여기 와 있는지 몰랐어. 그는 나와 오후를 함께 보내겠다고 했어. 래딘이 점심에 합류했고 그 후에 래딘의 "강의"에 갔어. 래딘이 토론을 제기하니까 말리노프스키도 적극 뛰어들더군. 너는 그를 무척 좋아할 거야. 그는 아주 상상력이 풍부하고 머리가 빨리 돌아가서 일주일 내내 함께 있어도 재미있을 사람이야. 그는 집단의 문화 수용을 새로운 종교처럼 말하더군. 그래서 어떤 문화의 흔적이 현장에서 발명되었건, 다른 외부 소스에서 전파되었건 별로 문제가 아니라는

그녀의 아름다움이 회복된 시절, 1931년

듯이 말했어. 물론 이것은 엘리엇 스미스와 그레브너의 극단적 태도를 수정하기 위한 추의 진동에 지나지 않는 거지. 하지만 그처럼 지적인 양반이 우리가 어머니의—혹은 파파 프란츠의—우유를 먹고 자란 것을 그토록 열정적으로 옹호하다니 정말 흥미진진했어. 그에게 조금만 시간을 더 주면 그는 독자적 발명이나 전파의 자그마한 세부사항이 문화라는 커다란 그림에서 어떤 변화를 가져온다는 것을 발견하게 될 거야. 물론 그는 "발명"이라는 현상은 없다는 전제로부터 출발해. 그것은 아주 천천히 진행되는 과정이기 때문에 인간의 발명보다는 문화의 차용 쪽에다 더 증거를 제공하고 있지. 물론 그는 그렇게 말해야겠지. 문화적 흔적의 분산으로부터 역사적 재구성이 나온다는 논지를 무시하기 위해 그런 주장을 펴는 거야. 또 내부적 성장과 외부적 자극의 문제도 무시하고 싶은 거야. 자신이 무시해오던 것을 금방 발견한 사람에게서 그 이상의 어떤 태도를 기대할 수 있겠어?

정신분석에 대해서 그는 파파 프란츠만큼이나 회의적이더군. 이제는 극단주의자 말고는 그런 깃발을 날릴 수 없다는 거야. 정신분석의 가치는 이미 심리학의 일반적 입장으로 수용되었다는 거야. 물론 그렇게 말하기는 쉽지. 사실 정신분석은 불법화되기도 전에 이미 옳다는 게 증명되었고 지금도 또한 그럴지 몰라. 아무튼 정통 심리학이 앞으로도 말리노프스키의 작업에 변화를 가져오지 못할 것은 말할 필요도 없겠지. 그와 파파 프란츠는 마음속으로 의견이 일치할 거라고 생각해. 래딘은 저녁 내내 열변을 토했어. 그는 일년 내내 엘리엇 스미스와 그 추종자들에게서는 얻어낼 게 많다고 말했어. 그리고 위대한 신 카를 융에 대해서도 많이 말했지. 그런 훌륭한 동지를 가지고 있다는 건 좋은 일이야. 게다가 래딘은 나의 보아스 해설을 싫어했어. 그러나 말리노프스키는 내 설명을 다 듣고 나서 아주 좋다고 했어. "내가 예전부터 보아스가 나의 정신적 스승이었음을 알았더라면 얼마나 좋을까요", "이런저런 문제에 대해 보아스가 지난 20년 동안 가르쳐온 것을 나에게 말해줘요. 그렇지 않으면 내가 이런저런 것을 발견했을 때, 그것을 처음 발견한 것처럼 생각할지도 모르니까요"라고 말했어.

저녁 세션에서 그는 의도적으로 래딘을 무시했어. 분명 그를 좋아하는데도 말이야. 우리 모두는 즐거운 시간을 보냈어. 너는 우리가 모두 열렬한 전파론자인 것처럼 생각할 거야. 나는 우리 과의 학생들이 보아스와 그의 기계론적 해석을 깔아뭉개리라고 예상했어. 그런 분위기가 널리 퍼져 있거든. 하지만 나는 "제이콥스의 무리"는 별로 만나지 않고 만나도 인류학 이야기는 안 해.

[컬럼비아 대학에서의] 세미나는 내가 예상한 것처럼 어렵게 진행될 것 같아. 우리는 전파론자의 입장에 대해 어리석은 토론을 벌였는데, 거기에는 닥터 보아스의 저작도 들어갔어. 문화적 효과의 분산 연구는 문제를 해결하기보다 오히려 제기하는 듯하

다고 나는 주장했어. 닥터 보아스도 아마 나와 같은 말을 했을 거야. 하지만 이렇게든 저렇게든 그 분이 심란하게 생각할 것은 변함이 없어. 그리고 이번 주 클라인버그—심리학을 전공하는 아주 단정하고 산뜻한 성격의 소유자를 기억하니?—가 신화를 정신분석적으로 처리하는 것에 대해 보고했어. 나는 정신분석에 대해 우호적으로 접근하라고 그에게 조언했어. 처음에 그는 아무리 호의를 가지고 접근해도 그렇게 할 수는 없을 것이라고 말했어. 하지만 말리노프스키 저작의 도움을 받고 또 우리가 여러 가지 제안을 해준 덕분에 그는 아주 흥미로운 보고를 했어. 그 용어만 제외하면 보아스도 그 보고를 흡족하게 생각할 거라고 봐—그게 흥미를 깨트려. 보아스라면 억압이라는 말을 쓰지는 않았겠지. 사람들이 자신의 터부를 가지고 농담을 하려는 충동은 이해하지만 그것을 억압에 대한 보상이라고 말한다면 보아스는 절대 받아들이지 않을 거야. 그건 한도를 벗어난 이야기라고 보니까. 클라인버그는 매우 흥분했고 그래서 좋은 토론이 되었어. 우리는 그때 이후 더 이야기를 하지 않았지만 고다드는 아주 자극을 받았다고 말했어. 아주 흥미로워.AAW: 304~306

1922년 여름에 세라노 족(이 부족의 옛 문화는 재구성할 수 없을 정도로 파편화되어 있었다)을 현지탐사한 것을 제외하고 루스 베네딕트의 초기 저작은 모두 도서관 자료를 활용한 것이었다. 그녀는 이런저런 조각들을 그러모으고, 결락을 채워 넣고, 사라졌거나 인멸된 문화들 사이의 일치점을 발견하는 일 따위에 크게 매료되었다. 그것은 아주 매혹적인 수수께끼였고 그녀는 평생에 걸쳐 불완전한 자료들로부터 문화의 이미지를 창조하는 것을 아주 좋아했다. 그녀 자신이 몸소 현지탐사를 나가는 것이나, 살아 있는 문화를 기술한 인류학자들의 완성된 저작을 읽는 것보다 더 좋아했다.

그녀가 이런 힘들고 따분한 자료 조사를 기꺼이 해냈기 때문에 보아스는 그런 종류의 일을 그녀에게 많이 주었다. 연구 자금이 아주 한정되어 있던 시기여서 보아스는 얼마 안 되는 자금을 아껴 쓰면서 정말로 필요한 사람에게만 도움을 주려고 했다. 코넬 의과대학 교수 부인인 루스 베네딕트는 그런 도움의 대상이 되지 못했다. 그녀가 독립하기 위해 힘겹게 살아가고 있다는 사실도 보아스의 생각을 돌리지 못했다. 보아스가 그녀를 위해 잡아준 것은 남서부협회—엘시 클루스 파슨스는 이 협회를 통해 보아스에게 연구 자금을 지원했다—의 자그마한 기금 보조를 받는 일뿐이었다. 루스 베네딕트는 민담 색인집을 만들고 1925년부터 1939년까지 『미국 민담 저널』을 편집했다.

1920년대에 들어와 보아스 밑에서 연구하는 남녀 대학원생 수가 많이 늘었음에도 불구하고 인류학과는 아주 취약한 입장이었다. 보아스 자신은 정년보장tenure 교수지만, 제1차 세계대전 중 중립적인 입장을 취한 보아스를 꺼려한 대학 당국은 그에게 최소한의 지원만 제공했다. 보아스는 여자 대학원생을 많이 받았다는 점에서 예외적인 교수였다. 미국 내의 다른 대학 인류학과는 여성에게 그처럼 많은 학위를 수여한 사례가 없었다.[3]

그러나 여성이 교수가 되리라는 생각을 대학 당국은 아예 하지 않았다. 마침내 스탠리와 별거 생활에 들어간 루스 베네딕트는 보아스에게 좀 더 확실한 자리를 마련해달라고 요청했다. 그녀가 그때까지 학과의 일을 열심히 해왔고 또 현재 곤궁한 처지임을 안 보아스는 인선 작업에 들어가 1931년 그녀에게 정년보장 없는 조교수 자리를 얻어주었다.

이 시기에 그녀는 여름이면 현지탐사를 나갔다. 1924년 주니 족에게로 최초의 탐사를 나섰다. 1925년에는 주니 족과 코치티 족을 상대로 탐사했다. 1927년에는 피마 족과 함께 작업했다. 1931년 인류학 남서부 실험실의 후원 아래 그녀는 메스칼레로 아파치 족으로 나가는 학생들의 현지탐사를 감독했다. 이 학생들 중에는 프레드 이건, 줄스 헨리, 모

---

[3] 1901년부터 1940년까지 컬럼비아 대학원 인류학과에서는 51건의 박사 학위를 수여했다. 이 중 29명이 남학생, 22명이 여학생이었다. 최초의 학위 수여자는 1914년의 로라 L. 베네딕트였다(토머스, 1955 : 703~708).

리스 오플러, 솔 택스 등이 들어 있었다. 8년 뒤인 1939년 그녀는 몬태나와 캐나다 앨버타에 살고 있는 블랙풋 족 사이에서 인류학 현지 워크숍을 지휘했다. 이때 참석한 사람들로는 제인 리처드슨, 루시엔 M. 행크스, 지텔 포스난스키, 로버트 스티드, 오스카와 루스 루이스, 에스터 골드프랭크 등이 있었다. 골드프랭크는 선임 동료로서 그 그룹에 참가했다 (골드프랭크, 1945). 모든 참가자들이 긴밀하게 협조했던 아파치 현지탐사와는 다르게, 이번의 참가자들은 블러드 족, 남부 피건 족과 북부 피건 족, 북부 블랙풋 족(스키시카 족)에 분산 배치되었고, 그리하여 젊은 탐사자들에게 그리 가치 있는 체험이 되지 못했다. 베네딕트는 몬태나에 잠시 체류한 뒤 블러드 족 사이에서 작업 중인 그룹에 합류했다.[4]

그녀는 현장 작업을 존중했고, 현지 제보자의 증언을 꼼꼼하게 기록하는 등 보아스의 현지탐사 방법을 중시했다. 그러나 현지탐사는 늘 힘든 일이었다. 그녀는 한쪽 귀가 안 들리기 때문에 부족의 언어를 배우거나 그들의 언어학적 텍스트를 기록하는 일이 어렵기만 했다. 그녀의 작업 중 많은 부분은 현지 개인 제보자들을 상대로 하는 것이었는데, 그들은 영어로 혹은 통역을 통해서 푸에블로(미국 남서부 인디언—옮

---

4 개인 통신문, 에스터 골드프랭크 비트포겔.

긴이) 민담을 반복적으로 끝없이 말했다.

현장은 주거 환경이 좋지 않았다. 음식 조달에 문제가 있었고 침대에는 벌레가 있었다. 비록 푸에블로 족이 예전의 문화를 상당히 보유하고 있기는 했지만 변화가 진행 중이었다. 그녀는 새 문화의 모든 표현 속에 숨어 있는 옛 문화의 소리를 들으려고 늘 긴장하고 과로했다.

하지만 그녀는 현장 작업을 충분히 수행하여 현대 현지탐사의 애로점을 아주 많이 알게 되었다. 한번은 주니 족의 의식 지도자들에게 불려가 왜 주니 족 사이에 들어와 사는지 그 이유를 해명하기도 했다. 그녀는 주니 족의 사진을 찍는 것이 불가능해진 시기에 그 일대에서 탐사 작업을 했다. 그 전에 한 젊은 심리학자가 그들의 사진을 찍다가 돌팔매질을 당하고 카메라가 박살이 난 사고가 있었고(판데이, 1972), 그래서 현지탐사자는 별로 환영을 받지 못하는 존재였다. 당초 그녀는 한 제보자와 접촉하여 그 사람을 푸에블로에서 멀리 떨어진 곳에 데려갈 생각이었다. 그녀가 이와 관련하여 도움을 요청하자 캘리포니아 언어학자인 제므 드 앙귈로는 베네딕트에게 항의 편지를 보냈다. 이 항의는 전문 인류학자의 작업에 대한 오늘날의 많은 비판과 부합한다.

당신은 제보자를 얻는 데 도움을 달라고 말했습니다. 당신은 이렇게 말했지요. "그 제보자를 데리고 안전한 미국 땅으로 갈수 있었으면", "민담과 의식에 대해 기꺼이 이야기해줄 제보자……" 오, 루스. 당신은 이런 이야기가 얼마나 나를 가슴 아프게 했는지 모를 것입니다. 나는 당신을 정말로 좋아하기 때문에 이 이야기를 당신에게 어떻게 해야 할지 모르겠습니다. 하지만 당신은 그런 부탁을 하는 게 인디언을 죽이는 일임을 모르십니까? 나는 진심으로 말합니다. 그것은 먼저 정신적으로 그들을 죽입니다. 그들의 생활에서 정신적인 면과 육체적인 면은 우리의 문화에 비해 훨씬 밀접한 관계를 갖고 있기 때문에 그들은 정신이 죽으면 이어 신체도 죽습니다. 그들은 그냥 자리에 드러누워 죽습니다. 그것이 엄청난 호기심을 갖고 과학적 데이터를 찾아다니는 당신네 인류학자들이 초래한 일입니다.

특정 수준의 문화에서 비밀은 심리학적 가치를 갖고 있다는 걸 모르십니까? 틀림없이 당신은 알 텐데 그것을 이 문제와는 결부시키지 않는 듯합니다. 당신은 분석심리학을 잘 알기 때문에 어떤 사항은 밝은 곳에 드러내면 안 된다는 사실을 이해할 것입니다. 그렇게 하면 그것은 뿌리 뽑힌 식물처럼 시들다가 죽어버립니다.

루스, 당신은 인디언과 함께 생활해본 적이 없습니까? 나는 당신의 사정을 잘 모르기 때문에 이렇게 묻고 있는 것입니다. 원시 종교에 대한 당신의 관심은 깊은 신비주의의 결과입니까?……

왜 당신은 이런 것들을 알고자 합니까? 그들의 비밀을 당신이 출판하지 않는다고 약속한다면 나는 최대한 당신을 도와줄 용의가 있습니다. 나는 그 모든 것의 의미에 대해 당신에게 많은 것을 말해줄 수 있습니다. 특정 사항은 유보하면서 그것에 대해 개괄적으로 말하는 것은 괜찮습니다. 하지만 비교적秘敎的인 문제는 언제나 아주 조심스럽게 다루어야 합니다. 그것은 번개처럼 강력하고 또 위험합니다. 숙달되지 못한 정신분석자들이 환자에게 저지른 폐해를 한번 생각해 보십시오…… 아무튼 의식의 구체적 세부사항은 대외에 공표해서는 안 됩니다. 피라미드 세포가 두뇌 피질의 핵심이듯이 그것은 신자의 마음속에서 필수적인 한 부분입니다. 그것은 제보자의 소유입니다. 그 비밀 사회의 소유입니다. 그것은 비밀이기 때문에 그 사회의 구성원에게는 실제적인 의미와 가치를 갖고 있습니다. 당신은 그들로부터 강탈해서는 안 됩니다. 그들의 집에 침입해서는 안 됩니다. 나의 아이를 꾀어서 내 집의 비밀을 말하라고 해서는 안 됩니다.AAW: 296~297

그러나 베네딕트는 점점 사라져가는 신화와 의식을 문자로 기록하는 것은 인디언 자신을 위해서나 다양한 문화를 보존하려는 인류의 노력을 위해서나 가치 있는 일이라고 생각했다.

신체적 장애와 푸에블로 현장 작업의 불확실성에도 불구하고 그녀는 현지 상황에 언제나 적극적으로 반응했고, 제보자들과의 관계는 원만하면서도 화기애애했다. 1925년 여름 내가 사모아에 나가 있을 때 그녀는 먼저 주니에서 그리고 나중에 코치티에서 나에게 기다란 편지를 보내왔다.

닉과 플로라는 이번 여름 내 손에서 먹을 것을 얻고 있어. 닉은 정말 소중한 존재야. 내가 그의 "시가"를 텍스트로 만들 수만 있다면! 그가 "신성한 이야기"라고 부르는 이야기들은 플로라의 이야기 못지않게 의식적 세부사항들을 반복하고 있어. 나는 주니 족에게는 이런 일반적 유형이 의심할 나위 없이 확립되어 있다고 생각해. 나는 결국 닉을 좋아하게 될 것 같아. 그는 어제 눈에 불을 커면서 나에게 비상사태 이야기를 해주었어. 같은 에피소드를 22개의 "신성한" 노래를 통해 22번 반복하는 거야. 그는 건너뛰려고 애쓰지만 습관은 어떻게 할 수 없나봐. 그는 단지 "같은 거예요, 같은 거"라고 말하면서 같은 에피소드를 끝까지 반복하는 거야. 그의 눈에 빛나는 불꽃은 인상적인 데가 있어. 그는 정말로 위대한 사람이었을지 몰라. 어떤 사회에서 어떤 기준을 적용한다 하더라도 그는 결국 주술사라는 낙인이 찍혔을 거야. 그는 너무도 외롭고 또 너무도 사람을 경멸해……AAW: 292

주니에서 보낸 마지막 날인 8월 24일 그녀는 이렇게 썼다.

　　루스 번젤이 금요일 우편마차를 타고 왔어. 어제 우리는 함께 멋진 길을 따라 메사(꼭대기는 평평한 바위 언덕이고 주위는 벼랑인 지형－옮긴이)로 갔어. 거기에는 커다란 벽이 새롭게 위용을 자랑하며 우리 머리 위로 우뚝 솟아 있었어…… 만약 내가 신이라면 거기다 나의 도시를 지을 거야.AAW: 293

페냐 블랑카에서 적당한 제보자의 출현을 기다리면서 잠깐 머물다가 허탕을 친 그녀는 코치티로 갔고, 그곳에서 9월 3일 나에게 편지를 보냈다.

　　수레가 도착했고 우리는 강을 건너 아주 매혹적인 푸에블로에 들어갔어. 나는 페냐 블랑카의 산에서 많은 시간을 보낸 것을 다행스럽게 생각해. 왜냐하면 이곳은 산에 가깝기는 하지만 산은 전혀 볼 수가 없어. 나의 집은 반지하 키바(푸에블로 인디언의 지하 예배당－옮긴이) 옆에 있는데, 키바에는 하늘 높이 치솟은 사다리가 있어. 한쪽에는 어도비(흙벽돌－옮긴이) 계단이 위로 뻗어 있어. 아주 효율적이지. 많은 집들의 앞에는 비틀어진 아카시아 나무가 있어서 그 그늘에 앉아 즐길 수 있어. 가지로 뒤덮인 포치는 어도비와 마찬가지로 흙색깔이야. 주니에서는 비올 때를 빼놓고는 가만히 앉아 있는 법이 없어. 주니 족은 그늘을 좋은 휴식 장소로 생각하지 않기 때문이지.

이 숙소에는 약간의 단점이 있어. 음식 메뉴는 아주 까다로워. 이곳에는 빵이나 우유가 없기 때문이지. 나는 주식을 빵과 건포도로 하기로 했지만 가게에 약간의 통조림 수프가 있어. 곧 인디언들이 음식을 제공할 거야. 나는 그들과 함께 야생 옥수수를 먹게 되겠지. 항상 그렇지만 최악의 상태야. 하지만 그들을 길들일 만한 시간적 여유가 없어. 나는 아주 오래 전에 칼라일 대학을 졸업한 늙은 인디언에게 집을 빌릴 거야. 그는 아주 정확한 영어를 구사해. 그는 첫날 작별 인사를 하고서 이렇게 말했어. "친구, 당신은 벌레 때문에 고생을 할 겁니다. 원래 여긴 벌레가 없었어요. 하지만 우리 이웃들은 뒤뜰에 닭을 키우지요. 우리는 한두 주 전에 여기 왔는데—(그들은 지금 '농장'에 나가 있어)—정말 엉망이었어요. 그때 벌레들이 바닥 틈새로 일렬을 이루며 기어 나오는 것을 보았지요." 그래서 그가 떠나자마자 나는 침구를 등에 메고서 비틀거리는 사다리를 올라가 옥상으로 갔지. 거긴 한결 낫더군. 하지만 낮 동안에도 쉴 새가 없어.

나는 이곳 인디언들이 아주 개방적으로 이야기를 해주는 태도를 이해할 수가 없어. 그들은 전에도 비밀스럽게 굴지 않았던 것 같아. 닥터 보아스는 내가 제보자와 함께 코치티 근처를 어슬렁거려서는 안 된다고 말했어. 하지만 주니 족에게는 그런 난폭한 감정은 없는 것 같아. 물론 비교적秘敎的인 스토리를 별로 듣고 있지 못하지만. 그래도 오랫동안 죽치고 있으면 그런 스토리도 들을 수 있을 것 같아. 엘시[클루스 파슨스]와 닥터 보아스가 그토록 경계했던, 가시가 달린 위험한 울타리라는 느낌은 들지 않아.AAA: 298~299

9월 3일 그녀는 코치티 작업을 이렇게 서술했다.

　남자들, 어머니들이 나를 방문해와. 나에게 사탕이 있다는 이야기를 들은 많은 아이들도 만나고 있어. 게다가 매일같이 그 가족들이 농장에서 강을 건너 불쑥 찾아오고 있어. 내일은 춤이 있을 예정이야. 하지만 나는 별로 기대하지 않아. 그들은 그걸 "어린 말 춤"이라고 하더군. 광장에 말뚝을 네 개 박았는데 아마도 말을 매는 말뚝인 것 같아!

　나의 음식 메뉴는 늘어나고 있어. 그런데 이곳 가게들에서 찾아볼 수 없는 밀가루를 우연찮게 발견하게 되었어. 그들이 "가게"라고 부르는 곳은 선반 몇 개 얹어놓은 것이 전부인데—이런 가게가 두 개 있어—그 가게의 관리자는 앤트 저마이머 팬케이크 밀가루 통을 세 개나 찾아냈어. 그래서 나는 살았지……

　나의 제보자는 아흔 살의 남자인데 아주 훌륭한 인품을 가졌어. 젊은 시절에는 백인 여자처럼 금발이었나 봐. 그래서 이 일대에서 "페어"(금발)라는 별명으로 널리 알려졌대. 그는 스페인어를 잘 하는데 그 언어로 말할 때는 그의 말을 상당 부분 알아들을 수 있어. 통역 문제로 괜히 신경 썼다고 생각하면 화가 나지만, 어쩔 수 없는 일이지. 그는 허리가 많이 굽었고 지팡이를 짚고 걷지만, 이 일대에서 가장 강렬한 인상을 지녔어. 그는 열광과 우애가 몸에 밴 사람이야.AAW: 300

그녀는 현지탐사 작업을 최대한 활용하면서도 학생들의 현장 노트를 검토하는 것을 더 즐거워했다. 그들에게 그 정보를 조직하는 요령과 산발적인 관찰사항으로부터 훌륭한 전체를 구성해내는 기술을 가르쳤다. 그녀는 학생들에게 직접 현지탐사 작업을 시켜야 하고, 또 학생들이 그 과정에서 만나게 되는 관리, 정착민, 무역업자들과의 관계를 개척하도록 유도해야 한다는 내 조언을 짜증스럽게 생각했다. 그녀는 프란츠 보아스와 마찬가지로 민족지학, 언어학, 텍스트 등의 현장 자료에 어느 정도 노출되면, 그 나머지는 그들 스스로 알아서 처리할 수 있다고 생각했다.

1926년 9월, 루스 베네딕트와 나는 로마에서 개최된 아메리카학 국제회의에 참석했다. 그해 여름 그녀는 유럽을 혼자 여행하면서 머리를 짧게 깎았다. 머리카락은 남들보다 일찍 하얗게 세었으나, 그녀는 놀라운 미모를 회복했다. 이 시기에 나는 사모아에서 귀국하는 길이었다. 나는 새로운 문제들을 한 보따리 안고 왔는데, 주로 심리적 문제들로서 레오 포천의 심리학적 관심사와 관련이 있는 것들이었다. 귀국하는 배에서 루스와 나는 그 후 몇 년 동안 계속될 문제를 의논했다.

당시 내가 볼 때, 문화가 심리적 행태를 결정하는 방식을 제대로 이해하려면— "문화와 인성"이라는 용어는 당시 사용되지 않았다—인간 심리의 보편적 특성과 그 특성이 특정 문화에 반영되는 양태 사이에 체계적 관계를 수립해야 했다.

루스 베네딕트는 문화와 꿈을 서로 연결시키는 이론은 문화적 자료를 바라보는 한 가지 방법일 뿐이며 그 외에 많은 방법이 있을 수 있다고 말하고, 그 방법들 중 어떤 것이 다른 것들보다 더 "정확하다"고 볼 수도 없다고 주장했다. W. H. R. 리버스처럼 신경생리학과 꿈을 서로 연결시키는 데이터 조직 방식(리버스, 1923)은 리얼리티의 한 가지 버전일 뿐이라고 보았다. 리버스는 그것이 그의 기질과 체험을 표현해 주는 버전이기는 하지만, 어떤 체계를 구축할 정도의 절대적 진리는 되지 못한다고 생각했다.

베네딕트는 그 다음해(1927) 피마 족에 현지탐사를 나갔을 때, 푸에블로 문화와 평원 문화 사이에 엄청난 차이가 있음을 처음으로 발견했다. 그러한 대조적 차이를 비유적으로 묘사해줄 적절한 용어를 찾다가 니체의 카테고리인 "디오니소스적"과 "아폴로적"을 차용했다. 이런 갑작스러운 깨달음으로부터 그녀는 자신만의 문화 통합형태configuration 이론을 개발하기 시작했다.

그 다음해 겨울(1927~1928) 루스 베네딕트가 논문 「남서부 문화의 심리적 유형」(1930d)을 준비하는 동안, 우리의 토론은 계속되었다. 그리고 나는 사모아에 관한 논문, 「마누아 족의 사회 조직」(1930)을 썼다. 이 과정에서 나는 살아 있는 문화에 대한 통합형태 접근을 적용하는 방식으로 "주도적 문화 태도"라는 말을 사용했다.

동시에 루스 베네딕트는 마침내 이런 교과서를 펴내는 것이 적절하다고 생각한 보아스의 『일반 인류학』(보아스, 1938)에 들어갈 종교 관련 논문을 준비했다. 보아스는 늘 사회적 행동의 원칙이 잘 확립되면 하나의 자명한 원리가 되기 때문에 교과서는 필요가 없다고 생각했다. 그러나 로버트 로위(1920), 알렉산더 골든와이저(1922), 앨프리드 크로버(1923), 클라크 위슬러(1929) 등이 집필한 교과서가 널리 사용되고 있었다. 그래서 보아스는 자신의 관점을 대표하는 자료들을 한데 모아 보는 것도 괜찮겠다고 생각하게 되었다. 종교는 루스 베네딕트가 죽 강의를 해왔을 뿐만 아니라 단행본을 하나 써보려고 했던 주제였다. 보아스 교과서에 들어간 종교 논문(베네딕트,

1938b)이나 그 전에 집필한 『사회과학 백과사전』 중 「주술」
(베네딕트, 1933a)이 그렇듯이, 그녀가 종교와 주술을 구분하
는 기준은 애원자와 신앙 치료자 사이의 태도 차이였다. 이때
이후 그녀는 어쩔 수 없는 공적 이유가 아닌 한 종교에 대해
글을 쓰지 않았다.[5]

그녀가 「남서부 문화의 심리적 유형」을 제출한 아메리카
학 국제회의는 1928년 9월 뉴욕에서 열렸다. 나는 당시 이
미 현장으로 떠났기 때문에 그녀는 그 회의를 묘사하는 기다
란 편지를 보내왔다.

아무런 사고도 없었어. 파파 프란츠는 첫날부터 기분이 좋았
고 회의는 별 탈 없이 진행되었어. [발데마르] 보고라스는 1902
년 대회 때 워싱턴에서 미국 대통령과 악수를 했고 남서부의 사
막으로 안내되어 삽을 하나씩 받아들고 땅을 파보라는 요청을 받
았다고 말했어. 하지만 도자기 조각들을 모두 미리 "심어 놓았
다"는 거야. "수세기 된 흙이라는 것이 너무 최근의 흙"이었다는
군. 보고라스는 그러면서 아주 시시한 행사였다고 말했지. 그는
그 말을 한 것 이외에는 잠잠했어. 심어 놓은 도자기 조각이나

---

5 그녀는 사망하기 직전 프란츠 알렉산더와 헬렌 로스가 편집한 『역동적 정신의학』
   (1952)에 종교에 관한 챕터를 써주겠다고 동의했으나 불발로 끝났다.

대통령 캘빈 쿨리지와의 악수 등 얻기 불가능한 것을 요청하는 사람은 아무도 없었어……

자 이제 뒤쪽 이야기부터 시작해볼게. 공식 개회식은 파파 프란츠가 계획한 것처럼 [헨리 페어필드] 오스본이 2인자 노릇을 했다는 것이 좀 주목할 만한 거였어. 그날 아침 오스본의 사무실에서 회장이 개회식 연설을 해야 한다는 메모가 내려왔어. 파파 프란츠가 그의 방에 올라가 맹렬히 이의를 제기했어. 그들이 연단에 앉자 파파 프란츠가 일어섰지…… 노교수 [알브레히트] 펭크는 파파 프란츠에게 기막힌 찬사를 바쳤지. 펭크는 이 세상 모든 것을 사랑하는 어린아이처럼 환하게 웃고 있었고 자신의 심박수를 세려는 것처럼 손을 가슴에 딱 붙이고 있었지. 그는 독일 출신의 가장 위대한 인류학자 프란츠 보아스에 대해서 말했어. "우리 독일에서 온 학자들은 당신에게 경의를 바치는 바이다." 그건 아주 멋졌어……

나는 보고라스와 대화를 많이 나누었어. 그는 "새로운 새벽"으로 가득 차 있고 아이처럼 확신을 갖고 있더군. 이제부터 인간은 더 이상 상황을 두려워하지 않는다. 그는 해방된 새로운 인간이다. 물론 이것은 과거의 문학 고전들을 즐기는 행위에 종지부를 찍게 한다. 심지어 도스토예프스키도 이제 낡은 인물이 되었고 톨스토이와 투르게네프는 더 이상 발간되지 않는다. 그렇지만 체호프는 영향을 받지 않는다. 그리고 나머지 어떤 작가를 생각할 수 있을 것 같은가? 당신에게 일백 가지 추측을 하도록 하겠다. 그 대답은 아나톨 프랑스다. 나는 정말 깜짝 놀랐어. 나는 즉석에서 『붉은 백합』은 어떠냐고 물었어. 그 책은 자신의 요점을 예증해줄 만한 책이 아니라고 말하더군. 그는 그게 소비에트 러시아 지식인들의 일반적 견해라고 말했어. 그리고 그 대회에 늙고 상처받은 듯한 [윌리엄] 샐비처가 나왔어. 그는 인내심 많은 학자 크리스투스를 연상시키는데, 나와 이야기하는 것을 좋아했어……

　이제 논문 이야기를 해볼게. [빌헬름] 코퍼스는 여기에 [프리츠] 그레브너를 대신하여 나왔어. 그가 연설할 때 나는 그에게 가서 고해성사를 하고 싶다는 생각이 들더군. 그는 자신의 이론을 아주 확신하고 있어. 어쩌면 도그마 수준이야. 하지만 그에게는 우리 미국의 학자들이 가지고 있지 않은 권위가 있었어. 크로버는 코퍼스나 [막스] 울레, [루이스] 캐피턴이 보고를 마치면 항상 일어나 간단히 발언을 하면서, 우리는 모두 동의한다고 말했어. 그때 파파 프란츠가 일어서서 이렇게 말했지. "하지만 내가 볼 때 근본적 차이가 있습니다." 그런 다음에 그는 그 이유를 설명했어. 내 논문에 대해서도 많은 관심이 쏟아졌어. 프로그램의 진행상 좋은 자리를 차지했는데, 헤이박물관의 점심식사 바로 전에 논문 낭독이 있었지. 크로버의 질문은 이런 거였어. "그 노인은 이런 논문을 어떻게 받아들일까요?" 에드워드 [사피어]는 좋은 강연에 훌륭한 주제였다고 했어. [앨프리드] 키더는 그런 주제가 푸에블로 그림, 문화, 종교 등에 의해 잘 뒷받침된다고 말했어. 위슬러는 내내 얼굴을 찡그렸고 나는 그 이후 그를 보지 못했어. 엘시 [클루스 파슨스]는 아무 말이 없다가 잠시 뒤 일어나서 호흡을 고르고서 쓸데없는 추가 사항을 말했지. [테오도어-빌헬름] 단첼 교수—함부르크 대학 교수로 글래디스 [레이처드] 집에 묵고 있는 사람—는 대회 중 가장 중요한 논문이라고 하면서 자신의 저작과도 일치한다고 말했어. [호텐스] 파우더메이커도 같은 말을 했어. 20분 안에 연설을 마쳐야 했기 때문에 나는 논문의 개요만 말했어. 하지만 그 주어진 시간 내에서 최선을 다했다고 생각해……AAW: 306~308

문화의 패턴

1932년 봄, 앨프리드 크로버가 컬럼비아 대학 인류학과의 방문 교수로 와 있을 때, 루스 베네딕트는 마침내 문화적 통합형태에 관한 책을 써보기로 결심했다. 이 결정에는 약간 아이러니한 점이 깃들어 있다.

1931년 초 보아스는 자신의 후임으로 크로버에게 학과장 직을 제의했다(크로버, 1970 : 155). 그 제의는 오랜 학문적 교류 끝에 나온 것이었고 두 사람 사이에는 깊은 우정이 있었다. 크로버는 자신이 나고 자랐으며 아직도 많은 유대 관계를 갖고 있는 뉴욕으로 돌아올 수 있는 기회에 매력을 느꼈으나, 자신이 구축한 캘리포니아 대학 버클리 분교의 인류학과에 그대로 남기로 결심했다. 하지만 보아스의 비위를 맞추기 위해 1932년 한 학기 동안 컬럼비아에서 강의하는 데 동의했다.

이 당시 크로버는 역사적 틀 내에서 미학적, 지적 성취를 강조하는 그 자신만의 멋진 문화적 통합형태 논리를 개발하고 있었다. 컬럼비아에서 그는 당시 그의 관심사항과 일치하는 주제인 세계 문명에 대해 강의를 할 계획이었다. 하지만 보아스는 남부 아메리카 고원 문화에 대해 강의할 것을 단호히 요구했다. 당시 크로버는 그 주제에는 잠시 손을 놓고 있었으나, 보아스의 요구인지라 마지못해 동의했다. 그러나 루스 베네딕트는 그의 강의나 세미나 운영이 아주 건조하다고 생각했다. 그녀는 여기에 분노를 느꼈고―그녀는 사실 크로버의 문화 접근과 자신의 접근 방식이 상당히 유사하다고 생각했다―자신의 책을 써보겠다는 충동적인 결정을 내렸다.

이렇게 하여 출간된 책이 『문화의 패턴』이다. 그녀는 그 후 2년 동안 간헐적으로 이 책의 원고를 준비했다. 그 기간 동안 대부분 나는 뉴기니 현장에 나가 있었다. 그녀가 내게 보낸 편지들과 도부 족 자료의 사용과 관련하여 레오 포천과 주고받은 편지들(포천, 1932)은 이 책의 집필 과정을 밝혀주는 좋은 자료가 되고 있다.

그녀는 처음부터 믿을 수 있는 자료만 사용하겠다는 확고한 신념을 갖고 있었다. 그녀가 잘 알고 또 현지탐사자들과 충분히 논의한 자료들만 사용하리라는 생각이었다. 주니 족의 경우는 그녀 자신의 자료와 루스 번젤의 현지탐사 자료를 쓰면 되었다. 주니에서 조사했던 사람들은 동일한 제보자들을 사용했으므로, 심지어 나처럼 주니 지역에 가보지 않은 사람일지라도, 루스 번젤의 꿈 모음집 속에 들어 있는 플로라와 마거릿의 꿈을 구분할 수가 있었다. 루스 베네딕트는 주니 문헌을 속속들이 알고 있었고 주니 신화에 대해 광범위한 배경 작업을 했다. 이 사라지는 문화의 다양한 측면을 기록했고 이것이 나중에 『주니 족 신화』(1935a)로 발간되었다.

두 번째 논의 대상인 북서해안의 문화에 대해, 그녀는 발간 혹은 미발간의 보아스 자료를 충분히 활용할 수 있었다. 그녀는 그 자료의 활용에 대해 여러 시간에 걸쳐 보아스와 논의를 했다.

마침내 그녀는 제3의 문화가 필요하다는 판단을 내렸고 1932년 8월 나에게 편지를 했다.

내 책의 예증 챕터를 깊이 구상하던 중 레오에게 지난주 편지를 했어. 나는 내 책의 개요를 써서 그에게 좀 읽어보라고 했어. 만약 내가 미리 생각을 해두었더라면 이 문제는 6개월 전에 결론이 났을 거고 지금쯤 그의 답변을 들었을 거야. 하지만 너의 자료나 레오의 자료를 사용해야 하리라고는 생각하지 못했어. 왜냐하면 너의 경우 사모아 문화를 너무나 잘 정리해서 나는 너의 요점들을 앵무새처럼 반복해야 할 테니까. 그러나 푸에블로나 [북서해안]의 경우에는 그렇지 않아. 하지만 이런 주제에 다른 사람들의 문화 자료(그러니까 다른 현지탐사자의 자료)를 쓴다는 데 대해 확신이 서질 않아. 북아메리카의 경우조차도 그저 추측만 할 수 있을 뿐이야. 그리고 아프리카 문화가 되면 아예 희망이 없는 거지……

나는 책 제목을 무엇으로 할까, 고심에 고심을 거듭하고 있어. 내가 인류학에 아주 밝은 사람이라는 것을 분명하게 보여주는 제목이었으면 좋겠어. 심리학 냄새를 풍기는 제목은 싫어. 그래서 임시로 생각한 게 "원시적 부족들: 문화적 유형 서설"이야. 너는 무슨 좋은 아이디어 없어? 제목은 나중에도 바꿀 수 있어.

나는 이 책을 쓰겠다고 계획하기 전까지 내가 작업해온 요점들이 하나의 동일한 윤곽 속으로 딱 맞아들어 간다는 것을 알지 못했어.AAW: 321~322

10월 초에 그녀는 원고에 관해 나에게 다시 편지를 보내왔다.

　내 책의 첫 네 챕터는 준비가 되었어. 여기에다 두 챕터를 추가할 생각이므로 다음 기회까지 보류하고 있어. 강의가 시작되었고 학생들 리포트를 봐주고 기타 해야 할 일이 많기 때문에 집필을 한다는 것은 어려운 일이지만, 그래도 내가 해놓은 일을 자세히 알면 너는 놀랄 거야. 아니 이건 내 생각일지 모르지. 아무튼 책의 내용은 개선되었어. 그저 살아 있다는 것에도 많은 에너지가 들어간다는 것을 느끼는 요즈음이야…… 난 더 이상 시를 쓰지 않아. 하지만 현재의 마음 상태로는 시를 안 써도 별 지장이 없어…… 잘 다듬어진 작업(라 플레슈는 지난달 작고했어)보다 조각난 민속지학을 더 좋아한다는 너의 논평은 아주 흥미로웠어. 내가 콰키우틀 작업을 하던 중이라서 더욱 흥미로웠지. 나는 그 논평이 아주 마음에 들었어. 가공되지 않은 자료들이 가득 있는 게 좋아. 가능한 한 해석이나 설명이 들어 있지 않은 것. 물론 내가 그걸 도부(포천, 1932)나 「마누아 족의 사회 조직」(미드, 1930)보다 더 좋아한다는 건 사실이 아니야. 이건 축제에 참석하거나 어리석은 여자의 말을 들어줄 필요가 없는 현지탐사 같은 것이지. 나는 현지탐사를 정말 좋아해.**AAW: 323~324**

일주일 뒤 그녀는 이렇게 썼다.

통합형태와 관련하여 네가 나와 같은 결론에 도달했다는 것을 알고 기뻤어. 「북아메리카의 문화적 통합형태」에서 나는 나바호 족이 디오니소스적이라고 증명할 의도는 없었어. 단지 그들의 매장 관습이 문화 흔적의 전반적 분산과 어떻게 연결되는지 보여주고 싶었을 뿐이야. 하지만 그들의 문화가 작용하는 방식을 서술할 때에는, 그들은 물론이고 평원 인디언의 자료도 사용할 수 없었지.AAW: 324

그녀가 도부 족 자료를 어떤 경로를 통해 『문화의 패턴』 속에 사용하게 되었는지 기록하는 것이 아주 중요하다고 나는 생각한다. 그녀는 도부 문화가 책 속의 다른 두 문화를 상호보완한다고 생각하여 사용한 것이 아니라, 도부 족 연구를 한 인류학자를 믿었기 때문에 사용한 것이다. 1932년 8월 레오 포천에게 도부 족 자료를 사용하고 싶다는 편지를 보내면서 그녀는 자신의 전반적 의도를 설명하고 있다.

주제는 물론 문화적 통합형태입니다. 첫 장은 신구의 인류학에 관한 것인데, 원시라는 개념을 포기해야 한다는 낡은 의론이지요. 그것은 내가 「관습의 과학」이라는 논문에서 주장했던 이야기를 되풀이하고 있습니다. 이어 문화의 다양성이라는 챕터가 나옵니다. 문화가 주변 환경을 다르게 활용함으로써 다른 문화가 생겨나고, 그런 문화 흔적의 해석이 문화의 다양성을 만들어낸다는 내용입니다. 그 다음 장은 문화의 통합인데 문화를 하나의 패턴으로 연구해야 하는 이유와, 그렇게 실천하고 있는 독일 학자들에 대한 이야기입니다. 이어 푸에블로에 관한 기다란 해설이 나오고, 북아메리카의 다른 인디언 부족들과 대비시킵니다. 이것은 다음 장의 내용인데 좀 길지요. 나는 이 장에서 「북아메리카의 문화적 통합형태」와 「인류학과 비정상」에서 했던 주장을 되풀이합니다. 세 번째 사례로서 도부 족을 쓸까 해요. 문제는 당신이 이미 이 부족을 조사했고 해야 할 말은 다 했다는 것입니다. 조악한 자료를 정제해야 하는 남서부와 북서해안과는 다른 경우이지요. 하지만 도부 자료는 너무 훌륭해요. 어떤 문화를 직접 탐사한 사람과 이야기를 나누지도 않은 채, 순전히 책을 통해서만 알아낸 문화를 내 책에 사용하고 싶지 않아요. 그래서 도부 족 자료를 이 챕터에 넣기로 결심한 것입니다. 나는 당신의 "화제 만발한 자료"에 집중하면서 논의를 펼쳐나갈 것이고 독자들의 관심을 그 쪽으로 유도할 것입니다. 서로 대비되는 문화들이 무엇을 의미하는지 독자들에게 분명하게 말해줄 필요가 있어요. 당신이 이런 접근 방법에 어떤 반응을 보일지 궁금하군요. 도부 족에 관한 한 당신이 책에다 아주 잘 설명해놓았기 때문에 나는 그저 그대로 가져다 쓰면 될 듯합니다. 그리고 마지막 챕터—두 챕터가 될지도 모르겠습니다—의 배경으로도 도부 족 자료가 필요할 것 같아요. 이 부분은 「문화와 비정상」의 확대판이 될 것입니다. 비정상적인 개인이 자신의 문화 유형에 적응하는 과정을 논의한 것입니다.

이런 식으로 당신의 글을 그대로 인용하는 것이 탐탁지 않다면 즉시 "안 된다"고 말해주세요. 그러면 당신 뜻을 따르겠습니다. 하지만 당신의 회답은 내가 도부 족 자료를 쓴 챕터를 완성한 후에 올 테니까 아무튼 그것을 완성하면 당신에게 복사본을 한 부 보내겠습니다.[6] 통합을 다룬 챕터에서 나는 이 세 개 문화를 선정한 이유를 설명할 생각입니다. 또 그 문화를 직접 탐사한 사람들과 의견을 교환하고, 그들에게 관련 챕터를 읽어 보게 할 것입니다. 도부 챕터를 완성하는 즉시 당신의 교정을 위해 한 부 보내도록 하겠습니다.AAW: 320~321

몇 달 뒤 레오 포천은 세피크 강에서 회신을 보내 이렇게 말했다.

---

6 이 당시 뉴기니로 보내는 우편은 배로 왔는데, 뉴욕에서 보내면 뉴기니 현장 도착까지 최소한 3개월이 걸렸다.

도부 자료가 그렇게 좋다면 사용하십시오. 내 자료를 그렇게 생각한다니 너무 기쁩니다. 앞으로도 그렇게 생각해주시고 다른 느낌은 없기를 바랍니다.AAW: 329

　일단 그렇게 선택한 다음에, 루스 베네딕트는 도부 자료를 활용하여 일탈의 경우를 서술해나갔다. 독자들이 볼 때 이것은 그 자료를 선택할 당시의 의도를 다소 흐리는 것이 아닌가 하는 느낌이 들 것이다. 이것은 인류학의 딜레마이기도 하다. 어떤 그룹의 문화든 일단 선택이 되면, 그 관련 자료를 훼손하지 않는데도 하나의 패턴을 형성하게 된다(특히 작가가 어떤 패턴을 마음속에 갖고 있으면 더욱 그렇게 된다). 그것은 선정된 문화들 사이에서 아주 다양한 비교가 가능하기 때문이다.

　베네딕트는 전에 니체의 용어인 "아폴로적"과 "디오니소스적"을 차용해왔던 것처럼, 이번에는 정신의학에서 "편집증"과 "과대망상증"이라는 용어를 빌려왔다. 그녀는 도부 족과 콰키우틀 족의 문화적 특성을 설명하기 위해 이 용어를 썼는데, 이런 용어들이 어떤 이론적 성향을 암시할지도 모른다는 것은 의식하지 못했다.

　보편적인 심리 유형 사이에는 어떤 체계적 관계가 있다는 생각은 그녀가 나와 사피어를 상대로 오래 논의해온 문제였다. 나는 1924년 영국 과학발전협회의 토론토 대회에 참석한 바 있었는데, 거기서 융의 『심리학적 유형』(1923)—이 책은 그 당시 영국에서 발간되었다—과 셀리그먼의 「인류학과 정신의학: 몇몇 접촉점의 연구」(1923) 등이 논의되었다. 특히 셀리그먼은 인류학을 정신의학적 관점에서 연구해볼 수도 있다는 주장을 했다.

하지만 루스 베네딕트는 문화를 이런 식으로 생각하지 않았다. 그녀는 후성적後成的 단계 이론이나 아동발달의 결정적 시기 이론 등이 부과하는 제약 사항들을 다루지 않았다. 내분비 위주의 타입, 체형 위주의 타입, 혹은 정신의학이나 정신분석이 전 세계의 사례를 분석하여 얻은 타입 등 한정된 인간적 잠재능력을 전제로 한 폐쇄적인 타입 체계를 고찰하고 있는 것도 아니었다. 그녀는 개방적인 체계를 다루었다. 그녀의 의도는 문화가 인성의 다른 양상들을 강조하는 구체적 사례들을 제시하는 것이었다. 각각의 문화는 인간적 잠재능력이라는 넓은 스펙트럼의 어떤 한 부분만 강조한다고 보았다.

그녀는 나에게 보낸 편지에서 자신의 원고를 언급하면서 이 점을 분명히 밝혔다.

　　너는 전 세계의 문화들을 검토함으로써 다수의 통합형태 분류를 얻을 수 있을 것이고, 또 심리학자들이 제공해줄 수도 있는 안정된 분류가 없으면 참으로 연구하기 어렵다고 말했어. 심리학자들이 그런 분류를 내놓는다면 일은 간단하겠지. 하지만 그게 인류학자가 문화를 훌륭하게 연구하는 데 어떤 도움이 된다는 건지 잘 모르겠어. 나는 이 문제가 자신의 작중인물의 성격을 파악하려고 하는 소설가의 문제와 비슷하다고 생각해. 소설가가 프로이트를 시켜서 그 인물의 성격을 파악할 수 있다면 도움이 되기는 하겠지. 하지만 결국에 소설가는 자기가 묘사하려고 하는 실제 인물로부터 시선을 떼는 꼴이 되고 말 거야. 그건 성격 묘사를 도와준다기보다 해치고 말 거야. 나는 심리 유형의 문제에 대해서 그런 느낌이 들어. 내가 관심이 있는 것은 문화의 특성인데, 그런 제도화된 특성이 그 문화 속의 개인에게 어떤 영향을 미치는가 하는 거야. 나는 다른 문제들이 있다는 것을 알아. 하지만 우리가 현재 그런 문제들을 다룰 입장은 아니라고 생각해.AAW: 324

그녀는 문화를 "인성의 확대personality writ large"로 제시할 수 있다고 생각했다. 다시 말해 각지의 이용 가능한 형태를 삭제하고, 분류하고, 개조하고, 정밀화하는 과정을 여러 세대에 걸쳐 진행해온 것이 역사상 각각의 문화이고, 그 문화가 다시 그 속에서 살아 가는 사람들의 선택을 결정한다는 것이다.

그녀는 유전적 기질에 의해 소속 문화의 강조 사항들을 낯설게 여기고 거기에 잘 적응하지 못하는 개인이 있다는 것을 알고 있었다. 이러한 인식은 그녀 자신이 미국 문화 속에서 잘 적응하지 못해온 상황을 반영하는 것이다. 하지만 여기서도 그녀의 입장은 그 당시의 심리학적 이론에 바탕을 둔 것이 아니라, 특정한—그것도 서로 대조되는—문화적 스타일을 민족지학적으로 관찰한 것에 바탕을 두고 있다. 시대를 앞서가는 그녀의 견해는, 그 어떤 문화에서도 일탈적인 개인이나 불안정한 개인에게 제시되는 제도적 행동 양태는 문화적으로 결정된다는 것이다. 「인류학과 비정상」(1934a, p. 77)이라는 논문에서 그녀는 이렇게 썼다.

불안정한 개인들의 행동에서 나타나는 문화적 패턴의 노골적 증거는 몽환trance 현상이다. 몽환에 빠지는 경향, 그 몽환이 겉으로 드러나는 형태, 몽환 중에 보고 느끼는 것들 등은 모두 문화적으로 통제된다. 몽환에 빠졌다가 깨어나는 개인은 다양한 체험을 한다. 죽은 사람들로부터 죽음 이후의 삶에 대한 계시를 얻거나, 아직 태어나지 않은 자들의 세계를 방문하거나, 캠프 내에서 분실된 물건에 관한 정보를 얻거나, 우주적 일체감을 체험하거나, 평생을 돌봐주는 수호신을 획득하거나, 장차 다가올 일에 대한 정보를 얻게 된다. 몽환 중에도 그 개인은 소속 문화의 규칙과 기대를 철저하게 지킨다. 그의 체험은 그 사회의 결혼 의식이나 경제 교환 못지않게 패턴화되어 있다.

그녀가 문화를 설명하는 데 정신의학 용어를 사용한 것은 헷갈리는 점이 있으며(가령 타입type이라는 용어는 유형학을 전제로 하는 듯하고, 일탈deviant이라는 용어는 심리학 분야에서 이미 사용하던 것을 빌려온 것이었다), 이 때문에 그녀의 이론적 입장에 대해 오독과 오해가 있었다. 『문화의 패턴』에 쏟아진 많은 비판은, 비판가들이 그녀의 입장을 제대로 이해하지 못했기 때문이다. 문화는 심리학적 내지 생물학적 여건을 가공함으로써 고찰할 수 있다는 의미에서 그녀가 유형학을 취한 것은 아니었다.

그녀의 책은 이런 심리학적, 생물학적 이론이 결여되어 있기 때문에 지난 40년간의 이론적 논쟁을 견뎌낼 수 있었던 것이다. 『문화의 패턴』은 어떤 문화를 민족지학적 관점에서 꼼꼼하게 기록한 것이고, 그 내용은 이제는 낡아빠진 의심스러운 가설에 기대는 것이 전혀 없었다. 그녀는 이미 다양한 문화가 존재하고 또 앞으로도 존재할 수 있음을 보여주려 했고 그것을 탁월하게 해냈다.

그녀의 의도와는 다르게 오해하는 사람들도 있었다. 가령 멜빌 허스코비츠는 그의 책 『프란츠 보아스: 형성 중인 인류학자』(1953, p. 71)에서 이렇게 논평했다.

어떤 사회의 전체적 특징을 특정 카테고리의 정신적 경향으로 귀결시키려는 심리학적 개념을 동원하는 것은, 그의 제자이며 동료인 루스 베네딕트가 『문화의 패턴』에서 시도한 것인데, 이것은 보아스에게 전에는 겪어보지 못한 방법론적인 문제를 일으켰다. 개인적인 이유로 이 책의 서문을 쓰는 데 동의하기는 했지만, 그가 편집한 교과서의 방법론을 다룬 장에서 이 문제를 비판적으로 논의했다. 그는 구체적 사례로 북서해안 인디언을 거론하고 있는데 이 인디언들은 베네딕트에 의해 극단적 사례로 인용되었다. 보아스는 이렇게 말했다. "그들의 주된 동기는 사회적 위신을 무제한적으로 획득하고 일단 획득한 것은 끝까지 지키는 것이었다. 그리고 그런 위신을 잃으면 엄청난 열등감과 수치심을 느꼈다. 이러한 경향은 너무나 현저하여 친밀한 가족생활 내에서 나타나는 화기애애한 측면은 쉽게 무시되어버린다." 그런데 베네딕트는 이 부족의 편집증적인 행태만 묘사하고 있다. 이것은 보아스가 말한 가족 내의 화기애애함과는 일치가 되지 않는 것이다. 그는 과학적 사실주의와 방법론적 신중함을 강조하는 것으로써 자신의 입장을 요약했다. "단순한 문화의 주도적 관념이 잘 표명되지 않거나, 사회적 계층으로 분화된 부족의 관념이 다양할수록, 모순 없는 타당한 묘사는 그만큼 더 어려워진다. 우리는 유효성에 한계가 있다는 것을 명확히 인식하면서 주도적 관념을 밝히는 것으로 만족해야 한다."

허스코비츠는 이어 그 다음 문단을 시작한다. "정신병리학 연구에 바탕을 두는 인간 심리로의 접근 방법은 보아스를 매혹시킨 적이 없었다." 그는 바로 이것이 루스 베네딕트가 하려고 했던 일이라는 것을 암시하고 있다.

그러나 보아스는 루스 베네딕트 이론의 모든 발전 단계를 감독했다. "우리는 유효성에 한계가 있다는 것을 명확히 인식하면서 주도적 관념을 밝히는 것으로 만족해야 한다"는 보아스의 논평은 『문화의 패턴』의 서문(p. xiii) 못지않게 베네딕트의 이론적 입장을 지지하는 것이다.

저자가 지적했듯이, 모든 문화가 지배적 특성에 의해 특징지어지는 것은 아니다. 하지만 개인의 행동을 추동하는 문화적 드라이브에 대해 우리가 더 많이 알수록, 우리 문화의 입장에서 볼 때 비정상적 태도로 보이는 정서의 통제, 행동의 이상 등을 더 잘 이해하게 될 것이다. 그리하여 사회적과 반사회적, 정상과 비정상의 관계도 새로운 관점으로 살펴볼 수 있을 것이다.

저자가 선정한 극단적 사례들은 이런 문제의 중요성을 명확하게 해주고 있다.

놀라운 사실은 허스코비츠가 그보다 앞서 나온 논문 「북아메리카의 문화적 통합형태」(1930d, p. 22, fn. 37)에서 베네딕트가 펼친 주장을 간과했다는 것이다.

　이 사례의 성격으로 비추어볼 때 북서해안의 위신 경쟁은 그 공동체의 소수 구성원만이 벌이고 있다. 그 부족의 대다수는 그 주된 경기자의 구경꾼에 지나지 않으며 그들이 갖고 있는 삶의 통합형태는 다를 수밖에 없다. 우리는 이런 "팬" 문화와, 경기자와 구경꾼의 서로 다른 심리적 태도를 이해해야 한다.

다른 비판가들은 베네딕트 사상의 원천을 잘못 설명했다. 가령 그녀의 제자였던 빅터 바누는 기다란 부고 기사에서 이렇게 썼다.(바누, 1949, pp. 242~243)

　앤 싱글턴은 기꺼이 훈련이라는 거친 털 셔츠를 입었고 중노동이라는 보아스의 가혹한 훈련을 감내했다. 끊임없이 글을 읽었고 민족지학 현지탐사의 고통을 이겨냈으며 마침내 "닥터 베네딕트"로 새롭게 태어났다. 루스 베네딕트가 스승 보아스의 견해에 무조건 순종한 적이 없다는 것은 그녀의 개성을 보여주는 일단이다. 사실 그녀의 저작은 스승의 그것과는 크게 대비된다. 보아스는 오래전에 독일 학문과 철학의 "깊은" 직관적 충동을 내팽

개쳤다. 하지만 그 의심스러운 원천에서 루스 베네딕트는 새로운 영감을 발견했다. 스승의 못마땅해하는 눈빛 아래서 그녀는 니체, 슈펭글러, 딜타이를 주시했고, 이 사상가들의 아이디어를 가져와 꼼꼼한 현지탐사라는 보아스의 전통에 뒤섞었다. 이 예기치 않은 혼합에 힘입어 그녀는 저 유명한 『문화의 패턴』을 써낼 수 있었다.

사실은 그와 아주 달랐다(바누는 충분히 알아낼 수 있었는데도 그렇게 하지 않았다).[7] 보아스 자신이 베네딕트에게 그녀가 별로 상관있다고 생각하지 않은 독일 학자들의 저작을 읽도록 권유했다. 이렇게 한 것은 이론적 계보를 정립해야 한다는 유럽적 학문 전통을 보아스가 고집했기 때문이다. 그래서 보아스는 그녀에게 딜타이를, 사피어는 슈펭글러를 소개했다. 하지만 이 두 사상가가 그녀의 사상에 영향을 미친 바는 없었다.

베네딕트의 주니 족 설명에 대해 전혀 다른 비판이 제기되기도 했다. 베네딕트는 주니 족에 대해 언급하면서 조화로운 인간관계의 이상적 패턴을 강조했다. 루스 번젤의 주니 족 분석은 베네딕트와 다르다. 우리가 『원시 부족의 협력과

---

7 한참 뒤에 바누는 『문화의 패턴』에 관한 회고적 논의를 했다(바누, 1957).

경쟁』(미드, 1937)을 위해 배경 조사를 했을 때 어빙 골드만은 루스 번젤의 분석을 인용했는데(1937), 주니 족의 개인 생활은 그들이 겉으로 표현하는 조화로움이라는 문화적 이상과는 거리가 있다는 것이었다. 이것은 보아스가 분석한, 콰키우틀 족의 "우호적인 특질"이 "사회적 특혜를 얻고 또 유지하는 것을 무제한으로 추구하는 것"(보아스, 1938, p. 685)과는 대조적인 사례와 비슷하다. 이에 대해 한 중국인 학자는 전혀 다른 의견을 내놓고 있다(리안체, 1937). 그에 의하면, 루스 번젤이 주니 문화 특유의 것으로 거론한 대부분은 오히려 자연스럽고 일상적인 것이었다.

『문화의 패턴』에 대해 홍보물을 준비하는 과정에서 출판사 또한 엉뚱한 설명을 했다. 하지만 초판본 표지에 베네딕트는 이 책의 중심 주제를 아주 간명하게 밝혀놓았다.

아주 직설적인 스타일로 저자는 이들 부족은 물론이고 우리 사회의 매너와 도덕이 단발적 사항이 아니라 일관된 삶의 방식임을 증명했다. 그런 매너와 도덕은 인종적인 것도 아니고, 인간성의 필연적인 결과도 아니다. 단지 그 공동체의 생활사 속에서 역사적으로 성장해온 것이다.**AAW: 212**

루스 베네딕트가 『문화의 패턴』을 집필한 1930년대 초반,

살아 있는 문화들에 대한 현지탐사 작업은 아직 많이 이루어진 상태가 아니었다. 광범위한 다양성을 가진 개인들이, 문화적으로 정상으로 보이는 육아 프로그램을 통해, 규칙적인 성격 구조를 몸에 익히는 문화적 양식을 유효하게 상호 비교할 수 있는 바탕이 거의 없었다. 이 문제를 체계적으로 연구하자면 역동적인 인성 발달 이론을 수립해야 했다. 곧 프로이트의 다양한 이론 모델, (예일 대학에서 막 연구가 시작된) 학습 이론 모델, 게슈탈트 심리학 모델 등이 나와서 생물학적 소여와 문화적 체험 사이에 가교 역할을 하게 되었다. 하지만 베네딕트가 미국 인디언 자료들을 가지고 『문화의 패턴』을 집필할 때는 이런 이론 모델이 아직 나오지 않은 상태였다. 보아스의 학습 이론은 모방 이론과 "자동적 행동"—문화적 역할의 비반성적, 비자의식적 수행—이라는 개념에 근거하고 있었다.

　루스 베네딕트의 깊은 관심은 문화의 '생산물', 즉 문학, 시, 건축, 그림 등의 고급문화에 있었다. 그녀는 한쪽 귀가 들리지 않아 소리 패턴에 대한 생래적 의존이 결여되어 있었기 때문에 음악은 연구 대상으로 삼지 않았다. 그녀는 원시문화를 보존할 가치가 있는 예술 작품으로 여겼다. 이런 점에서 그녀는 크로버의 견해를 완전히 공유했다. 크로버는 모하비 족의 신화와 문학을 다룬 저서의 서언/결언에서 이렇게 말했다.

여기에 기록해놓은 종교적, 미학적 성취를 보존하여 누구에게 득이 될 것인가 하는 문제를 나는 오랫동안 생각해왔다. 어쩌면 이런 성취를 이룩한 사람들에게 도움을 주지는 못할 것이다. 모하비들이 그들의 문화를 보존하지 않고 또 그들의 후손은 더욱 그렇게 할 것 같지 않은 상황에서, 왜 우리는 모하비 문화를 보존해야 하는가? 왜냐하면 이런 가치들을 보존함으로써 우리의 세계 문화가 더 풍부해지고 또 우리의 궁극적 이해가 더 넓고 깊어질 것이기 때문이다. 크로버, 1972: xii

어떤 면에서 앨프리드 크로버, 루스 베네딕트와 비슷한 점이 있는 클리퍼드 기어츠는 『이슬람 관찰』(1968, p. 19)에서 "상상력의 사회사a social history of the imagination"라는 말을 했다. 1930년대 중반에 예술에서 인류학으로 전공을 바꾼 제프리 고러는 『아프리카의 춤들』(1935)에 힘입어, 1935년 늦가을 미국으로 왔을 때 『발리와 앙코르』(1935)를 썼다. 여러 해 뒤 내가 어떤 자료의 출간을 망설이고 있을 때 고러는 나에게 편지를 보내, 다른 사회들을 기록하는 것이 중요한 것은 나중에 새로운 형태의 사회를 형성하려고 할 때 상상력을 넓혀주기 때문이라고 말했다. 당초 생물학을 연구하다가 인류학으로 방향을 돌린 그레고리 베이트슨은 다우티의 『아라비아 사막 기행』(1923)을 자신의 이상으로 삼았다. 이러한 이상과 자신의 생물학적 훈련을 잘 통합하기 위해 베이트슨은 『네이븐』(1936)을 출간했다. 이 책에서 그는 문화적 자료의 계통을 세우는 하나의 방편으로 에토스 개념을 전개했다. 그가 처음 에토스 개념을 제시한 것이 1934년 여름 런던에서 개최된 인류학 및 민족지학의 국제대회에 제출한 논문에서였다는 것도 주목할 만하다. 이 무렵은 인류학자들이 독특하고 아름다운 전반적 문화를 어떻게 파악할 것인지를 놓고 씨름하던 시기였다.

책임 있는 공적 활동의 시기

1930년대에 루스 베네딕트는 보아스가 "공공 업무"에 기울이는 시간이 너무 많음을 아쉬워하면서 연구와 집필 시간이 그만큼 줄어드는 것을 안타까워했다. 하지만 유럽에서 나치에 의한 위기가 심화되고 제2차 세계대전이 임박해오면서 공공 업무를 그토록 완강하게 거부하던 그녀도 결국 그 업무에 끼어들게 되었다.

그 이전에 그녀는 강의와 학생들과의 공동연구에 주로 신경을 썼다. 하지만 1930년대 초반에 들어와 그녀는 인류학계의 전반적 상태에 초조해졌고 학술대회에 따분함을 느꼈으며 주변에서 지적인 자극을 별로 발견하지 못했다. 내가 뉴기니에 나가 있던 1932년 겨울, 그녀는 나에게 애틀랜틱 시티에서 열린 미국 과학진흥협회의 회의 결과, 보다 구체적으로는 섹션 H(인류학)의 회의 결과를 편지로 알려왔다.

인류학자들의 모임은 이 장소를 따분한 것으로 만들었어. 너는 대회라는 것이 얼마나 나쁜 것이 될 수 있는지 잊어버렸을 거야(나도 그랬으니까). 로위도 사피어도 크로버도 여기 오지 않았어. 믿을 만한 사람은 파파 프란츠뿐이야. 게다가 나는 래드클리프-브라운에 대해서는 아무런 동료의식도 느낄 수가 없어. 그는 우리를 모두 불쌍한 영혼인 양 한 수 아래로 봐. 게다가 그런 생각을 감추지도 않아. 그는 나를 만난 지 3분도 안 되어서 자신의 두 제자로부터 아메리카 인디언의 사회 조직에 관한 연구 "초안"을 받았다고 말했어. 하나는 솔 택스가 폭스 족을 연구한 것이고, 다른 하나는 [프레드] 이건이 호피 족을 연구한 거래…… 그런데 솔은 (족외혼이) 와해된 폭스 문화 속에 들어가 6주나 머물렀는데 친족 용어조차도 제대로 알지 못해(그 언어를 익히지 못한 것은 말할 것도 없고). 이건은 올해의 실험 그룹에 들어갔어("오, 그는 그런 어리석음을 무시해버리고 자신만의 독립된 길을 걸어갔어요." R. 브

라운의 말). 호피 족은 아직도 족외혼이 와해되지 않았으므로 이
건이 솔보다 유리하다고 내가 말해주었어(폭스 족에게서는 족외혼
이 완전히 사라졌어). "오, 그들은 결코 족외혼을 실천해본 적이 없
었어요. 그들은 잘 돌아가는 시스템을 갖고 있어요. 와해된 부족
을 말하려면 도부 족이 딱이죠.[8] 도부 족은 와해되었어요. 그 시
스템이 돌아가지 않아요. 하지만 폭스 족은 아니에요." R. 브라
운은 말했어. 나는 기독교 전도사가 들어간, 많은 미국화된 부족
집단이 의도적으로 그런 제도 변화를 한 것이 북아메리카 민족지
학의 흥미로운 사항 중 하나라고 가볍게 지적하고 더 이상 말하
지 않았어.

　　그가 높은 성취 기준, 부족 언어의 습득, 전반적 문화와의 친
밀도, 친족에 대한 기본적 이해 등을 강조했다면, 지금까지 미국
에서 수행된 작업에 대한 그의 경멸을 그런대로 이해하겠어. 그
랬더라면 와해된 문화에서의 작업도 경멸할 수 있었을 테지. 하
지만 이런 종류의 작업을 마치 이 세상을 구원하는 거나 되는 것
처럼 내 코 밑으로 들이대다니, 슬픈 일이야. 모리스 오플러의
「아파치 사회조직」(1933)이 만족스럽지 않느냐고 물어보았더니
그는 이렇게 대답했어. "초고 상태에서는 매우 혼란스러웠지요.

---

8 래드클리프-브라운은 도부 족을 조사한 레오 포천의 초고를 읽었을 때 그 정확성을 믿
지 않았다. 하지만 두 번째 원고를 읽었을 때 그는 도부 족을 "병적 문화"라고 부르면
서 지상에 존재하면 안 된다고 말했다.

하지만 내가 손을 좀 보고 나서는 결국에 아주 좋아졌어요." 하지만 나는 오플러 논문의 집필과정을 속속들이 알고 있어. 오플러는 두 번째로 현장에 돌아갔을 때 미진한 점을 보완했는데—결국 내가 옳았던 것으로 판명 났어—그것은 시카고 대학에서 그의 논문을 오케이한 후에 내가 지적한 점이었어. 당연한 일이지. 왜냐하면 나는 북아메리카 자료를 잘 알고 있는 반면, 브라운은 몰랐기 때문이지. 그에게 반감은 없어. 하지만 나를 한 수 아래로 보는 그런 태도는 어리석은 거지.

어쩌면 너는 브라운의 말에서 내가 보지 못한 정당한 구석을 볼지도 몰라. 그는 지나친 자부심에 감싸여 있어. 나는 그를 컬럼비아로 영입하는 데 별 흥미를 못 느끼고 또 이런 태도가 정당하다고 생각해.[9] 내 판단이 미숙할 수도 있겠지만…… 만약 그렇다면 누군가가 나에게 일러주어야 하겠지. 현재의 상태대로라면 브라운은 좋은 작업과 나쁜 작업을 구분하는 사람이 아니라, 제자들의 작업과 제자가 아닌 사람들의 작업을 구분하는 교수라고 봐. 그건 정말 나쁜 일이지.

래드클리프-브라운의 연설은 내일이야. 프로그램을 동봉할게. 지난번 편지에서 언급했던, 이 "심포지엄"에서 나의 역할에 관한

---

9 이 당시 래드클리프-브라운은 컬럼비아 대학의 보아스의 뒤를 이을 유망한 후보로 거론되고 있었다. 그는 1931년부터 1937년까지 시카고 대학에서 일했다.

거. [페이-쿠퍼] 콜의 활동으로 미루어볼 때, 내일은 "형제여, 다 같이 뭉치자" 행사가 될 것 같아······

브라운을 견딜 수 없는 나의 태도에 대해 너와 레오의 반응을 알고 싶어. 미국의 다른 인류학자들을 모두 우습게 보는 그의 태도에 결코 동의할 수 없어. 하지만 그렇게 해주지 않으면 브라운과의 관계는 지속되기 어려워. 정말 실망이야······ 관계당국의 실력자로 승인받을 필요 없이 독자적으로 일할 수 있는 너와 레오가 너무 부러워. 나도 너희들처럼 나의 필요에 따라 일할 수 있으면 좋을 텐데.AAW: 326~327

그 다음날 그녀는 회의 결과에 대해 나에게 편지를 보냈다.

리처드 톨만의 물리학 강의에 대해서는 칭찬 의견을 취소할래. 온통 실수투성이고 그래서 강의 중에 몰래 빠져나왔어······ 회의는 투쟁 쪽으로 기울어졌어. 콜은 필리핀에서 탐사활동을 할 때 사용했던 기법에 관해 말했고, 래드클리프-브라운은 문화적 흔적들의 상호관계에 대해서 말했어. 나는 연설을 할 때 추론 따위는 섞어 넣지 않았어. 파파 프란츠는 간단한 연설을 했고 [피터] 벅은 우리 책임자들이 적절한 수단을 지원해주면 현지탐사자들이 더 잘 일할 것이라는 덕담을 했어. 하지만 단 한 건의 현지탐사를 하기에도 부족한 돈을 가지고 어떻게 그렇게 할 수 있겠어?

그들이 한결같이 강조한 것은 현장에서 보낸 시간만을 가지고 작업의 질을 평가할 수 없다는 거였어. 콜은 최초 3개월의 공책을 찢어버리라고 조언했어. [래드클리프-브라운]은 현장에 잠시 있다가 돌아와 곧바로 책을 쓰는 자들을 준엄히 꾸짖었어. 벅은 적어도 몇 년은 머물러야 한다고 말했어. 트로브리안드 군도에서 몇 년을 보낸 말리노프스키처럼 현장에 오래 있으면서 그 분위기에 익숙해져야 한다는 거였어. 그런 오래 체재는 하나의 미덕이 될 것이다. 현지탐사자는 짧은 스케줄로 자신을 혹사해서는 안 된다. RB는 제대로 연구하려면 적어도 2년은 있어야 된다고 했어. 너는 이런 주장을 어떻게 생각해? 나는 목이 화끈거려서 혼났어.

RB는 마지막에 매우 시시한 발언을 했다고 생각해. 그는 자리에서 일어나 변화는 분포로부터 재구성할 수 있다는 내 주장을 반박했어. 그러면서 하와이와 [뉴질랜드] 사이의 t-k 변화를 자세히 설명했어. 그는 말했어. "하지만 그것은 변화가 어떻게 발생했는지에 대해 우리에게 아무것도 알려주지 않습니다. 현재 동일한 변화가 일어나고 있는 사모아야말로, 그런 기회가 있습니다" 등등. 나는 회의석상에서는 그에게 물어보지 않았어. 하지만 나중에 내가 사모아의 그런 변화에 대해 어떤 구체적 데이터를 우리에게 줄 수 있느냐고 물어보니 이렇게 대답했어. "오, 나는 언어학자가 아닙니다. 그런 검사는 언어학자가 해야겠지요." "아무튼

프란츠 보아스

변화가 이미 발생했다는 사실 이외에 더 많은 것을 기대하고 계십니까?" "글쎄, 그건 어디 두고 봐야겠지요." 이렇게 대화를 인용하는 것은 네가 여기 있어서 뭔가 분명한 말을 해주길 바라기 때문이야. 나는 개인적으로 그가 직접 접촉한 사람의 말만 타당성이 있다고 보는 센세이셔널리스트라고 생각해.[10] 하지만 그것보다 더 중요한 것은 그의 제자냐 혹은 아니냐 하는 카테고리지.

파파는 대회를 그런 대로 잘 견뎌냈어. 컬럼비아 강연 이후에

---

10 sensationalist, 감각을 중시한다는 의미로 쓰인 카를 융의 말. 하지만 래드클리프-브라운은 실제로는 생생함의 감각이 결여되어 있었다. 그는 자신에게 객관적 리얼리티가 없는 추상적인 것들을 가지고 주장을 펴기도 했다.

는 전처럼 많은 대회에 얼굴을 내밀지는 않아. 그는 은퇴 회장의 연설을 했어.[11] 「인류학적 조사의 목적」(보아스, 1933)이라는 개괄적인 글인데 내용이 너무 많이 들어가 핵심 사항을 미리 알고 있지 않으면 읽기 어려워. 네게 복사본을 한 부 보내줄게. 이건 그의 증언이야. 하지만 아무도 갈채를 보낼 것 같지는 않아.AAW: 327~328

당시는 경제적 상황이 아주 어렵던 대공황 시기였다. 인류학과 내에서는, 현지탐사를 나가는 학생들에게 대주는 지원금의 조달과 그 후 논문 집필 기간 동안의 생활비 지원이 아주 어려웠다. 1931년 여름에 독일을 다녀온 보아스는 유럽의 정치적 위기와 파시즘의 엄청난 위협을 대부분의 미국인들보다 더 잘 알고 있었다. 독일 내의 이런 정치적 박해와 자유의 상실, 그리고 그것이 전 세계에 미칠 위험 등을 깊이 우려하다 보니, 인류학과는 보다 현실적인 현지탐사 지원 등 경제적 문제보다 정치적 문제에 더 관심을 쏟게 되었다.

1930년대 중반에서 미국이 제2차 세계대전에 참가하는 때까지 보아스와 루스 베네딕트는 학문의 자유를 지키려는

---

11 이 연구 대회에서 보아스는 미국 과학진흥협회의 회장직을 사임하기로 되어 있었다. 이해 초, 그는 중병에 걸렸고 회복에 차도가 없었다. 래드클리프-브라운을 비롯해 보아스의 유망한 후계자의 이름이 거론되기 시작한 것은 이 무렵이었다.

일련의 투쟁에 참가했다. 이 때문에 두 사람은 스탈린주의자들뿐 아니라 반스탈린주의자들과도 갈등을 겪었다. 특히 후자는 두 사람이 공산주의에 동조하는 태도를 가지고 있다고 비난했다. 스페인 내전(1936~1939) 때 설익은 반파시스트주의자들—나중에 이런 이름이 붙었다—은 미국 내에서 인기가 없었다. 하지만 보아스와 루스 베네딕트는 그들과 연대하는 데 아무런 죄책감을 느끼지 않았다. 두 사람 모두 자신의 정직성을 확신했기 때문에 굳이 그런 것을 의식하여 신중할 필요가 없다고 생각했다. 보아스에 대한 공격은 특히 그가 회장으로 있던 민주주의와 지적자유를 위한 미국위원회에 집중되었다.

루스 베네딕트는 전쟁 기간 동안 펴낸 작은 팸플릿 「인류의 인종들」(베네딕트와 웰트피시, 1943g)과 관련하여 집중포화를 당했다. 이것은 인종에 대한 과학적 정보를 제시한 소책자였다. 그 중 특히 거센 공격을 받은 부분은, 제1차 세계대전 중 북부의 흑인들이 남부의 백인들보다 군대 내 지능검사에서 더 높은 평균 점수를 받았다는 자료였다. 소책자의 공저자들은 "소득, 교육, 문화적 이점, 기타 기회의 차이 때문에" 이런 결과가 나왔다고 설명했다. 논쟁 덕에 이 팸플릿은 널리 읽혀지고 또 토론되었다. 7개 국어로 번역되었고 그것을 바탕으로 교육용 만화가 제작되기도 했다.

이 시기에 루스 베네딕트는 학교 강의에 많은 시간을 바쳤다(그녀는 아직도 대중 강연은 싫어했다). 그러면서 인종, 전쟁, 민주주의의 중요한 문제들에 관해 집필을 했다. 이런 문제들을 논의하면서 그녀는 자신의 인류학적 관점을 늘 유지했고 이런 방식으로 인류학계라는 자그마한 사교 범위 밖에도 이름이 알려지게 되었다.

물론 이런 활동을 그녀 혼자 벌인 것은 아니었다. 미국인들은 유럽의 나치 만행을 점점 더 많이 알게 되면서 흑인과 유대인을 사회적 편견, 차별, 억압의 희생자로 인식하게 되었다. 미국 내의 유수한 인류학자 중 상당수가 유럽 혹은 유럽 학계와 관련이 있는 유대인들이었다. 그들이 소중하게 여겼던 유럽의 문물이 이제 위태롭게 되었다. 그 중에는 생생한 지적 분위기와 개인적 동료 의식 같은 것도 들어 있었다. 보아스, 크로버, 로위 같은 독일계 유대인들은 젊은 시절 그런 분위기에서 학문적으로 성장했던 것이다.

인류학자들은 그러한 상황에 반응하여 당시의 인종 논쟁에 빨려들어 갔다. 그들은 유전은 가계家系를 통해 후대에 전해지는 것일 뿐, 대규모 복합적 인구의 "인종적 특성" 따위는 있을 수 없다고 보았다. 그 때문에 인류학자들은 반유대주의뿐만 아니라 반흑인 운동에 맞서 싸우는 최전선에 섰다. 이 무렵 군나르 뮈르달은 미국의 인종 관계에 대해 대규모 작업을 벌이고 있었고(뮈르달, 1944), 미국의 사회과학자들도 북부와 남부의 흑백 문제를 광범위하게 연구하고 있었다. 이런 연구서를 펴낸 학자로는 앨리슨 데이비스 및 벌리와 메리 가드너(1941), 존 달라드(1937), 멜빌 허스코비츠(1941), 호텐스 파우더메이커(1939) 등이 있다.

보아스의 은퇴 : 전환기

1936년 보아스는 컬럼비아 대학 인류학과의 학과장직에서 은퇴했다. 그의 병이 재발하자 루스 베네딕트는 그때까지 여러 해 동안 비공식적으로 수행해오던 책임을 정식으로 인수했다. 1937년 그녀는 마침내 부교수직에 임명되었고 보아스의 은퇴와 새 학과장의 취임 사이의 기간에 학과장 대리가 되었다.

당시의 학내 분위기로 보아 그녀는 보아스의 후임으로는 고려되지 않았다. 인류학과는 당초 철학 및 심리학과 같은 단과대학에 소속되어 있었으나, 지금은 정치대학에 옮겨져 있었다. 정치대학의 소속 교수들은 여자가 그들과 똑같이 정교수 지위를 획득한다는 것은 학계 내에서 그들의 지위를 낮추는 일이라고 생각했다. 그래서 루스 베네딕트는 1948년 7

월에야 정교수가 되었다. 이 대학의 역대 정교수들 사진은 페어웨더 홀에 걸려 있는데, 그 중에서 베네딕트는 유일한 홍일점이다.

하지만 베네딕트의 인사는 그와 다르게 돌아갈 수도 있었다. 『연구 중인 인류학자』(1959)가 발간된 후에 러트거스 대학의 역사학과 교수 시드니 래트너는 나에게 흥미로운 이야기를 들려주었다. 1935~1936년의 학기 동안 래트너는 컬럼비아 대학의 헌법 연구조교로 있었는데, 1936년 봄에 당시 대학원장이던 하워드 리 맥베인이 루스 베네딕트를 인류학과의 학과장으로 지명할 계획이라고 래트너에게 말했다는 것이다. 미국 내에서 여교수를 학과장으로 만드는 대학이 있다면, 당연히 컬럼비아가 첫째가 되어야 한다는 게 맥베인의 설명이었다. 하지만 맥베인 대학원장은 1936년 5월 7일 심장마비로 사망했다. 루스 베네딕트는 학과장 대리가 된 후 학과 일로 여러 번 그와 회의를 했으나, 그런 계획에 대해서는 알지 못했다.

보아스의 후계자를 찾는 작업은 그의 은퇴 훨씬 이전부터 진행되었다. 그가 바란 학자는 크로버 혹은 에드워드 사피어였으나, 둘 다 영입에 실패했다. 그래서 W. 로이드 워너와 랠프 린턴이 강력한 후보로 부상했다. 베네딕트는 린턴의 학문 방법이 자신과 비슷하다고 생각하여, 상호보완의 효과가 있을 것으로 예상되는 로이드 워너를 지지했다. 하지만 1937년 가을 린턴은 컬럼비아의 방문 교수로 초빙을 받았고 곧 영구 학과장 지명을 받았다. 그는 루스가 자신을 지지하지 않았다는 사실을 알고서 그 후 그녀를 용서하지 않았다.

보아스가 명예교수로 남아 1942년 12월 사망할 때까지 주에 한두 번 학교에 나오기는 했지만, 인류학과는 곧 크게 모습을 바꾸었다. 이런 새로운 상황은 루스 베네딕트를 어렵게 했다. 그녀는 보아스와 오랜 세월 협력 관계를 맺어왔는데—인류학과 이외의 일에서도 보아스를 많이 지원했다—새 학과장 린턴과는 긴장된 관계였기 때문이다.

그녀는 여러 해 동안 아메리카 인디언 그룹 사이에서 일련의 현지탐사를 지휘했고, 탐사 자료를 분석하는 데서 얻어지는 여러 가능성을 늘 흥미롭게 지켜보았다. 하지만 그런 자료를 통합하는 일을 랠프 린턴에게 넘겨주어야 했다. 그렇게 해서 나온 책 『일곱 아메리카 인디언 부족의 문화 동화과정』(1940)은 린턴이 편집을 맡았다.

그녀는 제자들과 계속 작업을 했다. 1936년 스탠리 베네딕트가 사망하자 그녀는 재정적으로 상당히 유복해졌다. 그녀는 이 늘어난 재산으로 제자들의 현지탐사를 지원했다. 이렇게 하는 데는 부분적으로 엘시 클루스 파슨스의 모범을 따랐다. 베네딕트 자신도 인류학 공부를 하던 초창기에 엘시의 도움을 얻었던 것이다.

1939년 블랙풋 족을 상대로 하는 현장 실습 여행을 갔다 온 후 그녀는 1년간의 안식년을 취해 캘리포니아에서 어머니와 여동생 옆에서 지냈다. 그녀는 이 기간 동안 『인종 : 과학과 정치』(1940b)를 써서 자유를 위한 투쟁에 크게 기여했다.

1940년 가을 컬럼비아에 다시 돌아온 그녀는 1941년 봄 학기 동안 브린 모어 대학에서 애나 쇼 기념 강연을 맡아달라는 제의를 받았다. 그것은 명예로운 일이었으나, 컬럼비아에서 그 학기 동안 휴가를 받는 일은 쉽지 않았다. 브린 모어에서 그녀는 관심이 깊었던 시너지 개념에 대해 강의했다. 이 강의는 사회의 여러 제도들이 서로 협력하여 조화롭고 정력적인 효과를 내는 과정을 분석한 것이었다. 그녀는 1946년에도 컬럼비아에서 시너지를 강의했으나, 안타깝게도 약간의 노트들만 남아 있을 뿐이다(매슬로와 호니그만, 1970).

전쟁 시기

루스 베네딕트가 캘리포니아에 머물던 1939년 가을, 나를 비롯하여 그레고리 베이트슨, 엘리엇 D. 채플, 로렌스 K. 프랭크 등 소그룹의 인류학자들은, 아서 업햄 포프가 조직한 국가사기위원회에 참여했다. 이것은 인류학과 심리학 등의 지식을 적용하여 전시의 사기를 높이는 방법을 연구하려는 그룹이었다. 당시 미국은 참전을 거의 결정하고 있었으므로 이러한 조직의 필요성은 분명해 보였다. 이 위원회에 들어간 학자들은 관련 문화에 관한 기본 주제의 데이터를 수집하기 위해, 다른 문화에 소속된 교양인들의 생활을 인터뷰하기로 결정했다.

당초 루스 베네딕트는 이런 활동에 별 관심이 없었다. 그러나 1941년에 이르러 그녀도 전시 상황과 관련된 다른 활동에 참가하게 되었다. 미행정부 농무부 국장 M. L. 윌슨은 국가연구협의회 산하에 음식습관위원회를 결성하고 그녀에게 위원으로 참여해줄 것을 요청했다. 이 위원회는 음식습관과 영양이 문화에 가져오는 변화를 연구하는 조직이었다. 이 위원회에 전임 서기가 필요하게 되자, 위원장은 베네딕트에게 나를 데려오라고 했다. 진주만 공격이 있던 날 오후 나는 한 회의에 참석 중이었는데, 그녀가 위원회 참가를 요청했다. 나는 1942년 초 워싱턴으로 갔다. 루스 베네딕트는 음식습관위원회의 위원으로 남아 회의에 참석하기 위해 정기적으로 워싱턴에 왔다.

1941년 로렌스 K. 프랭크, 그레고리 베이트슨, 그리고 나는 처음에 문화간 관계협의회라는 소조직을 결성했다가 후에 이름을 문화간 연구소로 바꾸었다. 루스 베네딕트는 이 조직의 창설 멤버였다. 이 조직을 통해 우리는 나중에 "국민성national character"으로 알려지는 주제를 계속 연구했다. 루스 베네딕트는 서서히 우리의 일에 참여하게 되었다. 그녀는 전문가들을 상대로 한 인터뷰에 바탕을 둔 간단한 글 두 편을 썼다. 한 편은 중국에서 시골의 양반과 농민들 사이에 의사소통이 이루어지는 방식에 관한 것이었고, 다른 한 편은 사회사업에 대한 덴마크와 노르웨이의 대조적 태도에 관한 것이었다.

이 시기에 나온 획기적인 연구 중 하나는 제프리 고러가 준비한 일본 관련 논문이었다. 일본에서 살다온 선교사와 기타 인물들을 중심으로 한 인터뷰와, 일본에 관한 문헌을 분석한 자료에 바탕을 둔 논문이었다(이 연구의 일부분만 발간되었다. 고러, 1943). 고러는 예일 대학에 근무할 당시 이 논문을 완성했다. 그 직후인 1942년 봄 그는 워싱턴으로 가서 전쟁공보청에서 근무하게 되었고, 전시 참모의 일원으로 영국 대사관으로 옮겨가면서 루스 베네딕트를 후임자로 지명했다.

그녀는 그 보직을 받아들이고 1943년 중반 워싱턴으로 이사했다. 거기서 그녀는 캘리포니아에서 사귄 친구 중 하나인 임상 심리학자 루스 밸런타인과 함께 살았다. 전쟁공보청에 들어간 그녀는 유럽과 아시아 문화에 관한 논문을 쓰는 일을 맡았다. 우방국가, 적성국가, 적국에 의해 점령된 국가 등 전시 미국과 관련이 있는 나라들의 문화에 대해 연구하는 것이 그녀의 임무였다. 그녀는 비밀 취급 인가를 받고 일했다. 그녀가 펴낸 작은 책자 「인류의 인종들」(베네딕트와 웰트피시, 1943g)―해군은 적극적으로 받아들였으나 육군은 거부했던 자료―때문에 의회의 비밀 취급 인가가 어렵게 떨어졌다.

그녀가 일했던 사무실은 크고 소란스러웠다. 하지만 그녀는 정부 기관의 시간을 낭비하는 잡담, 끝없는 토론, 무수한 회의 등을 이겨냈다. 주위에서 벌어지는 주도권 싸움에 대해서는 무관심한 채 그녀는 자신의 할 일을 착실히 해나갔다. 귀가 잘 들리지 않는다는 것이 그때는 하나의 이점이었다. 그 덕분에 그녀는 자신의 작은 공간에서 어느 정도 프라이버시를 누릴 수 있었다.

1943년에 이르러 워싱턴의 여러 정부 기관에는 많은 인류학자들이 포진하고 있었다. 국민성을 연구하고 원격 문화 연구 기법에 관심이 있던 인류학자들은, 전시하의 보안 통제가 허용하는 범위 내에서 소규모 단위로 만나 우리가 하고 있던 일을 서로 비교 검토하고 또 앞으로 할 일을 계획했다.

이 소규모 그룹에 루스 베네딕트는 자신이 작성한 루마니아 연구서(1943d)를 가져왔다. 이 연구서를 집필하면서 그녀는 필립 모슬리의 도움을 받았다. 모슬리는 루마니아에 들어가 현지 조사를 했고 또 미국에 이민 온 루마니아인들을 인터뷰했다. 이 루마니아 연구서는 그녀가 나중에 수행한 저작, 태국 연구서(1943e)와 독일, 네덜란드, 벨기에, 폴란드 등 유럽 문화 연구서의 시발점이 되었다. 그리고 전쟁이 계속되면서 그녀는 일본에 대해 집중적으로 연구했다.

고도 문명사회의 민족성 연구 방법을 맨 처음 개발했던 우리는 민족성의 중심 주제를 찾는 과정에서 인류학적 통찰과 정신분석적 통찰에 많이 의존했다. 하지만 정신분석이나 특정 심리학의 틀 내에서 일하는 것을 그리 좋아하지 않았던 루스 베네딕트는 이러한 접근 방법을 습득하려 들지 않았다. 하지만 그녀는 육아 방법을 이해하는 것이 문화적 통합형태 서술의 확대를 도와준다는 것을 깨닫게 되었다. 그녀는 비록 다른 사람들의 저작을 관심 있게 읽기는 했지만 그들의 조사 방법을 채택하지는 않았다.

전쟁공보청에 근무하던 그녀는 나름대로 원격 문화 연구 방법을 개발했다. 그것은 기존의 발간 자료와 인터뷰 자료를 통합하여 고도 문명사회에 대한 이해를 넓히는 방법이었다. 제자들의 엉성한 보고서와 불완전하게 이해된 느낌을 오랫동안 고쳐온 베네딕트는 2차 자료를 가지고도 문화적 데이터를 얻어낼 수 있었다. 영문학 공부를 한데다 광범위하게 독서를 했기 때문에 발간된 자료에 아주 세련되게 접근했다. 평소 파편적 자료들을 기막히게 종합하는 실력을 발휘했던 그녀는 이번에도 불균질不均質의 다양한 자료들을 잘 엮어내어 의미 있는 관계를 설정했다.

이런 연구를 수행하면서 그녀는 충분한 자금을 지원받아 젊은 인류학자들을 인터뷰어로 고용했다. 그녀 또한 제보자들을 상대로 작업을 했다. 유럽, 특히 동유럽 연구를 진행하면서, 그녀는 유대인으로 대표되는 서로 다른 유럽 문화를 구분하는 것이 아주 중요함을 깨달았다. 또 같은 문화권 내의 서로 다른 문화 섹터에 깊은 관심을 보였다. 그녀는 다양한 문학적 자료들—역사, 기행문, 연극, 소설 등—과 제2차 세계대전 당시의 다양한 행동 형태로부터 문화적 규칙성을 추출해냈다.

연구 분야가 유럽에서 일본으로 이동하면서 그녀 자신의 상황도 바뀌었다. 그녀의 유럽 문화 연구는 잘 알려진 분야 내에서 수행된 것이었다. 사용한 자료들은 친숙한 언어들—독일어, 프랑스어, 네덜란드어 등—로 된 것이었고 문화 연구 또한 유럽의 정치, 역사, 문화를 잘 알고 있다는 단단한 배경의 틀 안에서 수행되었다. 이와 대조적으로 극동은 미지의 세계terra incognita였다. 워싱턴에 오기 전 그녀는 컬럼비아에서 중국 문화에 관련된 작업을 하면서 중국 시골 지방의 의견 합치 과정에 대해 논문을 쓴 적이 있었다. 전쟁공보청을 위해서는 태국 문명에 대한 글을 쓰기도 했다. 하지만 일본은 사전 지식이 전혀 없는 광대한 백지 캔버스였고, 또 연구를 제대로 해내자면 엄청난 노력을 들여야 할 과제였다.

그녀는 유럽 국가들의 연구에서 인류학적 인터뷰와 분석 방식이 기존의 전통적 전문가들—역사가, 정치학자, 경제학자, 지역 전문가 등—에게 큰 도움이 된다는 것을 입증했다. 유럽 연구 때는 "유럽"에 대해서는 아주 잘 알고 있다고 생각하는 전문가들을 납득시키는 것이 쉽지 않았다. 하지만 일본문화 연구 때는, 일본을 잘 모르던 유럽 편향의 전문가들은 그들의 팀에 인류학자가 참여하는 것을 환영했다. 극동은 "고참 중국 전문가들"이 오랫동안 그들 마음대로 주물러오던 분야였다. 극소수의 중국 전문가들이 일반인들이 잘 모르던 이 분야의 지식을 거의 전담하고 있었다. 하지만 일본문화를 연구하게 된 그녀에게는 특별한 이점이 있었다. 그녀에게는 일본 연구를 수행해오던 일단의 인류학 동료들—제프리 고러, 그레고리 베이트슨, 클라이드 클럭혼, 알렉산더 레이턴—이 있었던 것이다. 게다가 심리학자들과 정신분석학자들이 일본 국민성 연구와 관련하여 새로운 방법을 개발, 제공하고 있었다.

유럽 연구 때와 마찬가지로, 그녀에게 자금이 배정되어 젊은 인터뷰어를 고용하여 제보자들과 인터뷰를 했다. 각종 다양한 문학적 자료들 이외에 그녀는 일본 현대 영화들을 보았다. 1930년대 후반 일본은 프로파간다 목적으로 일본과 기타 아시아 국가들에서 방영하기 위한 일련의 영화를 제작했다. 이런 영화들 중 일부는 전시 일본에서 공식적으로 육성된 문화적 주제들을 알려주는 흥미로운 기록이었다. 이런 것들과 대조적인 자료로는 일본군 병사들의 압수된 일기들이 있었다. 이런 자료들과 이에 대한 베네딕트의 분석은 모두 보안 통제에 묶여 있었다.

전쟁공보청 내에서 그녀는 비교적 자유롭게 자신이 하고 싶은 일을 할 수 있었다. 이것은 부분적으로 인류학의 접근 방식이 그녀의 동료 대부분에게 낯선 것이었기 때문이다. 하지만 그녀가 자유롭게 일할 수 있었던 것은 그녀의 접근 방식 덕분이기도 했다. 그녀는 원만하고 세련된 방식으로 문화를 논했고, 독자를 혼란스럽게 만드는 심리학적 개념을 사용하지 않았다. 예를 들어 다른 연구자의 경우, 모유수유나 용변훈련 등을 이론적으로 제시하여 관료뿐 아니라 사회과학자도 곤혹스럽게 만들었다.

그녀가 당시의 심리학적 논쟁에 끼어들지 않았다는 사실은 그 자체로 하나의 매력이었다. 그러나 그녀는 워싱턴 정신의학회의 주선으로 일련의 강의를 해달라는 초청을 받았다. 이 강의에는 워싱턴에서 전쟁 수행 노력을 하던 많은 사람들이 참석했는데, 그녀의 책을 즐겁게 읽어주는 독자의 수를 늘리는 결과를 가져왔다.

전쟁이 끝나가던 1945년 여름 그녀는 군부로부터 독일로 가서 점령 문제를 연구하라는 요청을 받았다. 군사 점령 초창기에 민간인 그것도 여자가 미군 점령 지역에 들어간다는 것은 좋은 기회였으므로, 정말 흥분이 되지 않을 수 없었다. 하지만 정기 신체검사를 받은 그녀는 독일행이 거부되었다. 젊은 시절 그녀는 극심한 두통으로 고생한 적이 있었고, 지난 몇 년 동안은 갑작스럽고 까닭모를 심한 현기증으로 고생해왔다. 의사들은 그녀의 심장이 약하다면서 우려를 나타냈다. 그녀의 실망은 컸다. 원격 문화 연구를 몇 년 동안 수행해왔기 때문에 정말로 유럽 현지에 가서 그곳의 문화를 직접 보고 싶었다. 유럽은 1926년 이래 가보지 못했다. 그녀는 전에 한 번도 본 적이 없는 동유럽 지역의 국가들도 한 번 둘러보고 싶어했다.

유럽행이 좌절되자, 그녀는 일본에 관한 책을 쓰기로 결심했다. 이를 위해 1945~1946년 학기 동안 컬럼비아 대학에서 전시 연가를 받아 캘리포니아로 가서 『국화와 칼』(1946a)을 썼다.

이 일본문화 연구서에서 그녀는 일본의 능력에 깊은 인상을 받았고, 또 일본이 새로운 상황으로 들어갈 수 있는 중요한 전환점에 서 있다고 말했다. 일본의 능력은 미군 당국과 적극적으로 협력한 일본군 포로들의 태도와, 전쟁 중에 미국의 대의에 충실했던 일본계 미국인들의 충성심에 의해 증명이 되었다. 그들은 특정한 충성의 대상에 헌신하기보다는 충실한 협력의 실천이 더 중요하다는 것을 금방 깨달았다.

베네딕트는 이런 점에 유념하면서 희망과 경고의 어조 속에서 『국화와 칼』을 마무리 짓고 있다.

앞으로 10년 동안 군비를 갖추지 않는 유럽이나 아시아 국가는 군비를 갖추는 국가에 비해 우위를 점하게 될 것이다. 왜냐하면 그 국가의 부를 건전하고 번성하는 경제를 구축하는 데 사용할 수 있기 때문이다. 미국은 유럽과 아시아 국가의 이런 상황을 거의 감안하지 않는다. 왜냐하면 우리나라는 엄청난 비용을 요하는 국방 계획에도 불구하고 가난해질 염려가 별로 없기 때문이다. 우리나라는 파괴되지 않았다. 우리는 일차적으로 농업국가가 아니다. 우리의 중요한 문제는 산업의 과잉생산이다. 우리는 대량생산과 기계 설비를 완성해놓고 있기 때문에 무장, 사치품 생산, 복지, 연구 서비스 등의 계획을 실시하지 않으면 사람들에게 고용을 제공하지 못한다. 자본의 적절한 투자에 대한 욕구도 아주 강한 편이다. 하지만 미국 이외의 지역에서 사정은 판이하다.

서유럽만 해도 미국과는 다르다. 전쟁보상에 대한 요구에도 불구하고, 재무장을 하지 않는다면 독일은 앞으로 10년 내에 건전하고 번성하는 경제의 기초를 놓을 수 있을 것이다. 하지만 프랑스는 군사대국 정책을 계속 추진한다면 그런 경제를 구축하지 못할 것이다. 일본은 중국에 대해 이와 유사한 이점을 누릴 수 있다. 중국의 현재 목표는 군사대국화이고 그런 야망을 미국이 부추기고 있다. 일본은 국가 예산에 재무장을 편입시키지 않는다면 앞으로 몇 해 가지 않아서 번영의 틀을 마련할 수 있다. 그리하여 동양의 무역에서 필수불가결한 존재가 될 것이다. 평화의 혜택 위에 경제의 바탕을 올려놓고 일본 국민들의 생활수준을 높일 수 있을 것이다. 이런 평화로운 일본은 국제적으로 명예로운 지위를 차지할 수 있을 것이다. 그리고 미국이 이런 평화 계획을 지지하여 영향력을 행사한다면 큰 도움을 줄 수 있을 것이다.

미국이 할 수 없는 것—그리고 다른 외부 국가들이 할 수 없는 것—은 강제적 명령으로 자유롭고 민주적인 일본을 만들려고 하는 것이다. 이런 명령은 피점령 국가에서 성공한 적이 없었다. 그 국가의 습관과 전제조건, 생활 매너를 갖고 있지 않은 외국인이 그 국가에 명령을 내릴 수는 없다. 일본인들을 강제하여 선출된 사람들의 권위에 승복하게 하거나, 그들의 위계질서 내에 이미 확립되어 있는 "알맞은 위치"를 무시하도록 강제하는 것은 성공할 수 없다. 우리 미국에서 익숙한 개인간의 자유로운 접촉,

독립적 개인이 되라는 명령, 당사자가 자유롭게 자신의 배우자를 선택하는 열정, 살 집과 의무 등을 법으로 강제할 수는 없다. 그러나 일본인 자신은 이런 방향으로 변화해야 한다는 것을 분명하게 알고 있다. 일본 공직자들은 패전 이후 일본의 남녀들에게 자신의 의지에 따라 살고 자신의 양심을 믿어야 한다고 말하고 있다. 일본인들은 드러내놓고 말하지는 않지만, 일본의 "하지(수치심)" 문화에 의문을 제기하고 있고 또 국민 사이에서 자유가 새롭게 커져나가야 한다고 희망하고 있다. "세상"의 비판과 조롱으로부터 자유롭게 되기를 바라고 있다.

아무리 자의적으로 수용한다고 하더라도 일본의 사회적 압력은 개인에게 너무 많은 것을 요구한다. 사회적 압력 때문에 일본인은 자신의 감정을 감추어야 하고 자신의 욕망을 포기해야 하고, 가족, 집단, 국가의 대표자답게 행동해야 한다. 일본인들은 이러한 의무가 요구하는 모든 극기 훈련을 받을 각오가 되어 있음을 보여주었다. 하지만 그들에게 지워지는 부담은 엄청나게 무겁다. 그들은 너무나 자신을 억압하여 자신에게 피해를 주고 있다. 자신의 정신에 피해를 덜 주는 생활에 뛰어드는 것을 두려워하기 때문에, 일본인들은 국군주의자들에 의해 희생이 엄청나게 큰 노선으로 내몰린 것이다. 이런 높은 대가를 지불했기 때문에 그들은 더욱 독선적이 되었고, 그보다 관대한 윤리를 가진 민족을 얕보게 되었다.

일본인은 침략 전쟁이 "실수"이고 명분 없는 대의임을 깨달음으로써 사회 개혁을 향한 커다란 첫발을 떼었다. 그들은 평화로운 국가들 사이에 끼어들기를 희망한다. 그러기 위해서는 세계 평화가 실현되어야 한다. 만약 러시아와 미국이 다가오는 세월을 공격용 무장에 열중한다면, 일본은 그들의 군사 지식을 이용하여 전쟁에 참가할 것이다. 하지만 이럴 가능성을 인정한다고 하여 평화를 염원하는 일본의 근본적 성품까지도 의심하는 것은 아니다. 일본의 동기는 상황에 따라 달라진다. 일본은 평화로운 세계 속에서는 평화를 추구할 것이다. 그렇지만 무장 진영으로 조직된 세계에서는 평화를 추구하지 못할 것이다.

현재 일본인은 군국주의가 실패한 대의라는 것을 알고 있다. 그들은 그런 이념이 다른 나라들에서도 실패하는지 주시할 것이다. 만약 실패하지 않는다면 일본은 전쟁의 열기를 재점화하여, 그들이 얼마나 전쟁을 잘할 수 있는가를 증명하려 할 것이다. 만약 다른 나라에서도 국군주의가 실패한다면, 일본은 군국주의적 노력이 결코 명예로운 길이 아니라는 교훈을 뼈저리게 되새길 것이다.pp. 313~316

현대의 독자들은 원자폭탄 투하와 그에 대한 일본인들의 반응이 책에서 다루어져 있지 않은 것을 보고 다소 의아하게 생각한다. 1946년 당시는 히로시마 원폭이 일본인에게 끼친 정신적 후유증이 아직 미국인의 의식 속에 침투하지 않았다. 『국화와 칼』은 전적으로 루스 베네딕트가 전시 동안에 수행한 연구의 결과물이었다.

이 책을 쓰는 데 그녀는 자신의 연구 자료뿐만 아니라 제프리 고러(1943)와 그레고리 베이트슨의 일본 연구 자료, 클라이드 클럭혼과 알렉산더 레이턴의 후기 자료, 전략연구청 훈련조사부의 관련 자료들을 참조했다. 이들 자료는 대부분 보안 통제하에 있었기 때문에 책의 서문에서 원전을 밝힐 수가 없었다. 비록 그녀가 다른 사람들의 자료를 사용하기는 했지만 그것을 통합한 것은 온전히 그녀의 공로이다.

그녀는 전에 쓴 어떤 책보다 이 책에 애착을 가졌다. 자신이 써낸 가장 세련된 인류학 저서에 그녀는 열과 성을 다했다. 그리하여 이 책은 고전이 되었다. 이 책은 곧 일본에서 번역되었고 널리 토론되었다.[12]

그녀의 인류학적 접근, 아름다운 글쓰기 스타일, 폭넓은 인간성 이해 등이 이 책의 지속적인 매력이다. 그 연구의 범위에서 개척자적인 작품인 이 책은 일본문화 연구자, 일본인

---

12 베넷과 나가이(1953)는 이 책에 대한 일본인들의 반응을 분석하면서 『민조쿠가쿠겐큐民族學研究』의 『국화와 칼』 특별호(14, no. 4, 도쿄, 1949)를 참조하라고 했다. 일본어 번역판은 1973년에 약 12만 4,000부가 팔린 것으로 나와 있어 이 책에 대한 일본 독자들의 관심이 여전함을 보여주고 있다.

현지탐사자, 세계 다른 나라 출신의 현지탐사자에게 계속 지적 자극을 제공하고 있다.

원격 문화 연구의 결과로 나온 대부분의 저서가 그렇듯이, 『국화와 칼』은 직접 의사소통을 할 수 없고 현지에 가서 연구도 할 수 없는 상황에서, 상대방을 이해하려는 긴급한 필요성으로 수행된 연구의 결과물이다. 오늘날의 현지탐사자들은 이런 환경에서 연구를 하려 들지 않을 것이다. 하지만 이 책은 어떤 문화의 온전함을 믿는 학자라면, 단편적이고 어수선한 자료들을 잘 통합하여 일관되고 심오한 문화적 초상을 만들어낼 수 있음을 보여주는 아름다운 책이다.

현대 문화 연구

1946년 가을 루스 베네딕트는 컬럼비아 대학으로 돌아왔으나 별 열의는 없었다. 여동생, 조카들, 어머니, 캘리포니아의 친구들 등은 캘리포니아 장기 체류를 언제나 즐거운 것으로 만들어주었다. 하지만 뉴욕이 그녀의 고향이었고, 컬럼비아 대학 제자들에게 강한 책임감을 느끼고 있었다. 보아스 은퇴 후 1942년의 사망까지 어려운 시기가 계속되었으나, 워싱턴에서 전쟁 수행 노력을 하게 됨으로써 학과 내의 어려움과 대학 당국과의 마찰을 어느 정도 피할 수 있었다. 1946년 랠프 린턴은 예일 대학의 인류학과 스털링 석좌교수직을 받아들여 전근을 갔으나, 후임으로 줄리언 스튜어드가 부임했다(하지만 학과장 직위는 부여되지 않았다)는 것은, 그녀가 수행하는 강의나 연구를 대학 당국이 지지하지 않는다는 뜻이었다. 그녀는 아직도 부교수였기 때문에 제자들에게 연구비를 얻어줄 수단이나 영향력이 없었다.

1946년 6월 그녀는 미국 여자교수협회의 연례성취상을 받았다. 그녀의 수락 연설은 제자들—세계 각국에서 온 그녀의 제자들을 포함하여—에 대한 관심과 앞으로의 희망과 계획을 말하고 있다.

    …… 여러분의 상금 덕분에 내가 할 수 있는 일을 말함으로써 감사의 마음을 표시하고자 합니다.

    3년 전 나는 전쟁 수행 노력의 일환으로 워싱턴으로 갔고 금년 가을에는 컬럼비아 대학으로 돌아갈 계획입니다. 전쟁공보청에서 근무할 때 나는 문명 국가들(적국 혹은 피점령국)에 대한 연구를 해달라는 요청을 받았습니다. 인류학적 방식으로 여러 문제를 탐구하여, 우리가 반복적으로 직면하는 문제를 이해하게 해달라는 것이었지요. 또 가능하다면 인류학적 방법을 사용하여 그 문제를 해결할 수 있기를 바란 것이지요. 이처럼 인간 행동의 문제를 이해하고 그것을 해결하는 방식은 지난 수십 년 동안 소규모 부족을 상대로 한 인류학적 연구에서 시도되어왔던 것입니다. 그 부족들은 으레 문어文語가 없고 삶을 영위하는 전통적 방식이 서구 문명의 영향과는 무관했습니다……

나는 전쟁 전부터 이러한 연구가 문명 국가들을 이해하는 데에도 도움이 된다고 생각했습니다. 문화적 행동을 진지하게 연구함으로써 보다 나은 국제적 이해를 도모하고 또 국제간 의사소통에서 실수를 적게 할 수 있다고 믿었습니다. 많은 저술가들이 미국을 미국인의 나라로 만들고, 프랑스를 프랑스인의 나라로 만들고, 중국을 중국인의 나라로 만드는 것은 무엇인가 하는 질문을 던져왔습니다. 그 대답은 주로 인상주의적인 것이거나 아니면 역사, 경제, 정치 등에 한정된 것이었습니다. 인류학자가 단순한 원시 부족을 상대로 이런 질문을 던질 때 사용하는 데이터가, 유럽의 문명 국가들의 경우에는 전무했습니다. 그런 데이터는 기록이 되어 있지 않거나 수천 가지의 연구조사나 장편소설 속에 흩어져 있었습니다. 전쟁 동안 문명 국가들을 상대로 연구를 하면서 나는 어려운 상황 속에서나마 최선을 다했습니다. 나는 이들 나라에 직접 가서 일상 생활을 관찰할 수도 없었고 훈련된 제자들을 그곳에 보낼 수도 없었습니다. 그러나 우리나라에는 세계 전역에서 이민 온 사람들이 많이 있습니다. 나는 그들을 만나 직접 대화를 하면서 연구에 필요한 많은 자료와 논평을 얻을 수 있었습니다.

　나는 많은 시간을 투자하여 아시아 국가들을 연구했고 그 중 일본에 관한 연구는 『국화와 칼 : 일본문화의 틀』이라는 단행본으로 금년 가을에 나올 예정입니다. 여러분이 나에게 주신 상금은 앞으로 유럽 국가들을 연구하는 데 사용될 것입니다. 내년에 나는 컬럼비아 대학에서 유럽 출신의 학생들을 위해 워크 세미나를 열 계획입니다. 이들 중 일부는 학업을 마치기 위해 펠로십을 얻어 이 나라에 와 있는 학자들로서 곧 자기 나라로 돌아갈 예정입니다. 또 일부는 유럽 국가 출신으로서 이 나라에 상당 기간 거주한 학생들입니다. 나는 이들에게 연구조사 방법을 가르친 뒤 미국 생활을 관찰하고 그 결과를 보고서로 제출하게 할 생각입니다. 그들의 관점은 미국이 외부인에게 어떻게 비치는지를 알게 해줄 것이고, 나의 훈련은 그들이 관찰하면서 얻은 인상을 정확하게 기록하게 해주고 또 그들의 판단을 수정하거나 재고하는 데 도움을 줄 것입니다. 그들은 또한 고국에 있을 때 겪었던 체험도 보고할 것입니다. 나의 훈련의 목적은 고국의 생활 방식을 기술하고 기록하는 데 적절하고 타당한 기법을 구사할 수 있도록 하는 것입니다.

　이러한 자료들은 나중에 선정된 국가들에서의 현장 작업에 의해 보완이 되어야 합니다. 내가 위에서 말한 워크 세미나는 이 일에 크게 기여하리라 생각합니다. 타당한 기록 작업을 훈련받은 사람들이 이런 관찰과 현장 작업을 수행한다면, 현재 유엔이 직면한 여러 문제 중 일부를 해결할 수 있으리라 생각합니다. 나는 과학자의 신념을 갖고 있습니다. 어떤 행동이 아무리 우리에게 낯설게 보인다고 할지라도 그 문제를 정확하게 진술한다면, 조사로 대답을 얻을 수 있고 이어 기술적으로 합당한 방법으로 연구될 수 있습니다. 나는 또 인문학자의 신념을 갖고 있습니다. 인간들 사이의 상호 이해를 도모하면 그것이 유익함을 가져온다고 생각합니다.

여러분이 나에게 주신 상금은 이런 조사 작업에 들어갈 것입니다. 조사 연구자들, 특히 사회과학 분야의 조사 연구자들은 당초 연구 계획에서 어떤 필요한 사항을 예측하지 못함으로써 좋은 기회가 무산되는 것을 자주 봅니다. 대학이나 재단이 어떤 연구에는 자금 지원을 하면서 어떤 연구에는 인색한 것을 자주 봅니다. 이 때문에 학생들이 연구할 자료를 잔뜩 모아놓고 그것을 현장에 나가 확인해야 할 순간이 오면 그만 좌절하는 것입니다. 이 상을 나에게 수여함으로써 여러분은, 이런 연구에 사용하라는 것 이외에 아무런 조건이 없는 연구 자금을 나에게 마련해주었습니다. 나는 이 돈을 자금 지원을 받지 못하는 분야, 자금이 필요하리라고 미리 예측하지 못했던 분야에 사용할 것입니다. 나는 이렇게 자금을 집행할 때마다, 이 상을 나에게 주기로 결정한 미국여자교수협회에 감사함을 느낄 것입니다. 또한 연구가 진행되는

대로 협회에 그 상황을 보고할 것입니다._{AAW: 430~432}

이렇게 우리는 크게 한 바퀴 돌아 제자리에 돌아왔다. 원격 문화 연구를 처음에는 반대했던 그녀가 이것을 강의의 핵심으로 삼게 된 것이다. 문명 국가들을 연구하여— 외국 학생들이 미국 문화를 연구하는 것을 포함하여— "미국이 외부인들에게 어떻게 비추어지는지" 더 잘 알 수 있다고 보게 되었다. 그녀는 제섭 북태평양 탐사(1897~1902) 이래 프란츠 보아스의 연구 작업의 특징이었던 대규모 조사 계획의 가능성을 적극 수용했다. 루스 베네딕트는 전쟁 직전에 발족한 아메리카 인디언 연구를 통해 그런 계획을 계속 이어가기를 희망했다.

그녀는 미국 여자교수협회가 준 빈약한 자금(2,500달러)만으로 유럽 문화를 연구하지는 않았다. 종전 직후 해군연구청은 지속적 평화 유지를 위한 전략 예산으로 인간학 연구를 지원하는 계획을 갖고 있었다. 1946년 봄 루스 베네딕트는 연구 후원금으로 10만 달러를 얻어올 수 있다고 말하여 우리를 놀라게 했다. 처음에 우리는 그녀의 말을 믿지 않았다. 그건 엄청나게 큰 액수처럼 보였다. 하지만 사실이었다. 그녀는 해군연구청 연구위원회의 위원으로 위촉되었고 각 위원은 연구 제안서를 제출하기로 되어 있었다.

국제적으로 인정을 받던 전후 시절의 루스 베네딕트

협상이 진행되었다. 연구 계약을 따내려는 과정에서 그녀의 후원금 획득을 저지하려는 마지막 시도가 있었다. 그녀는 미국 인류학협회의 회장으로 지명되어 있었다. 하지만 협회 연례 회의에서 협회의 재조직을 수행하던 위원회가 엉뚱한 제안을 하고 나왔다. 협회의 새 정관이 마련될 때까지 현 회장 랠프 린턴의 임기를 연장하자는 것이었다. 베네딕트가 회장에 취임하지 못하면, 현재 진행 중인 해군연구청과의 협상에 지장을 줄 수도 있다. 다행스럽게도 그 제안은 성공적으로 저지되었다. 그녀는 회장(1946~1947)으로 선임되었고 컬럼비아 현대 문화 연구 프로젝트는 1947년 봄에 발족했다. 그리고 마침내 1948년 그녀는 컬럼비아 대학의 정교수로 임명되었다.

처음에 이 프로젝트는 엄청난 문제점을 야기했다. 프로젝트의 본부를 설치해야 할 컬럼비아 대학은 장소 제공을 거부했다. 그래서 킵스 베이-요크빌 지구 병원, 프랑스 대사관 문정관 사무실, 기타 임시 시설 등 뉴욕 시 전역에 사무실을 마련했다. 각 문화의 연구 그룹은 대부분 연구원의 집에서 모임을 가졌다. 이때 바이킹 펀드(1951년 인류학 연구를 위한 웨너-그렌 재단으로 개명)가 월간 세미나를 위한 회의실을 제공해주었다. 그곳은 프로젝트의 구성원들이 한꺼번에 만날 수 있는 유일한 공간이었다. 마침내 프로젝트는 구 컬럼비아

의과대학 건물에 사무실을 마련했다. 하지만 이것은 한참 뒤의 일이고 초창기에는 회의를 할 만한 공간이 마땅치 않았다.

그러나 우리는 낙관적이었다. 연구 기금은 아주 막대한 것 같았다. 전체 프로젝트의 비용은 25만 달러에 달했다. 연구 기간이 4년(1947~1951)에 달하고 7개 문화 연구에 참여한 학자들의 수가 120명이나 되는 대규모 프로젝트임을 감안하면 그리 큰 액수도 아니었다. 이 참여자들은 "14개 학과 전공에, 16개국 출신이고, 연령은 20대 초반에서 50대 후반까지 분포되었으며, 훈련 정도는 학부생에서 6개 문화에 능숙한 교수에 이르기까지 다양했다."(미드와 메트로, 1953, p. 6)

프로젝트 조직을 계획하는 데도 우리는 예전부터 가져온 꿈을 가능한 한 많이 실현하려고 애썼다. 조직의 틀을 느슨하게 하여 다른 전공을 가진 구성원들이 동일한 자료에 기초하여 공동연구할 수 있도록 했다. 비상한 재능과 독특한 연구 습관을 가진 사람들을 수용할 공간도 마련했다. 공헌할 기회를 갈망하고 있으나 전쟁 기간 동안 관료 조직에 적응하지 못하고 간신히 살아남은 사람, 추가 후원금이 필요한 대학원생, 상근직을 원하는 사람과 수입에 상관없이 자원봉사를 하려는 사람을 위한 공간도 마련했다. 프로젝트의 기본 원칙은 그 일이 좋아서 참여하려는 사람만 뽑는다는 것이었다.

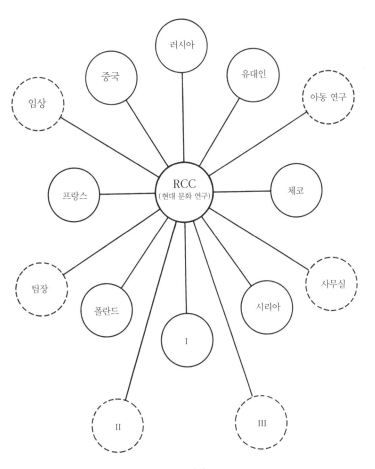

현대 문화 연구
위계질서를 배제한 조직 구조 1947~1951

러시아

중국

유대인

임상

아동 연구

프랑스

RCC
(현대 문화 연구)

체코

팀장

폴란드

I

시리아

사무실

II

III

도표 설명
중앙 원: 일반 세미나
실선 원: 일곱 개 문화 연구 그룹, I-개인 연구
점선 원: 상호 교차적 그룹, II-교차문화적 컨설턴트
III-컬럼비아 대학에 위치한 베네딕트 교수의 유럽 세미나

출처: 미드와 메트로(1953), p. 90

모든 자료를 공유하기 위해 자신의 작업 결과를 타자하지 못하는 사람들에게 타자 서비스를 제공했다. 후대에 자료 공유를 아주 간편하게 만들어주는 복사기는 당시에는 없었다. 모든 보고서는 4부를 작성했다. 보고서를 재작성하는 데 들어가는 많은 시간을 줄이기 위해 편집자 엘리자베스 허조그를 상주시켜 보고서 준비와 편집에 도움을 주도록 했다.

조직은 위계질서를 정하지 않았다. 조직표상에 프로젝트 자체가 중심적 위치를 차지했다. 물론 프로젝트의 수장인 루스 베네딕트를 통해 컬럼비아 대학과 해군연구청을 연결시키는 것은 필수였다. 하지만 프로젝트 내에서 모든 구성원은 두 가지 역할을 수행해야 했는데, 한 연구 그룹 내에서 주된 역할, 다른 연구 그룹에서 보조 역할을 맡았다. 이것은 조직 내에 고정 보직이 없고, 한 구성원이 두 개의 문화를 동시에 담당해야 한다는 뜻이었다. 자신이 계속 연구해온 문화에 대한 특수한 관심 때문에 이 프로젝트에 관여한 사람은 두 보직에서 예외 처리를 했다. 모든 그룹을 학습 과정에 참여시키기 위해, 사무실 직원까지 포함하여 전원이 현재 진행 중인 작업을 보고·토의하는 프로젝트 세미나에 참여하도록 했다.

프로젝트 참여자에 대한 보안 통제는 없었고 모든 작업은 공개리에 진행되며 "비밀" 자료는 사용하지 않기로 결정했다. 이 규정은 참여자들의 신뢰를 얻기 위한 필수적 조치였다. 그들은 전쟁 중에 보안 통제 조치 때문에 많은 어려움과 애매한 상황을 겪었다. 하지만 프로그램 전체를 개방했기 때문에 모든 제보자의 신원을 보호해줄 필요가 있었다. 연구자들은 제보자들에게 코드를 부여했고―실명을 코드로 사용하는 적은 없었다―그 코드를 프로젝트 파일에 적어 넣었다.

평화 유지에 기여하고 심리전에 사용하는 비밀 자료를 개발하는 것이 아니라고 판단했기 때문에 우리는 양심적으로 일할 수 있다고 확신했다. 우리는 전쟁 중에 인류학적·심리학적 자료를 사용해본 결과, 심리전은 언제나 그것을 먼저 시작한 사람에게 역풍을 안겨준다는 것을 알게 되었다. 우리는 또한 인류학적 자료를 평화적으로 사용하면 좋은 결과를 가져온다는 것도 알게 되었다. 가령 일본 천황의 양위를 태평양 전쟁의 종전 조건으로 내세우지 말도록 한 것, 전후 유럽과 태평양 점령 후의 행동에 대해 조언한 것, 전후 해외의 경제를 재건하고 국내의 사기를 진작하도록 한 것 등이 그런 것이다. 우리는 전후의 정치적 상황이 어찌되었든 우리나라와 남의 나라에 대한 지식이 필수적이라고 생각했다. 전시 체험은 인류학자의 책임 사항을 보다 원숙하게 깨닫게 했다. 우리는 이런 원칙을 세우고 작업에 착수했다.

충분한 기금과 좋은 시설에도 불구하고 이 프로젝트는 수행하기가 쉽지 않았다. 컬럼비아에 있는 루스 베네딕트의 사무실과 미국 자연사박물관에 있는 내 사무실이 어느 정도 프로젝트의 행정을 담당했다. 하지만 사무실이 흩어져 있어서 여기저기서 회의가 열리는 바람에 일의 진행이 더뎠고 의사소통에 시간이 걸렸다. 루스 밸런타인이 캘리포니아에서 돌아와 행정 업무의 일부를 맡아주어 루스 베네딕트의 부담을 어느 정도 덜어주었다.

하지만 그런 느슨한 조직 형태가 루스 베네딕트의 적성에 맞는 것이었고 이것이 많은 어려움을 이기게 해주었다. 각각의 참여자는 개인적 책임을 맡았고, 각 그룹의 구성원이 된 사람은 충분히 그만한 자격이 있기 때문에 선임되었다. 통계학자, 프랑스 역사학자, 인구학자 등 직함만 보고 뽑지는 않았다. 사람들은 자발적으로 이 프로젝트에 참여했고 돈을 받지 않고서도 이 일에 그들의 기술을 보태주었다. 이러한 자발성과 개방성은 루스를 기쁘게 했고 그룹 전체에 확산된 열광의 분위기에 기여했다.

하지만 계속되는 행정상의 어려움, 컬럼비아 대학 인류학과의 지원 부족, 대학 당국의 불평불만 등은 그녀를 지치게 했다. 그녀는 체코 그룹의 팀장을 맡았지만 독창적인 연구를 할 시간이 별로 없었다. 우리가 만나면 시와 소설을 이야기하던 저녁 시간은 이제 사소한 세부사항들을 다루는 데 바쳐

졌다. 그녀는 때때로 아주 피곤해보였다.

1948년 봄, 이 프로젝트는 방대한 후원금에도 불구하고 너무 광범위하게 퍼졌다는 것이 밝혀졌다. 이것을 해결하기 위해 그녀는 랜드연구소(미국의 국방에 관한 계획과 예산을 연구하는 민간 연구소–옮긴이)가 러시아 연구를 가져가는 방안을 협상했다(미드, 1951). 또 카네기재단과는 이 프로젝트 연구를 바탕으로 나올 책의 선인세 문제를 의논했다. 선인세는 루스 베네딕트가 사망한 뒤 취소되었다.

1948년 5월 그녀는 체코슬로바키아의 포데브라디에서 열리는 유네스코 세미나에 참가해달라는 초청을 받았다. 여기에는 신체검사를 통과해야 한다는 조건이 없었고 그녀는 늘 바라오던 유럽 방문 기회를 얻었다. 그녀는 정말 가고 싶어 했다. 자신이 원격으로 연구해온 체코슬로바키아, 폴란드, 네덜란드, 벨기에의 문화를 현지에서 직접 보고 싶었다. 하지만 이런 큰 프로젝트를 진행하는 중에 여행을 떠나는 게 현명한 일인지 망설이기도 했다. 그녀는 언제나 우리와 제자들을 지원했고 우리의 일에 따르는 위험을 제거하기 위해 앞장서왔다. 그래서 우리는 입을 모아 가라고 말했다.

그 해 여름은 그녀가 바라던 그대로 전개되었다. 유네스코 세미나는 대성공이었다. 유럽 여러 지역에서 그녀를 만난 친구들은 그녀가 자신의 연구가 정확했다며 기뻐했다고 전했다. 폴란드인, 체코인, 벨기에인 등이 그녀가 생각했던 그대로 행동하는 것을 발견하고 자신의 연구에 자부심을 갖게 되었다.

하지만 그녀는 체력 소모가 심했다. 귀국한 지 이틀 후, 프로젝트의 부담을 다시 떠안기도 전에 그녀는 심장 혈전증을 일으켰고 닷새 뒤인 9월 17일 사망했다. 그녀의 유족들 특히 여동생 마저리는 평소 죽음을 평화라고 말하는 언니를 늘 우려했는데, 큰 고통 없이 사망해서 다행이라고 생각했다. 병원에 입원했을 때 베네딕트는 앞으로 좀 쉬어야 하니 그리 걱정하지 말라는 말을 들었다. 그녀는 미소 지으며 대답했다. "내 친구들이 모든 것을 잘 알아서 해줄 거예요."

그녀가 인류학 분야에 기여한 마지막 작품인 현대 문화 연구는 그 후 계속되었다. 이 프로젝트와 이것을 모델로 삼은 후속 연구들은 그녀의 과학적이고도 인간적인 문화 접근 방법을 수용했다. 이런 의미에서, 이 연구 계획과 통합적인 주제들—모두 루스 베네딕트의 핵심적 원칙—은 인류학이 고등 문화의 이해에 크게 기여할 수 있다는 그녀의 신념을 잘 표현한 것들이다. 그녀 자신이 직접 이렇게 말한 바 있었다.

나는 과학자의 신념을 갖고 있습니다. 어떤 행동이 아무리 우리에게 낯설게 보인다고 할지라도 그 문제를 정확하게 진술한다면, 조사로 대답을 얻을 수 있고 이어 기술적으로 합당한 방법으로 연구될 수 있습니다. 나는 또 인문학자의 신념을 갖고 있습니다. 인간들 사이의 상호 이해를 도모하면 그것이 유익함을 가져온다고 생각합니다.AAW: 431

유카리스트(성찬식)

빛을 더 많이 쬐려 하면 더 많이 거부당한다.
당신은 알몸의 바다를 따라가며 그것을 추구한다.
해변의 절벽들은 가시적으로 드러나고, 파도들은
햇빛을 깃털처럼 자랑한다, 이런 자랑의 태도에 대해
빛은 교묘한 술수를 부린다.

당신은 그 빛을 발견하지 못한다. 당신이 발견하는 것은
언제나 그 빛이 비추어주는 어떤 대상일 뿐. 어둠 아래서
폭풍우에 시달리는 사람만이 빛의 일어섬을 본다.
빛의 몸은 산산이 깨어져 빛을 발견한 자의 무지개 성찬이 된다.
최근에 난파선 바로 곁에 있던 자들에게.

참고문헌 *

Alexander, Franz, and Helen Ross, eds. 1952. *Dynamic Psychiatry.* Chicago: University of Chicago Press.

Barnouw, Victor. 1949. Ruth Benedict: Apollonian and Dionysian. *University of Toronto Quarterly* 18: 241-53.

____. 1957. The Amiable Side of *Patterns of Culture. American Anthropologist* 59: 532-35.

Bateson, Gregory. 1936. *Naven.* Cambridge: University Press. 2d ed., 1958, Stanford: Stanford University Press.

Bennett, John W., and Michio Nagai. 1953. The Japanese Critique of the Methodology of Benedict's *The Chrysanthemum and the Sword. American Anthropologist* 55: 404-11.

Boas, Franz. 1932. The Aims of Anthropological Research. *Science* 76: 605-13.

____, ed. 1938. *General Anthropology.* Boston and New York: Heath.

Bunzel, Ruth. 1929. *The Pueblo Potter. A Study of Creative Imagination in Primitive Art.* Columbia University Contributions to Anthropology, No. 8. New York: Columbia University Press. Reprinted 1972, New York: Dover.

Davis, Allison, Burleigh Gardner, and Mary Gardner. 1941. *Deep South.* Chicago: University of Chicago Press.

Dollard, John. 1937. *Caste and Class in a Southern Town.* New York: Harper. 3d ed., 1957, Garden City, New York: Doubleday.

Doughty, Charles M. 1923. *Travels in Arabia Deserta,* 3d ed. London: Cape and the Medici Society. First published 1888.

Fortune, Reo F. 1932. *Sorcerers of Dobu.* New York: Dutton. Rev. ed., 1963.

Geertz, Clifford. 1968. *Islam Observed: Religious Development in Morocco and Indonesia.* New Haven: Yale University Press.

---

* 루스 베네딕트의 저작에 대해서는 부록을 참조할 것.

Goldenweiser, Alexander A. 1910. Totemism, and Analytical Study. *Journal of American Folk-Lore* 23: 179-293.

_____. 1922. *Early Civilization*. New York: Knopf.

Goldfrank, Esther S. 1945. *Changing Configurations in the Social Organization of a Blackfoot Tribe during the Reserve Period (The Blood of Alberta)*. Monographs of the American Ethnological Society, No. 8. New York: Augustin.

Goldman, Irving. 1937. The Zuni Indians of New Mexico. In *Cooperation and Competition among Primitive Peoples*, ed. Margaret Mead, pp. 313-53. New York: McGraw-Hill. Rev. ed., 1961, Boston: Beacon Press.

Gorer, Geoffrey. 1935. *Africa Dances*. London: Faber. Rev. ed., 1949, London: Lehmann.

_____. 1936. *Bali and Angkor*. London: Michael Joseph.

_____. 1943. Themes in Japanese Culture. *Transactions*, The New York Academy of Sciences, Ser. 2, 5: 106-24.

Herskovits, Melville J. 1926. The Cattle Complex in East Africa. *Memoirs of the American Anthropological Association*, No. 16.

_____. 1941. *The Myth of the Negro Past*. New York: Harper.

_____. 1953. *Franz Boas: The Science of Man in the Making*. New York: Scribner's

Jung, C. G. 1923. *Psychological Types*, trans. H. G. Baynes. New York: Harcourt, Brace.

Kroeber, Alfred L. 1923. *Anthropology*. New York: Harcourt, Brace.

_____. 1972. *More Mohave Myths*. University of California Publications in Anthropological Records, No. 27. Berkeley and Los Angeles: University of California Press.

Kroeber, Theodora. 1970. *Alfred Kroeber: A Personal Configuration*. Berkeley and Los Angeles: University of California Press.

Li An-che. 1937. Zuni: Some Observations and Queries. *American Anthropologist* 39: 63-76.

Linton, Ralph, ed. 1940. *Acculturation in Seven American Indian Tribes*. New York: Appleton-Century.

Lowie, Robert H. 1920. *Primitive Society*. New York: Boni and Liveright.

Maslow, Abraham H., and John J. Honigmann. 1970. Synergy: Some Notes of Ruth Benedict. *American Anthropologist* 72: 320-33.

Mead, Margaret. 1928. *An Inquiry into the Question of Cultural Stability in Polynesia.* Columbia University Contributions to Anthropology, No. 9. New York: Columbia University Press.

____. 1930. Social Organization in Manu'a. *Bernice P. Bishop Museum Bulletin,* No. 76. Honolulu. 2d ed., 1969.

____, ed. 1937. *Cooperation and Competition among Primitive Peoples.* New York: McGraw-Hill. Rev. ed., 1961, Boston: Beacon Press.

____. 1951. *Soviet Attitudes toward Authority.* New York: McGraw-Hill. Reprinted 1955, New York: Morrow, and 1966, New York: Schocken.

____. 1959. *An Anthropologist at Work: Writings of Ruth Benedict.* Boston: Houghton Mifflin. Paperback edition, 1973, New York: Avon.

____, and Rhoda Metraux, eds. 1953. *The Study of Culture at a Distance.* Chicago: University of Chicago Press.

Minzokugaku Kenkyu 14, no. 4 (The Japanese Journal of Ethnology). 1949. Special Issue on *The Chrysanthemum and the Sword* (Tokyo).

Myrdal, Gunnar. 1944. *An American Dilemma,* 2 vols. New York: Harper.

Opler, Morris. 1933. An Analysis of Mescalero and Chiricahua Apache Social Organization in the Light of Their Systems of Relationship. Ph. D. dissertation, Department of Anthropology, University of Chicago.

Pandey, Triloki Nath. 1972. Anthropologists at Zuni. *Proceedings of the American Philosophical Society,* No. 116, pp. 321-37.

Powdermaker, Hortense. 1939. *After Freedom.* New York: Viking.

Rivers, W. H. R. 1923. *Conflict and Dream.* London: Routledge.

Seligman, C. G. 1923. Anthropology and Psychology: A Study of Some Points of Contact. *Journal of the Royal Athropological Institute* 54: 13.

Thomas, W. L. Jr., ed. 1955. *Yearbook of Anthropology.* New York: Wenner-Gren Foundation for Anthropological Research.

Waterman, T. T. 1914. The Exploratory Element in the Folk-Tales of the North-American Indians. *Journal of American Folk-Lore* 27: 1-54.

Wissler, Clark. 1929. *An Introduction to Social Anthropology.* New York: Holt.

베네딕트의
대표적 논문

여기에 선정한 대표적 논문들은 여러 가지 고려 사항이 감안된 것이다. 그녀의 논문들 중 「인류학과 비정상」(1934a)과 「문화적 조건화의 지속과 단절」(1938a)은 여러 선집에 자주 실렸기 때문에 여기서는 제외했다. 그 대신 다른 중요한 논문들을 넣기로 했다.

「북아메리카의 문화적 통합형태」(1932a)는 『문화의 패턴』(1934b)이 나오기 전 그녀의 이론적 입장을 가장 잘 보여주는 논문이다. 「주술」(1933a)은 그녀가 구 『사회과학 백과사전』에 집필했던 여러 항목 중 하나로서, 그녀의 학문적 깊이와 복잡한 이론들을 잘 통합하는 능력을 보여주고 있다. 이 주제는 오늘날까지도 상당한 논쟁의 대상이 되고 있다. 『주니 족 신화』(1935a)는 그녀의 광범위한 현지탐사 작업의 결과물인데, 이 책의 서문은 민속학자들이 아직 풀지 못한 많은 문제를 제기하고 있다. 「원시적 자유」(1942b)는 원시 부족에 관한 자료를 오늘날의 복잡한 문제를 논평하는 기준으로 활용한 탁월한 사례이다. 『국화와 칼』(1946a)의 한 장을 발췌한 「일본문화의 극기 훈련」은 자신이 직접 체험하지 못한 문화의 여러 자료를 통합할 수 있는 그녀의 능력을 잘 보여준다. 「유럽 국가들의 문화 패턴 연구」(1946c)는 제2차 세계대전 중에 진행된 연구를 계속하려는 계획을 간명하게 밝힌 글로, 이 계획은 나중에 컬럼비아 대학 현대 문화 연구로 구체화되었다. 「인류학과 인문학」(1948)은 미국 인류학협회 회장직에서 퇴임하면서 남긴 연설문으로 그녀의 학자 생활을 결산하고 있다.

그녀의 저작 중 몇몇 부분은 이 논문집에 실리지 못했다. 그녀는 현대의 논쟁적 주제들은 물론이고 인종 문제에 대해 많은 글을 쓰고 강연을 했다. 또 연구서의 서평을 많이 썼고, 그 외에 일반 저서들에 대한 서평도 『북스』(『뉴욕 헤럴드 트리뷴』의 주간 서평지), 『네이션』, 『뉴 리퍼블릭』 등의 잡지에 게재했다. 이런 서평에서 나오는 원고료는, 그녀가 대대적인 후원금을 얻기 이전 제자들의 연구비로 충당되었다. 1941년에 직접 추린 그녀의 시들은 『연구 중인 인류학자』에 실려 있는데, 그녀의 시는 모두 인류학자로서의 경력 초기에 쓴 것이다. 시들을 게재하면 여기에 실린 저술의 순서가 뒤틀려질 것 같아서 배제했다. 필요한 독자들은 『연구 중인 인류학자』를 참조하기 바란다. 그 책에는 그녀의 저작이 더 많이 포함되어 있다.

여기에 실린 논문은 모두 독자적인 내용을 담은 독립된 글이다. 앞부분의 전기를 읽은 독자는 별 어려움 없이 논문의 내용을 이해할 수 있을 것이다.

북아메리카의 문화적 통합형태*

　원시 부족을 연구하는 철학적 이유 중 하나는, 민족지학적 자료가 혼란하고 명확히 파악할 수 없는 근본적인 사회적 사실들을 밝혀주기 때문이다. 내가 볼 때, 이런 자료 중에서 가장 중요한 것은 문화적 통합형태configuration이다. 문화적 통합형태는 부족 사회 구성원의 존재를 패턴화할 뿐 아니라 그들의 정서적·인지적 반응을 조건화한다. 따라서 다른 통합형태에 수반되는 존재의 패턴과 정서적·인지적 반응은 일정한 기준으로 비교할 수 있는 것이 아니라, 각각 특정한 행동 타입을 선택하고, 그것에 대립하는 행동을 배제한다.

　나는 최근에 이런 관점에서 미국의 남서부에 존재하는 두 타입의 문화를,[1] 그러니까 푸에블로 인디언의 문화를 그 주위의 다른 다양한 문화와 비교해보았다. 나는 푸에블로 인디

---

*미국 인류학협회의 허가에 따라 『미국의 인류학자』 34 : 1~27(1932)에서 전재(축약).

언의 문화를, 니체의 용어를 빌려와 아폴로적이라고 명명했다. 그들은 엄숙과 절제를 숭상하고 과잉과 광란을 불신하는 문화를 갖고 있다. 반면 푸에블로 주위의 인디언 부족들에게는 아폴로적과 반대되는 디오니소스적 문화가 팽배해 있다. 이 문화는 오감五感을 넘어서는 존재의 질서로 도피하기 위해 과잉을 숭상했다. 이것은 고통스럽고 위험스러운 체험의 창조, 정서적·정신적 과잉, 대취大醉, 꿈, 몽환 등으로 표현되었다.

남서부의 상황은 인류학적 연구의 중요한 사례가 된다. 이런 대조적인 심리적 경향이 일단 제도화되면 어느 정도까지 문화 형성에 영향을 미치는지 연구할 기회를 제공하기 때문이다. 푸에블로 인디언은 아주 오래된 근원을 가진 독립적 문명인데, 그 주변을 둘러싸고 있는 다양한 문화 속에 섬처럼 고립되어 있다. 하지만 이런 고립화는 바다로 둘러싸인 오세아니아의 지리적 특성과는 다르다. 푸에블로 주위에는 이렇다 할 산맥이나 사막이 없고 인근 부족과의 거리도 몇 마일밖에 되지 않는다. 그러니까 푸에블로 문화는 지리적 조건과는 상관없이 이루어진 문화이다. 동부 푸에블로는 주기

---

1 Psychological Types in the Culture of the Southwest, in *Proceedings of the Twenty-third International Congress of Americanists, September 1928*(New York, 1930), pp. 572~581.

적으로 평원으로 나가 들소 사냥을 하고, 호피 족이나 주니 족은 하루 정도 걸으면 피마 족 영토의 중심지에 도달한다. 따라서 푸에블로 문화가 북아메리카 인디언과 다르고 또 인근의 부족들과도 다르다는 사실은 아주 독특한 상황이 된다. 푸에블로 문화가 거부해온 사항들, 가령 수호신, 환영幻影, 샤먼, 고문, 광란, 도취제陶醉劑의 문화적 사용, 성과 결부된 신비적 공포 관념, 사회생활에서 개인의 주도권이나 개인적 권위 등의 거부는 문화적 저항의 결과이지 주변 지리적 환경에 의한 고립의 결과가 아니다.[2]

위에서 언급한 논문에서 지적한 바와 같이, 남서부 푸에블로 문화는 중용과 억제된 행동이라는 주제를 철저하게 제도적으로 가다듬어온 문화이다. 이런 주도적 주제 덕분에 이 문화는 북아메리카 인디언의 디오니소스적 상황들을 효과적으로 배제할 수 있었다. 북아메리카 부족들은 생활의 여러 단계에서 방종과 감정 과잉을 개발해왔고, 출생, 성장, 월경, 사망, 살인 등의 위기에 위험과 권력이 동시에 도사리고 있다고 해석해왔다. 푸에블로 문화는 또한 인근 부족들의 문화적 특징, 예를 들어 고행, 약물복용의 의식화, 영감에 의한 환상, 초자연과의 개인적 접촉, 즉 샤머니즘에 의해 통상 얻

---

2 Ibid., pp. 573ff.

을 수 있는 권위 등을 모두 거부해왔다. 푸에블로 문화는 개인의 파괴적 충동을 증오한다. 그러니까 환각을 보고, 탐닉에 빠지고, 과도한 육욕에 에너지를 낭비하는 것 등 인간의 충동에 반대하면서 가능한 한 그것을 억제하고자 한다.

푸에블로는 권력에의 의지 또한 그런 파괴적 충동의 하나라고 간주한다. 고행을 배제하려고 노력해온 것처럼 권력을 행사하고 싶어하는 개인적 충동도 가능한 한 억제하려고 한다. 그들이 이상으로 여기는 인간은 가정에서나 사회에서나 권위를 사용하지 않는 사람이다. 어떤 직책을 부과하는 일은 있다. 하지만 푸에블로 문화는 이런 경우에도 개인적 권위의 요소는 아예 빼버린다. 그래서 직책은 신탁된 지위 혹은 공동체 프로그램을 계획하는 중심적 지점일 뿐, 그 이상의 권위는 갖고 있지 않다.

모든 행동에 대한 제재는 공식구조로부터 나오지 어느 개인으로부터 나오지 않는다. 개인은 머리가죽을 벗길 힘이 없거나 조직적 전쟁 집단에 들어가 그런 힘을 획득하려는 것이 아니라면 사람을 죽여서는 안 된다. 우연히 기술을 얻었다거나 초자연적인 것과 접촉하여 지식을 얻었다고 해서 치료 행위를 해서는 안 되고, 치료 조직의 고위직에 올라가야만 비로소 치료를 할 수가 있다. 우두머리 사제라고 할지라도, 제도적으로 정해진 계절이 아니면 기도봉을 꽂을 수 없다. 만약 그런 일을 하면 사술邪術을 행한 것이 된다. 이러한 사정을 설명해주는 푸에블로 이야기들도 있다. 따라서 개인은 그 사회의 제도화된 형태를 충실히 지켜야 한다. 모든 컬트 행위에 참가해야 되고, 자신의 소득 여부에 따라 주니 족이 소유한 가면의 숫자를 늘려나가야 한다. 이 가면은 외부에 제작을 주문해야 하는데 잔치를 벌인 후에 가져와야 하므로 많은 비용이 든다. 그는 정례적인 카치나(푸에블로 인디언의 수호신으로 비를 내려주는 신－옮긴이) 춤을 후원해야 한다. 춤이 겨울에 거행되면 춤꾼들에게 새로운 집을 지어 주고 그 의식 비용 중 자기 몫을 부담해야 한다. 하지만 이 모든 것을 익명성을 지키면서 해야 하는데, 이는 다른 문화에서는 찾아보기 어려운 것이다. 그는 개인적 권위를 얻기 위해 그런 일을 하지 않는다. 사회적으로 볼 때 선량한 사람은 권위를 과시함으로써 자신을 이웃보다 위에 놓는 사람이 아니다. 모든 사람을 편안하게 하고, "말을 많이 하고," 남을 괴롭히는 일을 하지 않는다. 난폭하지도 않고 자신의 감정에 사로잡혀 무리한 일을 하지도 않는다.

문화의 일차적 관심은 모든 상황에 대해 일정한 규칙과 관습을 제공하는 것이다. 그렇게 함으로써 그들의 문화가 혐오하는 난폭과 파괴를 피해가는 것이다. 다산 의식은 주니 종교의 주도적 모티프이다. 다른 문화에서 다산 의식은 과잉과 광란을 특징으로 하지만, 그들은 에로틱한 측면이 배제된 채 유추와 교감 주술을 바탕으로 하는 의식을 거행한다.[3] 이 것은 장례 의식에서도 마찬가지다. 나는 뒤에서 푸에블로의 장례 의식에 대해 좀 더 자세히 다룰 것이다.

문화의 통합형태는 어떤 선택된 인간적 특징을 중심으로 구축되고 나머지 특징은 제외하는 쪽으로 움직여 나아간다. 문화 연구에서는 이것을 이해하는 것이 아주 중요하다. 객관적으로 유사하고 유전적으로 관련되어 있는 특징들은, 그 세부사항은 변화하지 않은 채, 서로 다른 패턴 속에 수용된다. 서로 다른 문화 속에서 어떤 행위가 벌어질 때, 중요한 것은 정서적 배경이다. 이에 대한 구체적 예증으로, 현대 미국 사회의 관점에서 푸에블로 뱀춤을 상상해보면 될 것이다. 서부 푸에블로에서는 뱀에 대한 혐오증이 거의 없다. 그들은 뱀의 몸을 만져도 부르르 떨지 않는다. 뱀춤 의식을 펼치면서 깊은 반감이나 공포를 표시하지도 않는다. 인류학자들은 그들의 행동 패턴을 이해하기 위해 그들의 행위를 관찰하지만, 우리와 그들은 정서적으로 양극의 상태에 있다. 그들이 볼 때, 방울뱀의 독을 제거했으므로, 뱀춤 의식은 독수리나 고

3 H. K. Haeberlin, The Idea of Fertilization in the Culture of the Pueblo Indians, *Memoirs of the American Anthropological Association*, No. 3(1916).

양이를 상대로 추는 춤과 별반 다를 바가 없다. 그것은 전형적인 아폴로적 춤의 표현이다. 반면에 우리는 뱀에 대해 고정 관념이 있기 때문에 이런 초연한 수준으로 뱀춤을 펼친다는 것이 불가능하다. 춤의 외부적 행동을 바꾸지 않고서는 그들의 정서적 의미나 기능을 우리의 것으로 받아들일 수 없다. 그런데 우리는 민족지학적 논문에서도 이런 정서적 배경을 잘 알지 못해 당황할 때가 있다. 그 중요성이 잘 알려진 문화적 특징에서도 이런 일이 벌어지는데, 가령 시체에 대한 느낌이 그것이다. 정서적 배경을 제대로 평가하기 위해서는 현장의 관련 자료를 더 많이 확보해야 한다.

그런데 더 흔하게 만나게 되는 상황은 문화적 특징이 재가공되어 어떤 문화의 정서적 패턴화를 다르게 표현하는 경우이다. 널리 퍼진 행동을 재가공하여 문화의 다른 통합형태로 편입시키는 과정에 대해서는, 더 많은 현장 자료의 확보가 우선되어야 한다. 그리고 인류학자들 사이에서는 그런 패턴화에 대해서는 어느 정도 의견이 일치하고 있다. 하지만 기존의 아메리카 인디언 부족 관련 논문 혹은 기타 논문들만으로도 특정한 문화 통합형태를 분명하게 끄집어낼 수 있는 경우도 있다. 그러나 나의 논지를 분명하게 하기 위해 여기서는 북아메리카의 문화적 특징만을 다루면서, 서로 대조되는 문화의 주도적 드라이브에 의해 그 특징이 어떻게 형성되는지 살펴보기로 하겠다.

앞에서 잠깐 죽음 의식을 언급한 바 있다. 죽음 의식에는 두 가지 양상이 있는데, 하나는 사별 상황이고, 다른 하나는 타살 상황, 즉 어느 개인이 다른 개인을 죽인 경우이다. 이 둘을 따로따로 검토하기로 하겠다.

사별 상황은 디오니소스적 문화와 아폴로적 문화에서 저마다의 특징에 따라 다루어진다. 디오니소스적 행동은 북아메리카 지역에서 다양한 형태로 표현된다. 서부 평원 인디언 사이에서 사별 의식은 상실과 동요의 난폭한 형태로 나타난다. 자포자기하는 방종한 태도는 자해 행위로 나타나는데, 특히 여성들 사이에서 현저하다. 그들은 머리, 종아리, 손가락 등을 칼로 벤다. 중요한 사람이 죽으면 여자들이 길게 줄을 이루어 마을을 지나간다. 맨살 다리를 노출시킨 채 다리에서 피를 흘린다. 머리와 다리의 피는 딱지가 앉을 때까지 그냥 내버려둔다. 매장하기 위해 시체를 집밖으로 내갈 때는 집안에 있는 모든 물건을 밖으로 내던져서 친척이 아닌 사람들이 가져가도록 한다. 망자의 집은 해체하여 그 조각들을 다른 집에 준다. 곧 모든 것이 사라지고 과부에게는 자신의 몸을 가릴 담요 한 장만 남는다. 무덤에서 망자가 좋아하던 말들을 죽이고, 남자 여자 할 것 없이 망자를 위해 통곡한다. 아내 혹은 딸은 무덤 옆에 24시간 머물면서 통곡을 하고 음식을 거부한다. 24시간이 지나면 친척들이 그녀를 무덤에서 끌고 간다. 망자가 죽은 지 20년이 지났는데도 아내와 딸은 무덤 옆을 지나다가 통곡을 한다.[4]

특히 어린아이가 죽었을 때 슬픔의 표현은 거의 광란에 가깝다. 부모의 어느 한쪽이 자살을 하기도 한다. 데니그에 의하면 어시니보인 족에게서 이런 행동이 관찰되었다.

어떤 사람이 이런 시기에 그 부모에게 시비를 걸었다면 누군가 죽는 사태가 벌어진다. 그 사람은 깊은 슬픔을 느끼기 때문에 복수할 대상을 찾아 나선다. 일부러 싸움을 걸어 죽이거나 혹은 죽는다. 그는 너무 슬프기 때문에 어느 쪽으로 결론이 나도 개의치 않는다.[5]

평원 인디언의 사별 상황을 묘사하는 이런 문장들은 많이 있다. 그들은 난폭하고 과도한 슬픔을 표현하는 사회적 패턴을 갖고 있다. 물론 이것은 죽음 의식에 참여하는 모든 사람이 그런 슬픔을 느끼는가와는 아무 상관이 없다. 여기서 요

---

[4] George Bird Grinnell, *The Cheyenne Indians*, 2 vols(New Haven: Yale University Press, 1923), 2:162

[5] Edwin T. Denig, The Assiniboine, *Forty-Sixth Annual Report of the Bureau of American Ethnology*(Washington, 1930), p.573.

점은 이 지역에서 이런 위기 때에 제도화된 행동은 자유로운 정서적 방출이라는 패턴을 갖고 있다는 점이다.

반면에 이슬레타 푸에블로처럼 전형적인 아폴로적 문화를 가진 집단에서는 평원 인디언식의 거상居喪은 생각조차 할 수 없다. 이슬레타는 다른 아폴로적 사회와 마찬가지로 모든 폭력과 공격성을 배제하는 규칙을 마련해놓고 있다. 이 사회에서 강력한 감정은 혐오스러운 것으로 여겨지며, 인생의 최고 비극이라고 할 수 있는 죽음의 상황에서도 최소한의 동요로 그 상황을 이겨내는 데 역점을 둔다. 이슬레타에서는 블랙 콤 마더Black Com Mother라고 알려진 사제 겸 푸에블로 4대 "콤" 그룹의 하나를 맡고 있는 사람이 죽음의 의식을 집전한다. 누가 죽으면 이 사람을 즉시 불러서 시체를 수습하게 한다. 이 사람은 시체의 머리를 빗겨주고, 몸을 씻어주고, 사자의 사회적 신분을 알려주는 페인팅을 얼굴에 그린다. 이렇게 한 후 사자의 친척을 부르는데 그들은 각자 사자를 위해 초를 가지고 온다. 이어 콤 마더가 기도를 올리고 다시 친척들을 돌려보낸다. 친척들이 가버린 후 그와 그의 조수들은 왼손으로―죽은 사람에 대한 예의―사자에게 음식을 떠먹이는 의식을 거행하고 방안에 제단을 마련한다. 이렇게 사자를 돌보는 의식을 거행하는 동안 친척들은 딱 한 번만 방안으로 들어올 수 있다. 사제가 사자의 머리카락을 빗겨서 떨어진 머리카락 등을 한 움큼 움켜쥐었을 때이다. 유족은 이것을 코로 흡입하고 그런 다음에는 죽은 사람에 대한 슬픔을 끝낸다. 시체의 매장은 그 다음날 거행한다. 하지만 사자의 가족이나 친척은 의식상 나흘 동안 터부시되므로 사자의 집에 머무르면서 사제로부터 씻김 의식을 받아야 한다. 다른 지역의 매장 절차와 비슷한 것은 사망 나흘째 되는 날 사자를 위한 음식을 매장하는 의식이다. 그들은 마을 바깥에 나가서 이 의식을 벌이는데, 의식이 끝난 후에는 물이 담긴 항아리와 시체를 수습했던 머리빗을 깨어버린다. 그리고 돌아오는 길에 돌칼로 그 길의 방향을 표시해둔다. 그들은 멀리 떨어진 곳에 지켜 서서 죽은 사람이 사자의 음식을 매장해둔 곳으로 돌아오는 소리를 듣는다. 집에는 그들의 귀환을 기다리는 사람으로 가득 차 있다. 블랙 콤 마더는 그들에게 설교를 하면서, 이것이 죽은 사람의 귀환을 두려워하는 마지막 순간이 되어야 한다고 말한다. 살아 있는 사람의 나흘은 죽은 사람에게는 네 해에 해당하므로, 그를 잊어버리기에 충분한 시간이라고 말한다. 이제 친척들은 각자의 집으로 돌아가고 사자의 집에 사는 사람들만 앞으로 여드레 동안 통상적인 터부를 지키게 되는데 그것이 끝나면 모든 장례 절차는 종료된다. 그러면 블랙 콤 마더는 추장을 찾아가 그에게서 위임받은 권한을 다시 돌려주고, 향후 죽는 사람이 생기면 다시 그 권한을 위임받는다. 하지만 콤 마더는 그 권한을 행사하라는 강요를 받지 않을 때에만 그것을 제대로 행사할 수 있다. 이것은 전형적인 아폴로적 방식이고 남서부에서 아주 흔하다.[6]

여기에는 슬픔의 과잉 반응이라는 제도가 전혀 없다. 손가락, 머리카락, 신체를 칼로 베는 일도 없고 재산을 파괴하는 일도 없고 그것을 나누어주는 일도 없다. 유족들도 오랜 기간 슬픔을 표시하도록 요구되는 것이 아니라, 빨리 잊어버리는 쪽으로 강조점이 주어져 있다. 이 둘은 다른 두 문화의 대조적 행동 유형이다.

이렇게 전혀 다른 두 문화(남서부 푸에블로 문화와 평원 문화)를 또 다른 문화와 비교하여 유사점이 있다고 말하는 것은 좀 기이하게 보인다. 하지만 거기에는 일리가 있다. 또 다른 맥락에서 볼 때 남서부와 평원은 오염과 두려움이라는 개념을 전혀 감안하지 않는다는 점에서 공통된다. 물론 이렇게 말한다고 해서 이 두 지역에서 오염에 대한 공포와 사자의 위험한 힘에 대한 두려움이 전혀 감지되지 않는다는 뜻은 아니다. 그런 반응은 거의 모든 문화에서 포착되는 인간적 태도이고, 그것에서 완전히 자유로운 문화는 없기 때문이다. 하지만 이 두 문화는 그런 감정을 적극 활용하지는 않는다.

---

6 Esther Schiff Goldfrank, Isleta ms.

푸에블로가 아닌 남서부 문화를 제외하고, 이 두 문화는 위험 상황danger-situation을 낭만적으로 확대하는 것이 아니라 보다 현실적으로 상실 상황loss-situation에 집중하는 것이다. 이슬레타에서 죽음을 집전하는 그룹의 우두머리는 정화 의식을 치를 필요가 없다. 죽음의 의식이 끝나면 사자와 접촉하는 데 따르는 저주가 그에게서 자연히 벗겨진다. 그가 제의를 벗어버리는 순간, 의식 집행자의 특권도 사라진다. 그는 그 직무의 수행에 의해 오염되지 않는다. 유족들이 냄새를 맡는 사자의 머리카락 한 움큼도 사자의 복수를 물리치기 위한 것이라기보다 사자를 빨리 잊어버리기 위한 것이다.[7]

그들이 사자의 다리뼈가 아니라 머리빗을 깨트리는 것은 사자의 생이 끝났다는 것을 상징하는 것이지, 사자의 질투나 보복에 대한 예방조치는 아니다. 반면 평원 인디언은[8] 사자의 질투를 미리 예방하기 위해 재산을 남들에게 나누어주거나 신체에 상처를 내면서 슬퍼한다. 그러나 이슬레타의 경우 슬픔을 못 이겨 혼자 평원에 나가 방황하거나 남에게 시비를 걸어 "죽거나 죽이거나" 하는 막무가내의 상황으로 내몰리지 않는다. 그들은 티피(북미 인디언의 원뿔형 천막집-옮긴이)를 파괴하거나 사자의 말을 죽이지도 않는다. 그들은 시체가

7 그러나 주니 족의 경우, 머리가죽 춤은 혼자 남겨진 과부 혹은 홀아비와 관련이 있다.
8 이 글에서 나는 남부 수 족의 경우는 제외했다.

있었던 집의 오염 상태를 우려하거나 사자의 유령이 되돌아와 사자의 말을 타는 사람을 괴롭힌다는 생각을 하지 않기 때문이다.

오히려 그들의 생각은 한시바삐 사자를 잊어버리자는 것이다. 그들은 위험 상황을 패턴화하는 주제를 활용하지 않는다. 사자를 죽게 만든 초자연적 권한을 가진 사람을 두려워하거나 증오하지도 않는다.

하지만 이 주제는 푸에블로가 아닌 인근 인디언 집단들의 장례 의식에서 핵심 개념이다. 그러니까 죽음의 의식이 아까운 사람을 잃었다는 상실 상황으로 인식되는 것이 아니라 사자의 오염이라는 상황에 집중되는 것이다. 나바호 족은 결코 극단적 사례가 아니다. 프란체스코파 신부들이 들려준 이야기에 의하면, 과거에는 노예들을 준비하여 시체를 운반하게 하고 매장한 다음 그 노예들을 죽였다.[9] 이제는 사자의 가족들이 이런 오염의 절차에 자신들을 노출시켜야 한다. 그 임무를 수행하기 위해 남자와 여자들은 허리에 두르는 천만 입고 웃통은 맨살을 노출시켰다. 머리끈은 사용하지 않은 채 머리카락을 길게 나부끼도록 내버려두었다. 나바호 족의 경

---

9 *An Ethnologic Dictionary of the Navajo Language*(St. Michael's Arizona, 1910), p. 454.

우 이런 행동은 생각조차 할 수 없는 것이다. 가까운 친척이라 어쩔 수 없는 사람만이 시체를 따라갔다. 필수 인원은 4명이었는데, 1명은 무덤에서 죽일 말을 끌고 가는 사람, 2명은 시체를 운반하는 사람, 나머지 1명은 길을 가면서 여행자들에게 부정 타지 않으려면 길을 비키라고 말하는 사람이었다. 상중인 사람들은 부정을 타지 않기 위해 철저하게 침묵을 지켰다. 한편 사자의 호건(북미 나바호 인디언의 집–옮긴이)은 불태워버렸다. 사자의 가족들은 나흘 동안 단식을 했고, 이 동안 보초를 세워서 호건과 무덤 사이의 길에 사람이 다니지 못하게 했다. 그 길을 다니는 사람이 위험을 가져올까봐 두려워했던 것이다.[10]

나바호 족은 이처럼 시체로부터 오는 오염을 두려워했을 뿐만 아니라 귀신의 귀환도 두려워했다. 어떤 여자가 단식에 실패하거나 침묵을 깨트리면, 사자에게 돌아오는 길을 알려주는 것이 되고, 귀신이 돌아와 그 여자를 해친다. 살아 있는 자들이 죽은 자에 대해 이처럼 불편함을 느끼는 것은 보편적 현상이지만 서로 다른 문화에서 다른 형태를 취한다.

귀신의 복수나 악의는 미국 남부나 세계 다른 지역에서는

---

[10] Gladys A. Reichard, *Social Life of the Navajo Indians*(New York: Columbia University Press, 1928), p. 142.

아주 널리 퍼져 있는 반면, 북아메리카에서는 그렇지 않다. 크롤리에 의하면 사자에 대한 공포는 죽음의 의식에서 필수적 요소인데, 북아메리카에서는 놀랍게도 별로 중시되지 않는다. 사자의 보복을 두려하는 대표적 사례는 폭스 족이다. 중부 알공킨 족은 사자가 사후의 길을 갈 때 잔인한 상대를 만나게 된다고 철저하게 믿었다. 그래서 그 상대와 대적하라는 뜻에서 사자의 무덤에 무기를 넣어주는 것이 필수적 절차였다. 위네바고 족도 사자의 무덤에 전쟁용 도끼를 집어넣었다.[11] 사자는 그 도끼로 길에서 만나는 짐승을 죽일 수가 있고, 이승에 남은 친척들도 그 때문에 사자의 축복을 받는다고 생각했다. 존스는 또한 폭스 족의 이런 관습도 기록했다. 죽어가는 사람들이 사후에 '두개골 파괴자'와 맞서 싸우기 위해 그들의 무덤에 전쟁용 도끼를 넣어달라고 부탁했다는 것이다. 하지만 살아 있는 사람들은 그 부탁을 들어주지 않으려 했다. 그들은 사자를 두려워했으므로 무기를 넣어주지 않는 것이 바람직하다고 보았다. 그래서 사자는 두개골에서 한 움큼의 뇌를 꺼내가는 '두개골 파괴자' 앞에 속수무책이었다.[12]

---

11 Paul Radin, Winnebago Tales, *Journal of American Folk-Lore* 22: 312(1909).

12 William Jones, Mortuary Observances and the Adoption Rites of the Algonkin Foxes of Iowa, in *Quinzième Congrès International des Américanistes*(Quebec, 1906), pp. 263~278.

한편 모하비 족은 초자연적 방식으로 죽음을 가져온 주술의呪術醫, medicine-man를 매우 두려워하고 또 비난했다. 사람이 죽으면 사자의 나라를 방문할 견자見者가 고용되었다. 만약 사자가 그 나라에 들어가 있지 않으면 생전에 사자를 돌봐온 주술의가 일을 제대로 하지 않은 것이다. 1880년대에 한 모하비 인디언은 말했다. "주술의가 이런 식으로 사람을 죽이는 본성은 매가 살기 위해 새들을 죽이는 본성과 마찬가지다." 부유한 사람은 사후에도 부유한 사람으로 남는다. 그리고 주술의가 죽인 사람들은 사후에도 그의 지시를 받는다. 주술의는 사후에 더 많은 부하를 거느리기를 바란다. "나는 겨우 두 명을 죽였을 뿐이야. 나는 죽으면 그보다 더 많은 부하를 거느리고 싶어."[13] 부족의 사람들이 주술의를 비난하면 누구라도 임의로 그를 죽일 수 있었다.

주술의는 공공연하게 자신의 연루를 공언했다. 그는 어떤 남자에게 막대기를 건네주며 "내가 너의 아버지를 죽였다"고 말한다. 혹은 아픈 사람을 찾아와서 이렇게 말한다. "너를 죽이는 게 나라는 걸 몰라? 네가 나를 죽이려 하기 전에

---

[13] John J. Bourke, Notes on the Cosmology and Theogony of the Mojave Indians of the Rio Grande, Arizona, *Journal of American Folk-Lore* 2: 175(1889).

[14] A. L. Kroeber, Handbook of the Indians of California, *Bureau of American Ethnology Bulletin* No.78(Washington, 1925), p. 778.

내 손으로 너를 붙잡아 보내버려야 할까?"[14] 중요한 것은 이 것이 초자연적 살인이라는 것이다. 주술의가 독이나 칼을 사용했다는 암시는 그 어디에서도 찾아볼 수 없다. 이것은 공개적으로 선언된 비난 상황 혹은 공포 상황으로서, 북아메리카보다는 아프리카에서 더 흔하게 찾아볼 수 있는 현상이다.

이런 모하비의 태도는 푸에블로의 요술 논리와 대비해볼 만하다. 주니 족의 경우, 사별 상황 때문에 사술 상황이나 사술에 의탁한 보복 상황이 가려지지는 않는다. 사자를 가능한 한 빨리 잊어버리자는 것이 주안점이기는 해도 사별은 사별대로 처리된다. 푸에블로 내에 언제나 존재하는 요술사에 대한 깊은 불안감에도 불구하고, 실제 죽음이 발생했을 때, 그 연루 가능성은 별로 신경 쓰지 않는다. 죽음이 공공의 위협이 되는 전염병의 경우, 요술 논리가 작용한다. 이것은 공동체가 모두 겪는 집단 불안 노이로제일 뿐, 샤먼의 초자연적 힘에 의존하면서 그 힘에 애매모호한 태도를 내보이는 모하비 족의 디오니소스적 상황은 아니다. 주니 족 중에 실제로 사용하기 위한 요술 기법을 가진 사람은 없다고 나는 생각한다. 죽은 사람 혹은 죽어가는 사람을 두고서 살아 있는 누군가를 비난하는 경우는 없다. 주술의가 죽음을 가져온다거나 초자연적 힘의 디오니스소적 이중 양상을 갖고 있다고 생각하지 않는다. 죽음은 샤먼―희생자를 파먹고 사는 새로 간주됨—과 그 희생자 사이의 대결로 드라마화되지 않는다. 푸에블로 내에 죽음과 관련하여 여러 아이디어—이것들의 세부 사항이 아주 유럽적이라는 것은 흥미로운 일이다—가 있음에도 불구하고, 이것이 죽음의 디오니소스적 해석으로 연결되지 않는다.

서로 다른 문화에서 죽음의 위험 상황과 관련된 다른 주제들이 있다. 여기서 논의의 요점은 디오니소스적 감정 과잉이 가까운 사람의 죽음이라는 현실적 슬픔을 중심으로, 아니면 오염, 죄책감, 사자의 복수 등 다양한 관념을 중심으로, 제도화될 수도 있다는 것이다. 인생의 여러 상황에서 이런 위험 관념을 많이 쓰는 문화와 그렇지 않은 문화는 아폴로—디오니소스의 구분만큼이나 현저한 대조를 보인다.

위험 상황에 관한 원시적 자료들을 집대성한 것으로는 크롤리의 여러 저작이 있다. 그는 이 주제를 평생 동안 연구했고 이것을 인간 사회의 보편적 구동력이라고 해석했다. 그것은 확실히 제도적 행동 속에서 보편적으로 표현되는 구동력이다. 비록 널리 전파되어 있기는 하지만, 그것은 개개 문화에 적합한 통합형태를 이루고 있고, 대조적 통합형태는 대조적 행동을 발전시키는 것이다.

인간들 사이의 접촉, 인생의 여러 위기, 다양한 행동들이 현실적으로 간주되는 문화, 위에서 언급한 공포 및 오염 관념으로 인해 변신이 일어나지 않는 문화, 이런 문화를 나는 현실적 문화라고 부르겠다. 이와 반대되는 문화는 비현실적 문화라고 명명하겠다. 이것은 물론 그리 훌륭한 용어는 아니다. 제임스가 사용한 강인한 정신의 문화와 허약한 정신의 문화라는 용어도 내가 지금 구분하고자 하는 문화를 나름대로 구분해주고 있으나, 그는 건강한 정신과 병든 영혼이라는 개념을 그 용어 속에 담고 있기 때문에 그런 뉘앙스를 피하기 위해 이 용어들을 도입하게 되었다.

그러니까 한쪽에는 죽음을 상실로, 청소년기를 개인의 성장 시기로, 짝짓기를 섹스의 선택으로, 살인을 싸움에서의 성공으로 해석하는 현실적인 문화가 있다. 반면에 모든 식물이 다른 어떤 것의 변신이라고 생각하면서 알라딘의 동굴 속에서 사는 문화가 있다. 이 두 문화는 천지 차이이다. 원시부족의 생활에도 이런 직접적이고 현실적인 문화가 있었음에도 불구하고, 그것을 문화적으로 해석해주지 않는다는 것이 인류학의 놀라운 사항 중 하나이다.

그러나 이런 현실적 제도는 아주 완벽하게 시행되지는 못했다. 역사상 인간의 문화는 비현실적 개념에 바탕을 두어왔다. 그 중에서도 애니미즘(무생물에도 영혼이 있다고 믿는 세계관─옮긴이)과 근친상간은 모든 인류학자들이 당면하고 있는 문제이다. 귀신에 대한 두려움─보다 구체적으로 귀신의 적개심이나 복수를 두려워하는 것이 아니라 분노를 두려워하는 것—또한 그런 비현실적 개념 중 하나이다. 이런 개념들은 태초부터 인류의 행동을 결정짓는 조건이었고, 그 시원始原을 파악하거나 그런 것을 발생시킨 태도를 파악하는 것이 불가능하다. 논의를 계속하기 위해서는 마치 우리의 손가락이 다섯 개인 것을 받아들이는 것처럼 이것을 받아들일 수밖에 없다. 현실적이라는 평원 인디언도 이것을 다른 부족에 비해 더 현실적으로 사용했을 뿐 아예 버리지는 못했다.

우리가 논의의 대상으로 삼은 지역에서는, 디오니소스적 문화에 이런 현실적–비현실적 대비가 가로지르고 있다. 평원 인디언은 감정의 과잉과 방종을 제도화했지만 동시에 위험 상황을 확대 해석하지는 않았다. 이에 비해 비非푸에블로 남서부, 쇼쇼니 족, 북서해안 인디언 등은 이런 위험 상황을 극단적으로 확대 해석했다. 같은 현실적 문화라고 해도 그것이 평원으로 가면 디오니소스적이 되고, 푸에블로로 가면 아폴로적이 되었다. 이 두 개의 카테고리는 다른 수위에서 작동하면서 서로 교차했다. 하지만 아폴로적 문화가 위험 관념을 기반으로 하여 문화를 유지하는 경우는 상상하기 어렵다. 이런 문화 유형은 우리가 논의 중인 지역에서는 발생하지 않았다.

서부 평원 지역에서 이런 현실적 통합형태가 일관되게 벌어졌다고 보기는 어렵다. 우선 그들의 제도적 행동이 아폴로적인 푸에블로와 어떻게 차이 나는지 살펴보고, 이어 푸에블로 주변의 낭만적 부족들과의 차이도 살펴보기로 하자. 서부의 부족인 쇼쇼니 족과 관련해서, 내가 지적하고자 하는 행동의 차이는 이미 로위에 의해 지적되었다.[15] 그는 월경 터부의 변화와 관련 습속의 인멸에 주목했다.[16] 출산과 월경은 공포와 신비를 부드럽게 확대 해석하는 출발점이었다. 푸에블로와 마찬가지로 평원 인디언은 이러한 문화적 특징을 갖고 있지 않다. 로위는 평원 인디언이 푸에블로와 마찬가지로 서부 인디언 그룹과는 아주 대조적 특징을 보인다고 지적했다. 그들은 남편이 아내의 해산에 비현실적으로 참여하는 행동을 완전히 무시했다. 하지만 쇼쇼니 족, 고원 인디언, 캘리포니아 인디언에게 약화된 형태의 의만擬娩(아내의 출산 때 남편이 함께 진통과 분만의 시늉을 하는 풍속-옮긴이)은 하나의 규칙이었다. 그러나 이것은 평원 인디언의 특징은 아니다.

이런 거부의 태도는 이름과 관련해서도 분명하게 드러난다.[17] 평원 인디언에게 이름은 신비한 것도 아니고 인성의 한

---

15 Robert H. Lowie, The Cultural Connection of California and Plateau Shoshonean Tribes, *California University Publications in American Archaeology and Ethnology* 20: 145~156(1923).

16 Ibid., p. 145.

17 Ibid., p. 149.

부분도 아니다. 그것은 서구 문화에서처럼 그냥 사람을 부르는 현실적 명칭일 뿐이다. 상대방에게 그의 이름을 물어보는 것은 중대한 모욕이 아니다. 누군가 죽었을 때 그의 이름을 계승하는 것이 생사의 문제가 되지도 않는다. 카로크 족[18]에게 남의 이름을 사용한다는 것은 살아 있는 그 사람을 죽인 행위처럼 중대한 문제가 된다. 하지만 이런 허구는 평원 인디언에게 통용되지 않는다.

따라서 우리가 서부와 남부(나바호와 피마)와 대비하면서 살펴본 평원 인디언의 장례 의식은 그들 고유의 문화적 특징이라고 볼 수 있다. 한 가지 놀라운 사항으로서 로위는 이런 지적을 하고 있다. 서부 평원 인디언 사이에서 주술의에 대한 복수는 비전형적인 것이지만, 쇼쇼니 족과 중부 캘리포니아 인디언 사이에서는 널리 보고되어 있다. 나는 이런 차이점에 좀 더 주목해야 한다고 생각한다. 북아메리카 이외의 지역, 그러니까 영국령 콜롬비아와 피마에 이르기까지 주술 행위가 널리 보고되어 있고, 주술사에 대한 복수로 샤먼을 죽이는 행위가 잘 알려져 있다. 그러나 평원 인디언은 이런 패턴을 따르지 않는다. 그들은 전사로서의 무공을 높이기 위

---

18 Stephen Powers, Tribes of California, *Contributions to North American Ethnology* 3: 33(1877).

해 초자연적 힘을 사용할 뿐, 위협을 배가하기 위해 사용하지는 않는다. 주술은 노이로제적 공포 세계의 제도화이고, 그것은 블랙풋 족에서 샤이엔 족에 이르기까지 평원 인디언에게서는 발견되지 않는다.

다른 문화적 통합형태에서의 장례 의식 사례들을 살펴보기 전에, 우리가 지금껏 살펴온 문화의 패턴을 다른 상황, 그러니까 사별이 아니라 누군가가 사람을 죽였을 때의 상황에서 살펴보기로 하자. 이것은 우리가 지금껏 논의해온 태도들을 한껏 부각시킬 것이다.

샤이엔 족의 머리가죽 춤은 평원 통합형태의 특징적 사항이다. 여기에는 엄청난 디오니소스적 환희가 표현되지만, 시체에 대한 두려움 혹은 오염 공포와는 전혀 무관하다. 이것은 전혀 구속을 받지 않는 승리의 의식, 방금 처치해버린 적에 대한 자신감을 표현한다. 적의 머리가죽을 벗겨온 전사에게 저주가 내려졌다는 암시는 전혀 없다. 머리가죽이 강력한 초자연적 힘을 가지고 있다는 개념도 없다. 이 춤은 기쁨의 표현이고 승리에 대한 축하이며, 눈물로 올린 기도에 대한 답변이다.

전투에 나서기 전에 모든 것이 엄숙하고 신앙적이고 심지어 슬프기까지 하다. 이렇게 해야 초자연적인 힘으로부터 동정을 얻는다고 생각했다.[19] 머리가죽을 가지고 돌아오면 상황은 일변한다. 인디언이 주로 공격하는 시간인 동틀 무렵에 느닷없이 자신들의 진영에서 파티를 벌인다. 그들은 승리에 도취하여 얼굴에 검댕을 바른다.

⋯⋯그들은 총을 쏘고 탈취해온 머리가죽을 매단 기다란 막대기를 휘두른다. 그들은 흥분 상태이고 고함과 비명으로 전사들을 환영한다. 모두가 기뻐한다. 여자들은 승리의 노래를 부른다⋯⋯ 쿠coup(적진의 말 훔쳐오기, 말에서 떨어진 적 발로 밟기, 머리가죽 벗기기, 부상당한 부족민 구해오기, 말 쏘아서 쓰러트리기 등의 무공-옮긴이)를 달성한 전사들이 맨 앞줄을 차지한다⋯⋯ 일부는 성공을 거둔 전사들에게 달려가 그들의 어깨에 팔을 두른다. 늙은 남자와 여자들은 노래를 부르면서 전사들의 이름을 부른다. 맨 앞에 있는 말 탄 전사들의 친척은 친지나 가난한 사람들에게 선물을 함으로써 그들의 기쁨을 표시한다. 군중은 용감한 전사의 집 혹은 그의 아버지의 집으로 가서 그의 영예를 기리며 춤을 춘다. 그들은 밤새 춤을 출 기세다. 어쩌면 이틀 낮, 이틀 밤을 춤출 기세인 듯하다.[20]

그리넬은 전사들의 귀환에 사제의 의식 집행 같은 것은

19 Ibid., p. 22.
20 Grinnell, *Cheyenne Indians* 2: 6~22.

없었다고 지적했다. 머리가죽은 승리의 상징이고 축하해야 할 대상이었다. 만약 싸움에 나간 전사 몇몇이 살해되었다면 머리가죽을 내팽개치고 머리가죽 춤은 거행되지 않았다. 만약 싸우다가 죽은 전사가 죽기 직전에 쿠를 달성했다면 그것은 슬퍼할 일이 아니었다. 그의 영예가 너무 크기 때문에, 그 경우 머리가죽에 대한 승리 축하가 벌어졌다.

모든 사람이 머리가죽 춤에 참여했다. 이런 대규모 사회적 행사 진행은 버다치berdache(북아메리카 인디언 부족에서 여성 역할을 하는 남성 – 옮긴이)가 주관했다. 그들은 부락에서 중매쟁이이면서 "좋은 친구"인데, 상당한 역할을 하는 여자 친척의 대행자이기도 했다. 늙은 남자와 여자는 광대로 참여했다. 샤이엔 족은 죽은 자에 대한 공포나 위험을 전혀 느끼지 않는다는 것을 강조했다. 그리넬에 의하면, 일부 주민은 머리가죽을 제공한 살해된 전사의 모습으로 분장하기도 했다.[21]

이러한 평원의 태도는 아메리카 대륙의 다른 지역에서는 생각조차 할 수 없는 것이다. 미국 남부 지역의 나체즈 족과 모하비 족에 이르기까지 — 여기서 푸에블로는 잠시 제외하기로 하자 — 정반대의 태도가 표준이다. 이들 지역에서 머리가죽 춤의 핵심은 머리가죽이 갖고 있는 초자연적인 위험한

21 Ibid., pp. 39~44.

힘을 제거하여, 그 머리가죽을 가져온 전사에게 내려질 저주를 회피하자는 것이다. 그것은 어둡고 신비한 힘에 굴복하는 유약한 공포심의 표현이다.

오래 전 정부가 아파치를 상대로 전투를 벌일 때 피마 족의 지나친 정화 의식 때문에 그들을 우군에서 배제할 뻔한 적이 있었다. 그들의 충성심과 용감함은 의심할 나위가 없었지만 적을 죽인 후에 피마의 전사는 20일 동안 물러나서 정화 의식을 치러야 했다. 전사는 의식을 집행해줄 의식의 아버지를 선정한다. 이 아버지 또한 전에 사람을 죽여서 정화 의식을 치른 자이다. 의식의 아버지는 전사를 숲속의 작은 구덩이에다 집어넣고 16일간 단식하도록 지시한다. 나흘이 지나갈 때마다 날씨가 어떻든 강에 뛰어든다. 이때마다 단식의 규칙에 약간의 변경이 가해졌다. 파파고 족의 경우, 의식의 아버지는 기다란 막대기 끝에 음식을 매달아 전사에게 먹였다.[22] 그의 아내 또한 집에서 이와 유사한 터부를 지켜야 했다. 머리가죽 춤은 16일째 되는 날에 거행되었다. 전사는 춤추는 원의 한가운데에 파놓은 자그마한 구덩이에 들어간다. 그 구멍은 너무 비좁아서 아주 불편한 자세로 앉아 있게

---

[22] D. D. Gaillard, The Papago of Arizona and Sonora, *American Anthropologist* 7: 293~296(1894).

된다. 그러면 전사의 자격을 가진 "용감한 자들"이 그를 위해 춤을 추었다. 파파고 의식의 끝은 손과 발이 묶인 전사를 강물에 던져 넣는 것이다. 그 후에 전사는 신체적으로나 정신적으로나 구속에서 완전히 풀린 사람이 된다. 의식의 "아버지"는 그 전사가 죽인 사람의 머리카락 한 줌을 사슴가죽 가방에 넣는다. 그 가방에는 부엉이 깃털과 매의 깃털이 동시에 들어 있는데, 전자는 죽은 자를 눈멀게 하려는 것이고 후자는 죽이려는 것이다. 이제 의식에 의해 이 주술약은 의식의 아버지가 마음대로 부릴 수 있는 물건이 된다. 의식의 아버지는 그것을 가슴에 끌어안으며 "내 아이"라고 부르고, 이후 비를 부를 때 사용한다.[23] 이 의식은 위험한 힘의 이빨을 뽑아버리고 살해자를 저주로부터 해방시키자는 것이며, 나아가 그 힘을 이로운 일에 활용하려는 목적을 갖고 있다.

모하비 족의 의식에 대해서는 세부사항이 좀 덜 알려져 있다. 나흘에 걸친 의식 동안 의식 집행자 혼자서만 머리가죽을 만질 수 있고, 그는 매일 하루에 여덟 번 몸에 향을 뿌린다.[24]

앞에서 남서부의 문화를 언급할 때 지적했듯이, 주니 족의

23 Frank Russell, The Pima Indians, *Twenty-sixth Annual Report of the Bureau of American Ethnology*(Washington, 1908), p. 204; J. William Lloyd, *Aw-aw-Tam Indian Nights*(Westfield, N. J., 1911), p. 90; and Ruth Benedict, MS.
24 Kroeber, Handbook, p. 572.

문화적 특징 중 이 머리가죽 춤만은 커다란 수정 없이 외부의 제도를 그대로 받아들인 듯하다. 이 춤은 북아메리카 중부 지역에 널리 퍼져 있는 특징이기 때문에 외부 제도의 수용은 푸에블로의 문화적 태도라는 관점에서 볼 때 매우 비전형적 요소이다. 라구나 족[25]과 주니 족 의식에는 머리가죽을 씹는 행위도 있다고 보고되었다. 머리가죽으로부터 부정을 탈지 모른다는 강한 혐오감이 있음에도 불구하고 이런 행위를 했다. 주니 족의 경우, 이런 행위를 떠맡은 여자는 저주가 전혀 없다고 보았다. 왜냐하면 그녀는 "짐승처럼 행동하는" 수준으로까지 올라갔기 때문이다. 이것은 주니 문화에서 황홀의 상태를 인정하는 유일한 경우이다. 또한 전파된 문화적 특징을 보여주는 사례로서 주니 족은 그 주도적 태도에 일치하는 대폭적 수정을 가하지 않고 이 특징을 받아들였다.

이러한 사실을 인정하면서도 우리는 이 춤이 주니 족의 손에서 어느 방향으로 어떻게 수정되었는지 살펴볼 수 있을 것이다. 먼저 주니 족은 저주로부터의 해방이라는 주제를 재해석했다. 그리하여 주니의 머리가죽 춤은 피마나 파파고의 경우처럼 신성한 것에 대한 양가적 태도—한편으로는 시체

---

25 Franz Boas, Keresan Texts, *Publications of the American Ethnological Society* 8: 290(1928).

로부터의 오염, 다른 한편으로는 시체의 신비한 힘—를 드라마화한 것이 아니라, 어떤 사회의 구성원 자격을 얻기 위한 의식으로 보았다. 주니의 머리가죽 춤은 보우사제단bow priesthood이라는 단속 단체에 입문하기 위한 과정이었고, 이 공식 단체가 여러 상황을 적절히 처리하는 패턴의 일환으로 수용되었다. 이 정교한 조직은 사회 내에서 특별한 책무와 기능을 수행했다. 살해자에게 찾아올지 모르는 저주를 제거한다는 당초의 기능은 일련의 사회적 기능 수행이라는 패턴으로 흡수되었다.

마찬가지로 머리가죽 씻기는, 보다 디오니소스적인 문화에서는 신선한 핏방울을 혀로 핥아 행하지만, 주니 족에서는 그것이 입양 의식이 되어 있다. 그리고 씨족집단의 지위를 얻기 위해 아버지의 누이가 깨끗한 물 속에서 머리가죽의 세례식을 거행한다. 이것은 입양과 결혼뿐만이 아니라, 우리가 살펴본 바와 같이 머리가죽 의식에서도 수행된다. 주니 족이 이런 행위를 하는 근본적 이유는 새롭고 이로운 영향력을 부족의 지위 속으로 받아들이기 위한 것이다. 푸에블로 문화의 통합형태가 보다 난폭한 행동의 이빨을 뽑아버린다는 구체적 사례이다.

이러한 태도는 머리가죽 춤 기도문에서 분명하게 드러난다.

우리의 적이

비록 쓰레기 더미 위에서도

살아남아 원숙해지기를

콤 사제의 강우 기도의 위력에 의해

(그는 가치 있는 인물이 된다.)

비록 우리의 적이

살아 있을 때에는

거짓을 일삼는 인물이었으나

이제는 미리 말해주는 자가 되었다.

세상이 어떻게 될지,

우리의 세월이 어떻게 될지⋯⋯

그는 가치 없는 자였으나,

그는 물의 존재,

그는 씨앗의 존재,

적의 물을 바라는 자,

그의 씨앗을 바라는 자,

그의 부를 바라는 자,

너는 열렬히 그의 날을 기다리리라(머리가죽 춤).

너의 맑은 물로

네가 적(머리가죽)을 씻겼을 때,

콤 사제의 물 가득한 장소에

그가 세워졌을 때,

모든 콤 사제의 아이들은

아버지들의 노래를 이어 부르며

그를 위해 춤을 추리라.

그의 모든 날들이 지나갈 때마다,

좋은 날,

아름다운 날,

커다란 함성으로 들어찬 날,

커다란 웃음이 피어나는,

좋은 날이 오리라,

우리에게, 우리의 아이들에게.

너는 지나가리라.[26]

이러한 시행에 표현된 것은 두려움이나 공포가 아니다. 오
히려 적의 평범한 죽음에 현실적 관심이 맞추어져 있고, 강
우와 곡식을 가져다주는 수단으로서 적의 현재의 선행과 대
비시키고 있다.

우리가 살펴본 북아메리카의 3개 문화 통합형태에서 사별

26 Ruth Bunzel, Zuni Ritual Poetry, *Forty-seventh Annual Report of the Bureau of American Ethnology*(Washington, 1932), pp. 611~835.

상황과 타살 상황은 아주 강력한 대비 양상을 보여주고 있다. 나는 여기에 북아메리카의 다른 강력한 통합형태를 임의로 추가해보겠다. 북서해안 인디언은 개인적 출세를 너무 강조한 나머지 그것이 거의 과대망상적 인성 유형으로 제도화되었다. 콰키우틀 족의 과시적인 자기 찬미에는 현대 미국 문명의 지속적인 검열 따위는 존재하지 않는다. 조지아 만의 인디언 부족들처럼 검열이 작동할 때에도, 자기 비하는 겸손의 표현이 아니라 콰키우틀 족의 자기 찬미와 매우 유사하다. 그들의 노래는 이러한 태도를 잘 보여준다.

나는 사람들을 부끄럽게 만드는 위대한 추장이다.
나는 사람들을 부끄럽게 만드는 위대한 추장이다.
우리의 추장은 사람들의 얼굴에 수치를 가져온다.
우리의 추장은 사람들의 얼굴에 질투를 가져온다.
우리의 추장은 그가 이 세상에서 계속 해내는 일로써 사람들
　이 그들의 얼굴을 가리게 한다.
모든 부족에게 자꾸만 자꾸만 기름 축제를 베푼다.[27]
....

---

[27] Franz Boas, Ethnology of Kwakiutl, *Thirty-fifth Annual Report of the Bureau of American Ethnology*(Washington, 1921), p. 1291.

나는 부족의 고위층에서 시작했다. 나는 그들을 잘 섬긴다!

   그들을 잘 섬긴다!

나는 아래쪽으로 내려와 불을 가져온 자와 함께 부족들에게

   불을 질렀다.

나는 그들을 잘 섬긴다! 그들을 잘 섬긴다!

내 이름으로 그냥 그들을 죽인다. 나는 이 세상을 움직이는 자

   이다. 나는 그들을 잘 섬긴다! 그들을 잘 섬긴다![28]

개인적 위상을 높이고 남을 희생시켜 자기를 내세우는 경쟁에 문화의 에너지를 소비하고 있다. 이보다 강도는 약하지만, 이처럼 개인적 위신을 추구하는 것은 평원 문화의 특징이기도 하다. 하지만 두 문화 사이의 그림은 분명하게 대비된다. 평원 문화는 열등감과 그에 대한 보상책을 제도화하지 않는다. 그들은 툭하면 상대방에게서 모욕의 표시를 읽어내려고 몰두하지 않는다. 그들은 결코 편집증적인 부족이 아니다. 하지만 북서해안의 문화는 바로 이런 개인적 과대망상이라는 심리를 위주로 패턴화되어 있다. 열등감이 이처럼 극단적으로 제도화된 부족도 없을 것이다. 상당히 많은 행위들이 모욕으로 간주되는데, 여기에는 개인을 경멸하

28 Ibid., p. 1381.

는 행위뿐만 아니라 도끼에 맞아 상처를 입은 것이나 카누가 뒤집힌 것 등의 불상사도 포함된다. 이런 모든 사건은 이 편집증적 문명 구성원들의 자아를 위협한다. 이런 사건들은 그들의 문화 패턴에 따르면 재산 분배에 의해 씻어내야 한다. 만약 이런 식으로 에고를 위로해주지 않으면 아주 특징적인 반응을 보인다. 그 사람의 자존심은 거품이 꺼지고, 그는 일주일 이상 침대에 드러누워 끙끙 앓거나 자살을 한다. 이런 극단적인 부정적 느낌은 다른 지역의 수치심—가령 창피한 것을 노출했다거나 터부를 깨트린 것 등—표시와도 상당히 다르다. 이것은 그저 심술궂은 태도일 뿐이다—가진 것이라고는 자존심밖에 없는 사람이 그 자존심에 상처를 입었을 때의 태도이다.

북서해안에서 인생의 모든 상황은 커다란 슬픔이나 격렬한 기쁨을 표시하는 사건 혹은 다양한 방식으로 삶의 에너지를 소비하는 계기 등으로 인식되지 않는다. 인생의 모든 상황은 그저 모욕이냐 아니냐의 이분법으로 구분된다. 모든 일은 개인의 위신을 높이기 위한 상황으로 인식된다. 섹스, 인생의 주기, 죽음, 전투 등은 이런 목적의 문화적 패턴을 위한 수단일 뿐이다. 딸의 성년식은 아버지가 10년 동안 모아온 재산을 널리 분배함으로써 대외에 과시하는 사건이다. 딸의 여성으로서의 성장이 문화 속에 새겨지는 것이 아니라,

그녀의 아버지가 더 높은 사회적 사다리 위로 올라가는 사건으로 인식된다. 물론 이렇게 해서 그녀의 사회적 위상도 높아진다. 그런데 이 지역에서 이처럼 분배된 재산은 높은 이자와 함께 되돌려주어야 한다. 만약 그렇게 하지 않으면 재산을 받은 자는 완전히 체면을 손상하게 된다. 따라서 자신의 재산을 완전히 분배하여 가난해지는 것은 더 많은 부를 얻는 주요 수단이다. 자신의 아내와 싸우는 것도 부유한 사람만이 할 수 있는 행위이다. 왜냐하면 그 경우 집의 서까래에 이르기까지 자신의 재산을 모두 분배해야 하기 때문이다. 하지만 재산을 분배할 수 있을 정도로 부유한 사람이라면, 딸의 성년식 못지않게 그런 기회를 환영한다. 그것이 출세의 사다리에서 한 걸음 더 나아가는 길인 까닭이다.[29]

위신을 강조하는 것은 이 지역의 사별 상황에서 분명하게 드러난다. 장례 의식 중 머리카락을 자르는 것은 유족들의 슬픔을 표시하는 행동이 아니라, 다른 포족胞族(동일 조상에서 발생한 여러 씨족의 무리 ─ 옮긴이)이 사자의 위대함을 칭송하는 의식의 행동이고, 사자의 친척들이 그런 행동에 보상해주어야 함을 의미한다. 따라서 이것은 위신의 추구와 부의 획득에 이바지하는 것이다. 사자를 위한 의식 또한 이와 마찬

---

29 Ibid., p. 1359.

가지 방식으로 진행된다. 죽음을 당한 포족에서 죽음의 의식을 집행하는 다른 포족에게 재산을 분배해줄 것을 부족 사회가 강조하는 것이다. 죽음이 상실 상황 혹은 위험 상황이라기보다는 여자의 초경이나 집안싸움처럼 씨족의 지불 능력을 보여주고, 다른 씨족에게도 마찬가지로 재산을 분배하라고 요구하는 행사가 된다. 하이다 족의 경우,[30] 사후 1년 뒤에 벌어지는 대규모 포틀래치potlatch(북아메리카 북서해안 인디언의 선물—옮긴이)에서 이러한 재산이 분배된다. 이것은 겨울 춤 그룹의 구성원이 상주 포족으로부터 조문 포족으로 이양되는 것을 의미하는데, 그들에게 분배되는 재산에 대한 보상으로 이렇게 하는 것이다. 이것은 하이다 족 내의 소유권, 위신, 겨울 의식과 관련되는 것일 뿐, 사자에 대한 상실감이나 시체 혹은 귀신으로부터 생겨나는 위험과는 아무 상관도 없다. 콰키우틀 족이 말한 것처럼, "그들은 재산을 가지고 싸우고", 재산을 바탕으로 하여 기존의 지위를 유지하고 특권을 물려받는다. 그렇기 때문에 그들은 "장례식을 두고서도 싸운다."

이처럼 "재산을 가지고 싸운다"는 측면을 가진 사별 상황

---

30 John R. Swanton, Contributions to the Ethnology of the Haida, in Franz Boas, ed., *The Jesup North Pacific Expeditions, 5, Memoirs of the American Museum of Natural History*, 8(New York, 1905~1909), pp. 176, 179.

의 재해석은 북서해안 행동 패턴의 일부일 뿐이다. 이러한 재해석은 모욕에 대한 집착에도 그대로 적용된다. 전쟁이든 질병이든 사고든 친척의 죽음은 다른 부족의 사람을 죽임으로써 씻어내야 할 모욕이다. 이러한 문제가 해결되지 않으면 이 부족의 사람들은 크게 수치심을 느낀다. 추장 네콰판켐의 여동생과 그 딸이 배가 뒤집히는 바람에 혹은 나쁜 위스키를 마신 바람에 빅토리아에서 돌아오지 않자, 추장은 전사들을 불러 모았다. "내가 너희 부족에게 묻는다. 누가 슬퍼해야 하는가? 내가 해야 하는가? 아니면 다른 사람이 해야 하는가?" 최정예 전사가 대답한다. "추장님은 안 됩니다. 부족의 다른 사람을 시키십시오." 그들은 전쟁의 막대기를 세웠고 다른 사람들이 앞으로 나서서 말했다. "우리는 당신에게 전쟁을 일으키라고 요구하기 위해 여기에 왔습니다. 그렇게 해서 여동생의 죽음을 다른 사람이 슬퍼하게 하십시오." 그래서 그들은 추장의 죽은 친척들을 위해 전쟁 의식을 거행했고 사네치 족을 해치우기로 결의했다. 그들은 잠들어 있는 일곱 명의 남자와 두 명의 아이를 발견하고, 포로로 잡은 여자 하나를 빼놓고 모두 죽였다.[31]

또 콰셀라스 추장의 아들이 죽었을 때, 추장과 그의 동생

---

31 Boas, Ethnology of the Kwakiutl, p. 1363.

과 숙부는 그 오점을 씻어내기 위해 출발했다. 그들은 처음 머문 곳에서 넨게말리 족의 대접을 받았다. 식사를 마친 뒤 쾨셀라스가 말했다. "추장, 이제 뉴스를 말하겠소. 나의 아들이 오늘 죽었소. 그래서 당신이 그와 함께 가주어야겠소." 그런 다음 그들은 주인과 그 아내를 죽였다. "그리고 쾨셀라스와 일행은 저녁에 세바아에 돌아와 기분이 좋았다…… 그것은 전쟁이라 하지 않았고 '죽은 사람과 함께 죽는 것'이라 했다."[32]

이것은 완벽한 헤드헌팅으로서, 북아메리카에서 유일한 사별 상황의 편집증적 해석이다. 여기서 죽음은 사람의 자존심을 해치는 무수한 불상사 중 하나로서 모욕으로 취급되고 있다.[33]

위신과 모욕에 몰두하는 태도는 적을 죽인 행위에서도 발견된다. 승리의 춤은 영구적인 것이고, 이들 부족의 아주 소중한 특권을 제도화한다. 그들은 아주 정교한 특권 조직 중

---

32 Ibid., p. 1385.
33 이 짧은 논문에서 나는 북서해안의 죽음 의식만 강조했고, 죽음을 부정한 사건으로 제도화한 행동에 대해서는 언급하지 않았다. 이러한 문화적 특징은 우리가 이 논문에서 다룬 지역들에서 보편적인 현상이다. 하지만 부정을 북서해안처럼 고도로 해석한 지역은 없다. 그들은 거상 중인 사람, 월경하는 여자, 출산 중인 여자, 성교 후의 남자와 여자를 모두 부정하다고 여겼다. 이것은 위신 메커니즘과 갈등을 일으키기 때문에 부족에 따라 다르게 제도화되어 있다.

하나이다. 이런 조직을 만들어낸 원래의 문화적 특징은 남부 인디언 부족에서 보존되어 있다. 그것은 적의 머리를 이빨로 문 채 추는 승리의 춤이었다. 보아스 교수가 지적한 것처럼, 이 풍습이 북서해안 쪽으로 올라오면서 식인종의 춤이 되었고[34] 비밀결사의 패턴이 되었다. 콰키우틀 비밀결사의 춤꾼들은 아직도 "전사"로 간주되고 있는데, 겨울에만 춤을 추는 이 비밀결사는 계절을 막론하고 전쟁에 나가야 했다. 이 비밀결사는 재산의 분배를 통한 위신과 부라는 개념을 정당화하고 있다. 승리의 춤이 북서해안으로 올라와 최종적으로 고정된 형태는 비밀결사가 정교하게 가다듬은 형태이고, 그 결사의 구성원 자격은 곧 사회적 지위를 확립해주는 것이었다.[35]

경쟁의 주도적 구동력이 특권을 거머쥐기 위한 것임을 알았으니, 이제 타살 상황에 대해 알아보자. 이 부족의 사람들은 친척의 죽음뿐만 아니라 피해자의 죽음을 통해서도 특권을 얻을 수 있다. 그래서 어떤 사람이 나의 손에 죽었다면

---

34 Franz Boas and Livingston Farrand, *The North-Western Tribes of Canada*, Twelfth and Final Report of the Sixty-eighth Meeting of the British Association for the Advancement of Science, 1898(London: Murray, 1899).

35 사태의 성격을 감안해볼 때 북서해안의 위신 게임은 공동체의 소수 구성원들만이 펼칠 수 있는 것임이 분명하다. 부족의 대다수 구성원은 이런 경기자들을 쳐다보는 구경꾼이었고 그들의 생활 통합형태는 다를 수밖에 없었다. 우리는 이 경기자들의 심리적 상태와 구경꾼들의 "팬" 문화에 대해 좀 더 자세히 알아야 할 필요가 있다.

나는 그의 특권을 요구할 수 있다. 살해자의 상황은 사자의 저주를 피해가거나 개인적 용기의 축하 상황이 아니라, 재산 소유주를 죽이는 순간 그가 차지하는 특권을 정당화하기 위해 거액의 재산을 분배하는 상황이 된다. 다시 말해 사람을 죽인 것은 북서해안의 문화적 통합형태에 합당한 행동 패턴에 의해 완전히 가려진다.

사별 상황과 마찬가지로, 이 패턴은 엄격한 절차를 가진 헤드헌팅의 제도화를 가져왔다. 멜레드는 현지 집단 젝스셈의 추장을 죽였다.

만약 멜레드가 구리를 지불하거나 그의 딸을 그가 죽인 자의 형에게 주었다면 그의 집단은 수치심을 느꼈을 것이다. 왜냐하면 그는 보복 살해를 당하지 않기 위해 돈을 주었기 때문이다. 마음이 약한 자만이 돈을 지불하는 것이다.

그는 지불하지 않았고 보복 살해를 당했다. 하지만 멜레드를 죽인 사람은 이미 죽은 추장이 소속된 집단의 구성원이 아니었다. 죽은 추장의 어머니가 대신 복수해주는 사람에게 노예 한 명을 갖다 주고 그 일을 부탁했던 것이다. 그렇게 해서 멜레드는 죽었지만 죽은 추장의 집단은 추장의 오명이 지워진 것은 아니라고 생각했다.

젝스섬 부족의 사람이 멜레드를 죽였다면, 그 부족에게는 아무런 치욕도 남아 있지 않을 것이고 아무도 그 문제를 더 이상 거론하지 않았을 것이다.[36]

따라서 북서해안의 죽음은 일차적으로 모욕 상황이고 특권을 주장해야 하는 상황이다. 이것은 이 지역의 특징적 통합형태가 되었고 그 문화의 주도적 구동력에 봉사하고 있다.

물론 문화에는 어떤 사회가 부과하는 목적이나 미덕과는 완전 별개인 물질적 문화가 있다. 나는 힘의 뒷받침을 받는 보우bow가 디오니소스적 문화 혹은 아폴로적 문화에 의존한다고 이야기하려는 것은 아니다. 하지만 내가 주장하는 논점의 적용 가능성은 일반적 생각보다 훨씬 크다. 가령 래딘은 위네바고 족의 자료를 바탕으로 하여 "원시인들 사이"의 개성과 개인적 주도력이 아주 강하다고 주장했다.[37] 평원 인디언이나 위네바고 인디언은 개인을 높이 평가하는 문화를 갖고 있고, 다른 지역에서는 찾아볼 수 없는 주도권을 개인에게 부여했다. 푸에블로 인디언과 비교해보면, 폴 래딘의 주

36 Boas, Ethnology of the Kwakiutl, p. 1360.
37 Paul Radin, *Primitive Man as Philosopher*(New York: Appleton, 1927), pp. 32ff.

장과 같이 위네바고나 서부 평원에서는 개인의 주도권이 널리 발견된다는 것을 알 수 있으나, 원시 문화 전역에서 발견되는 현상은 아니다. 그것은 각각의 지역에서 연구되어야 할 태도이다.

이 모든 사실은 문화적 특징의 형성과 기능에 아주 중요한 영향을 미친다. 우리는 종교나 복잡한 재산 문제를 너무 깊이 연구한 나머지 이런 주제들의 근본적 사항—가령 종교의 외경심이나 재산 문제의 "소유 본능"—만이 믿을 만한 인간적 반응인 것처럼 생각한다. 하지만 그런 것들 이외에 인간의 감정에 직접 반응하는 제도들이 있다. 가령 슬픔을 표시하는 죽음 의식, 성性의 기호를 보여주는 짝짓기 관습, 부족에 식량을 제공하는 농업의 관행 등이 그것이다. 그러나 이런 제도들은 겉보기처럼 그리 간단하지가 않다. 농업과 경제생활은 식량의 자급자족 이외에 다른 목적을 갖고 있다. 결혼은 성의 기호 이외에 다른 것들을 표현하고 있다. 거상 의식은 슬픔만을 강조하지 않는다. 서로 다른 문화들의 내적 구조를 잘 알게 될수록, 문화에는 다양한 가변성이 있으며 몇 가지 기본적인 인간의 반응에 바탕을 둔 게 아님을 알 수 있다. 또 다른 힘이 존재하여 짝짓기, 죽음, 식량 조달 등의 반복적인 상황에 영향을 주고 있으며, 그런 상황들을 자기의 목적에 맞게 조정하는데, 우리는 그 힘을 사회의 주도적 구동력이라고 명명하고자 한다. 일부 사회는 이런 상황들을 주도적 구동력과 조화적으로 일치시키는데, 사피어는 이런 사회를 가리켜 "진정한 문화"라고 명명했다.[38] 반면에 많은 사회는 일치시키지 못했다. 사피어는 위선적 허세를 배제하는 진솔한 자기 일관성이야말로 진정한 문화의 특징이라고 말했다. 문화는 판타지, 공포, 관념, 열등감, 위선과 허세의 탐닉 등에 바탕을 두고서도 얼마든지 조화롭고 견고하게 구축될 수 있다고 나는 생각한다. 진실을 대면하고 위선을 회피하려는 동인을 가진 개인이, 나름대로 균형 잡히고 조화로운 문화 내에서 범법자로 지목될 수도 있다. 잘 정의된 문화적 통합형태는 정직한 것이 아닐 수도 있기 때문이다.

그러나 문제가 되는 것은 이런 통합형태가 실재하는가 하는 것이다. 나는 다른 지역들에서 발달한 이런 통합형태의 문제가 신비한 것도 아니고 이해하기 어려운 것도 아니라고 생각한다. 그것은 미술 양식의 발전과 비슷한 것이다. 미술이나 문화적 패턴이나 어떤 양식이 주도적인 힘으로 자리 잡고 또 그 요소들의 점진적 통합을 보여주는 구체적 자료들이

---

38 Edward Sapir, "Culture, Genuine and Spurious," *American Journal of Sociology* 29: 401~429(1924).

있다. 이 두 분야에서 관련 자료를 갖고 있다면 재능 있는 개인들이 그들의 역량에 따라 문화에 미친 영향의 경로를 살펴볼 수 있다. 하지만 문화적 통합형태는 언제나 거기에 들어간 개인적 요소를 초월한다. 문화적 통합형태는 여러 세대를 거쳐 축적되면서 그 자체 안에 수용할 수 없는 것은 비정하게 내버린다. 문화의 태도를 강화하고 더욱 분명하게 표현하기 위해 각종 의식과 예술적 방식을 개발한다. 많은 문화가 이런 완벽한 조화를 성취하지 못했다. 서로 다른 유형의 행동 사이를 왕복하는 민족이 있다. 그리고 미국처럼 외부의 원천들로부터 많은 모순적 영향을 받아들여 어떤 공통분모를 도출하기 힘든 문화도 있다. 그러나 어떤 민족이 이처럼 다른 유형의 행동을 왕복한다고 해서 그것을 문화적 통합형태라는 관점에서 연구할 수 없는 것은 아니다. 이것은 어떤 언어들이 복수형複數形 형성이나 시제時制 구축에서 서로 다른 문법적 장치를 이용한다고 해도 여전히 그 문법을 연구할 수 있음과 마찬가지 이치이다.

이런 주도적 구동력은 개인적 영역에서 주택 형태나 유산 규정처럼 특징적인 것이다. 우리는 현재 관련 자료들이 너무 부족한 상태여서 이런 구동력의 분산이 물질적 문화의 분산과 공존하는지, 혹은 어떤 지역에서 유독 그것이 강한 것인지 결정하기가 어렵다. 이런 관점에서 문화를 기술하자면 예전의 현장 작업이 무시했던 자료들을 많이 포함해야 할 것으로 보인다. 그래서 현지탐사 작업에 의해 더 많은 자료를 발굴하지 않는 한, 우리의 모든 주장이 허구에 그칠 가능성도 있다.

주술*

주술의 기본적 아이디어는 한정되어 있다. 유추의 도움으로 원하는 사건에 일정한 패턴을 부여하는 일은 세계 어디서나 발견된다. 자신의 아이가 빨리 크기를 바라는 아버지는 새먼베리(북아메리카 태평양 연안의 나무딸기―옮긴이)의 새싹을 씹어서 아이의 몸에 바른다. 아이가 새먼베리의 새싹처럼 빨리 크기를 원하는 것이다. 또한 아버지는 홍합 조개에서 떨어진 가루를 아이의 관자놀이에 바르면서 아이가 홍합 조개처럼 단단해질 것을 기원한다. 아버지나 어머니는 자신의 숙달된 일터에서 바쁘게 일할 때, 남자 아이의 탯줄(아버지)과 여자 아이의 탯줄(어머니)을 손목에 감는다. 이렇게 하면 그 아이가 자신과 똑같이 숙달된 기술을 가지리라

---

* 맥밀란 출판사의 허가를 얻어 전재. Edwin R. A. Seligman and others, editors, *Encyclopedia of the Social Sciences* 10: 39~44(New York: Macmillan, 1933). 이 논문 뒤에 붙어 있는 참고문헌은 생략했다.

고 믿는 것이다. 물수리의 눈을 잠자는 아이의 눈꺼풀에 비비는 것은 아이가 물수리처럼 밝은 눈을 가지라는 바람이다. 갈가마귀는 평생 아프지 않다고 믿었기 때문에 갈가마귀의 부리를 아이의 옆에 갖다 놓아 아이가 무병하기를 빌었다. 자신의 적이 죽기를 바라는 사람은 적의 옷을 일부 가져다가 죽은 뱀의 목구멍 속에 밀어 넣고 시체의 심줄로 단단히 묶는다. 그런 다음 그것을 탁 트인 곳의 나무 꼭대기 위에 올려놓으면, 뱀독과 시체와의 접촉이 적의 죽음을 가져올 것이라고 믿었다.

주술을 거는 데에는 다양한 유추가 사용되었다. 오세아니아에서는 말장난에 의한 유추도 활용되었다. 때때로 어떤 유추는 문화 속에서 너무나 깊고 기본적인 곳에 자리 잡고 있어서 철학적 개념의 지위를 획득하기도 한다. 가령 농업 의식의 주술이 인간의 다산과 식물의 풍성함 사이의 유추에 바탕을 두고 있는 것이나, 섹스가 다른 자연적 과정의 신비한 상관관계로 파악되는 것 등이 그러하다. 이러한 기술들은 좀 더 큰 일반적 카테고리로 분류될 수 있는데, 보아스는 그것을 동정적(혹은 유사치료적 내지 모방적) 주술과 인접한 주술의 두 카테고리로 분류했다. 하지만 그 기술들은 모두 엉뚱한 유추라고 지칭되는 카테고리에 들어갈 뿐이다. 그리고 이런 유추들이야말로 모든 주술이 크게 의존하고 있는 것들이다.

유추는 구두口頭 혹은 모방적 행동, 아니면 그 둘 다에 의해서 수행된다. 가령 시베리아의 추크치 족은 죽어가는 사람을 살리기 위해, 새끼손가락을 상징적으로 죽어가는 사람으로 둔갑시켜 손바닥에 꼭 쥔다. 추크치 족은 주술의 유추를 표현하기 위해 전통적인 언어 표현에도 의존한다. 질투하는 아내는 남편을 배고픈 곰으로 묘사하고 그녀의 라이벌을 길 위에 내버려진 썩은 고기라고 생각하는데, 곰은 그 고기를 먹기는 하나 곧 내뱉는다는 것이다. 그들은 사악한 영은 뚫고 들어갈 수 없는 공에 비유한다. 그들은 그 외에도 많은 유익한 비유를 사용한다. 온 세상의 무수한 의식과 예식은 이와 비슷한 유추에 바탕을 두고 있다.

주술에 의한 지배는 비밀스러운 힘의 원천을 스스로 터득함으로써 행사할 수도 있다. 이집트의 이름 주술이 그런 경우이다. 주술사는 어떤 것의 이름을 얻으면 자동적으로 그것에 대한 지배력을 얻는다. 이와 유사한 원시 주술의 개념이 뉴기니의 오로카이바 족에게서도 발견된다. 이 부족은 생활의 모든 상황에서 주술에 의존하는데, 그 비법은 철저하게 비밀이다. 주술의 행위와 절차는 공개된 지식이나, 주술의 힘을 부여하는 특정한 물건에 대한 지식은 철저하게 보안 유지된다. 그 물건은 주로 잎새이다. 어떤 잎새는 손으로 만지면 금방 쪼그라드는데, 그 힘으로 바다의 성난 파도를 잠재운다. 어떤 잎새는 만지면 엄청나게 커져서 거기에 물을 담고 새로 태어난 집안의 돼지를 목욕시킬 정도이다. 혹은 적의 머리카락으로 싼 물건, 혹은 얌(열대 지방의 고구마 – 옮긴이)을 심을 때 함께 심은 물건 등이다(이런 물건은 유추와는 상관이 없다). 뉴기니 본섬에서 떨어진 섬들에 사는 부족들, 가령 도부 족이나 트로브리안드 족 사이에서 주술은 언어의 형태를 취한다. 그 언어는 힘의 원천으로서 철저하게 비밀에 부쳐진다. 부적도 전통적으로 힘을 갖고 있다고 믿어졌는데, 이것은 어떤 의식적인 유추에 바탕을 두고 있지 않다.

주술의 절차는 일부 지역에서 정신집중에 의해 고양되는데, 경우에 따라서는 특별한 기술 없이 정신집중만으로도 주술을 행한다. 주술을 행하는 사람은 어떤 바람직한 사건을 마음속으로 깊이 생각하면, 그것이 현실로 나타난다고 믿는다. 가령 북태평양 연안 지역의 인디언은 정신집중을 하면서 많은 양의 뿔조개를 생각하면, 뿔조개가 실제로 해안에 나타난다고 믿는다.

주술은 본질적으로 기계론적이다. 그것은 자동적으로 실시되는 기술과 절차를 통해 외부 세계를 조종하려는 것이다. 그래서 프레이저는 그것을 원시인의 과학이라고 불렀다. 주술과 과학은 둘 다 테크놀로지로서 공식과 절차의 규칙으로 요약될 수 있다. 절차와 공식을 철저하게 지킨다면, 주술도 과학 못지않게 효과를 발휘한다고 믿어지고 있다. 관련 주술의 기술을 터득하기만 하면 외부 세계를 인간의 생각에 따라 부릴 수 있다고 본다. 그러나 원시인들이 나무를 베어내고, 어망을 짜고, 흙을 빚어 도자기를 만드는 것은 주술이 아닌 일상적 절차로서, 오늘날로 말하면 과학으로 분류될 수 있는 지식이었다. 주술과 과학은 기술의 집합체이기는 하지만 두 개의 양립할 수 없는 세계를 향한 기술이다. 과학은 인과론에 따라 움직이는 자연현상—원시사회에서는 나무를 베어내고, 어망을 짜고, 흙을 빚어 도자기를 만드는 것 등—의 조종을 목적으로 한다. 반면에 주술은 초자연적 세계의 조종을 목적으로 하며, ~~~~~~~~ 정교한 절차에 따라 ~~~~

매럿은 주술의 이런 측면을 강조했다. 그것이 가진 힘으로 보면, 주술적-종교적 세계는 자연현상이 아니라 초자연적 힘과 인과관계를 다루는 세계이다. 매럿은 주술이 종교의 문제 많은 여동생이라고 진단했으나, 프레이저의 주장만큼이나 근거 없는 가치 판단이다(프레이저는 주술이란 주술사가 자신의 기술을 통해 외부 세계와 고민을 해결하러 온 애원자를 장악하는 것이라고 주장했다). 여기서 중요한 것은 초자연에 접근하는 두 가지 방식(주술과 종교)의 가치 판단을 내리는 것이 아니라, 두 사람이 초자연을 다루는 모든 유형의 행동 형태 중 주술과 종교라는 양극단만 거론하고 있다는 사실을 인식하는 것이다. 주술은 기술적이고 기계론적이며, 자신의 목적에 맞게 세상을 움직이려는 충동이다. 종교는 애니미즘적 행동으로 개인적 우주에 인간관계에서 소통되는 모든 유형의 행동을 포섭하려는 것이다. 힘을 가진 물건 주위에 몰려드는 행동의 한쪽 극단에는 주술적 부적이 있다. 이것은 자동적으로 기능을 발휘하고, 소유하고 있기만 해도 행운이 오고, 그 앞에서 몸을 굽히거나 경배를 바칠 필요도 없다. 또 다른 극단에는 아프리카의 페티시 같은 특정 물건에 대한 집착이 있다. 이것은 마치 살아 있는 사람인 듯한 대접을 받는다. 그 물건에 말을 걸기도 하고, 선물을 주기도 하고, 피곤할 거라며 옆에 놓고 쉬게 하기도 한다. 이 물건의 용도는 그것을 가진 사람과 그 신성한 힘 사이의 상관관계이다.

반면에 말로써 힘을 불러일으키는 경우, 자동적으로 목적을 달성하게 해주는 방식과 주문이 있다. 자신이 믿는 신과 친밀한 관계에 들어가는 성인의 기도가 그런 경우이다. 주술에서는 알라딘의 램프를 비벼대기만 하면 지니가 저절로 나타난다. 혹은 주술사가 봉헌, 소통, 부복 때문에 악마와 관계를 유지한다. 따라서 기능적으로 볼 때 주술은 그 보완자인 종교를 배제하고는 논의할 수가 없다. 이 둘은 자연의 인과 관계와는 다른 수단에 의해 힘을 유도하고, 행운을 얻으려는 양자택일적 기법이다. 주술을 거의 볼 수 없는 민족도 있다. 또한 다른 지방에서라면 주술적 관행으로 얻을 수 있는 동종의 초자연적 제재를, 그 민족에서는 애니미즘적 기법으로 얻을 수 있고, 그들의 행동이 그런 애니미즘적 관념에 완전히 잠겨 있을 수도 있다. 애니미즘적 기법과 주술의 기법은 둘 다 그 목적을 달성하기 위해 당사자의 노력보다는 자동적인 소망 충족에 기댄다는 공통점이 있다.

주술을 믿게 만드는 심리적 혼돈과 애니미즘적 믿음을 만들어내는 배경은 상당히 거리가 있다. 애니미즘은 활성 세계와 비활성 세계를 명확하게 구분하지 않아서 생기는 것인데, 그 때문에 인간 사이의 관계를 비인간 사이의 관계로 이첩시키는 경향이 있다. 반면에 주술은 자연세계의 다양한 양상을 다루는 독자적 기법을 잘 모르기 때문에 벌어진 것이다. 주술은 이렇게 가르친다. 사람에게 상처를 입힌 칼을 잘 처리하면 상처는 저절로 낫는다. 소의 목에 단 방울을 잘 처리하면 우유는 적절히 신 맛을 낸다. 이러한 오류는 자연적으로 목적을 달성하는 기법을 무시하고, 신비한 공감을 사용하면 원하는 결과를 성취할 수 있다고 믿기 때문에 벌어진다. 이런 범신론적 절차를 버리고 일을 해내는 기법을 구체적 목적과 결부시킬 때 비로소 이 세상을 통제할 수 있는 방법이 커진다.

주술에 동반하는 사고의 혼란을 레비-브륄은 원시인의 사유 작용의 근원적 사실로서 강조했다. 그는 그것을 현대인의 논리적 과정과 대비하여 전前논리적이라고 불렀다. 그는 출생과 죽음, 불길한 조짐, 꿈, 점복, 터부, 전쟁과 치료 등에 있어 원시인의 행동이 논리적 구분을 하지 못한다고 결론지었다. 그러니까 원시인은 자기 자신과 시조始祖 동물을 구분하지 못하고, 산 자와 귀신을 구분하지 못한다는 것이다. 하지만 원시인들이 이런 구분을 한다는 것은 가장 원시적인 주술사의 증언으로 입증되었다. 그들은 단지 철학적 신념에 따라 그렇게 행동하는 것이었다. 굳이 비교해서 말하자면, 소우주와 대우주가 신비한 공감 덕분에 서로 소통하고, 그리하여 어떤 분야에서 벌어진 일이 다른 분야에서 벌어진 일을 미리 표시한다는 중세의 교리와 비슷한 것이다.

현대 문명에서도 주술적 개념과 절차는 아주 흔하다. 현대인의 세속화가 진행되면서 종교와 그 신들은 피해를 입었지만 주술은 별로 피해를 입지 않았다. 애니미즘과 외적 우주의 인격화는 지적인 사고방식에 어울리지 않는다며 배제되었고 어린아이들에게도 이런 쪽으로 교육을 실시하고 있다. 하지만 주술적 영역에서는, 비非초자연적 행동에 대해 별로 진전이 이루어지지 않았다. 종교적 전통의 구속으로부터 자유롭게 벗어난 사람들도 근본적으로 주술에 바탕을 두고 있는 다양한 복점에 의존하고 있다. 월스트리트 투자가의 고객들은 점성술사의 판정을 믿고, 최신 기계공학을 훤히 아는 비행기 조종사는 별점을 보면서 자신의 행동을 결정한다. 현대 문명 속에는 많은 주술적 신념들이 있다. 부분적으로 폐기된 주술적 신념들은 여전히 통용되고 있는 것들보다 고립시키기가 쉽다. 전통적인 미국 교육제도는 주술적 특성이 강하다. 미국 교육은 아이가 커서 필요로 하는 것을 가르치는 것이 아니라, 구체적 기법을 가르치는 데 집중되어 있다. 교육의 방법은 마치 주술처럼 똑같은 정신적 세계를 아이들에게 강요한다. 교육은 비자연적 방식으로 하나의 힘으로 간주된다. 현대 사회는 성과 관련된 까다로운 문제에서는 주술적으로 운영되고 있다. 다시 말해 기존의 계시종교와 전통적 도덕이 용인한 것 이외에 다른 바람직한 섹스의 방식이 있다는 것을 인정하지 않는다. 산업 문제와 국제 무역에서 좋은 결과를 얻으려면, 특정 문제와 관련된 지적이고 구체적인 절차를 따라야 하는데도 이런 신념을 구체적으로 실천하는 국가는 별로 없다. 현대 서구 문명의 가장 특징적인 주술은 재산과 관련된 것이다. 자신과 가족의 의식주와 직접적으로 관련이 되는 것도 아닌데, 돈을 잃었을 때 현대인이 느끼는 상실감은 엄청나다. 그러한 태도는 외부의 것에 자신의 에고를

일치시키는 주술적 행동으로서 바로 레비-브륄이 말한 전
논리적 심리이다.

주술은 본질적으로 초자연적인 것을 다루는 경험적 절차
이므로 전통적 방식으로 개발되거나, 특정 문화 분야에서는
거의 무시될 수도 있다. 이와 관련하여 아메리카 인디언의
문화와 서부 멜라네시아 부족의 문화를 비교해보면 얻는 바
가 많다. 콰키우틀 족의 주술 절차는 현대인의 미신과 비슷
한 수준이다. 그 절차는 행운을 가져다주기 때문에 무시되지
는 않지만, 문화의 주된 관심사와는 별도로 존재한다. 자신
의 권위를 강화하려는 추장은 많은 관련 행사에 참가한다.
추장은 부수적으로 주술사의 기법도 동원할 수 있으나, 그의
행동은 주술에 지배되지도 않고 또 그가 주술을 동원해야 할
의무도 없다. 반면에 종교적 실천자인 샤먼은 주술적 기술로
먹고 사는 것이 아니라 그가 모신 수호신의 도움으로 먹고
산다. 샤먼은 정당한 체험을 통해 그 수호신에 대한 개인적
권리를 갖고 있을 뿐 아니라 가족 그룹의 구성원으로 물려받
은 권리도 갖고 있다.

반면에 레오 포천이 보여준 것처럼, 도부 섬에서 주술적
절차는 생활의 모든 단계에서 필수불가결한 것으로 여겨진
다. 이 섬에서 일상적 절차는 모든 인간 행위에서 관계없는
것으로 여겨지고, 야망 있는 사람이라면 마땅히 주술을 획

득하도록 애써야 한다. 식료품의 원천인 정원은 주술의 도움이 없어도 잘 자란다는 믿음은 철저하게 거부된다. 백인 정착자들이 두 세대에 걸쳐 그들의 정원을 잘 키워온 사실도 무시된다. 주술적 절차에 의해 정원에 많은 신경을 쓴다. 자신의 얌을 정원에 그대로 지키는 한편 주술의 힘으로 이웃의 얌을 가능한 한 많이 빼앗아오기 위해서이다. 어떤 사람의 이익은 다른 사람의 손해를 의미하는데, 남을 희생시켜 자신의 이익을 취하는 데 주술이 주된 의지 수단이 된다. 따라서 어떤 사람이 자신의 정원에서 수확을 올리면, 그것은 주술적 위력의 성취를 의미하고 그 때문에 의심의 대상이 된다. 추수는 철저하게 보안을 지키는 프라이버시의 행위이다. 직계 가족 이외에는 주술의 힘으로 얻은 소득을 알 수가 없다. 성교도 성공적인 주술의 결과, 즉 다른 남자의 여자를 건드릴 수 있는 힘으로 여겨지는데, 이러한 생각이 널리 퍼져 있다. 도부 족 주술의 반사회적 성격은 비틀넛, 코코넛 야자, 기타 나무들의 소유를 정당화하는, 병을 불러오는 주술에서 잘 드러난다. 주술은 강우, 경제적 교환, 각종 법률적 행위, 적들에게 질병과 죽음을 안겨달라는 기원 등에서도 활용된다. 도부 족은 오로지 여자의 임신과 관련해서만 현실적 인과관계를 인정한다. 임신이 성교의 자연스러운 결과임을 인식하는 것이다. 이웃 섬의 부족인 트로브리안드 족은 주술의 일반적 이론에 이런 예외를 인정하기를 거부한다. 그들은 생물학적 아버지의 존재를 부정하고, 도부 족의 일반적 주술 세계에 완벽하게 일치하는 믿음을 갖고 있다. 트로브리안드 족에게도 주술은 도부 족과 마찬가지로 일상생활의 일차적 관심사이고, 주술의 성공과 효과 보장 문제는 그리 중요한 것이 아니다.

어떤 문화가 그런 이분법을 정교하게 발전시키지 않은 한, 하얀 주술과 검은 주술로 주술을 칼같이 구분하는 것은 도움이 되지 않는다. 이분법은 보통 일어날 수 있는 일이고, 미개 민족 사이에서도 때로는 그것이 발생해왔다. 그러나 통상 주술은 선과 악의 이분법으로 구분하여 적용되기보다는 경우에 따라서 신축성 있게 적용되었다. 예를 들어 도부 족 사이에서는 좋은 주술과 나쁜 주술을 구분할 방법이 없다. 정원에 적용되는 주술은 얌을 빼앗아오는 기술로 인식되는가 하면, 질병을 고쳐주는 주술은 그것을 일으키는 주술을 그 안에 담고 있기 때문이다.

주술의 영역은 인간 행동의 한 분야에만 국한시켜 살펴볼 수도 없다. 주술의 실천이 객관적 현실에는 순응하지 않는 위험한 행동들과 관련되어 있다는 가설이 있다. 이 가설을 지지하기 위해 말리노프스키는 멜라네시아 부족들이 카누 항해, 날씨의 조정, 피임 등에 주술을 이용한다고 말했다. 그

외에 위험의 시기에 주술을 사용하는 사례는 많이 들을 수 있다. 위험과는 아무 상관도 없는 상황에서 주술이 동원되는 사례도 얼마든지 열거할 수 있다. 예를 들어, 하와이에서는 집을 초자연적 방식으로 축성하는 행위가 있는데, 아이의 탄생을 하나의 유추로 여기는 의식이다. 초가집의 이엉을 일부 잘라내면서 그것을 금방 탄생한 아이의 탯줄을 자르는 행위와 동일시하는 것이다. 토다 족이 낙농을 할 때 우유에 신맛을 내기 위해 주술을 부린다고 해서 다른 지역의 낙농 부족, 가령 야쿠트 족에 비해 신 우유 준비과정이 더 엉성하다는 뜻은 아니다. 만약 위험이 주술의 본원이라고 한다면, 주술적 농업 절차는 영농하기 까다롭거나 어려운 지역에서 꽃 피어야 했을 것이다. 하지만 실제 사정은 그와는 정반대이다. 파푸아 족이 사는 열대 섬은 이런 주술이 풍성하게 발달되어 있지만, 이 섬의 영농은 조금도 위험하지 않았다. 주술은 초자연적 힘의 불법적 사용이라는 위베르와 모스의 주장은 어떤 특정 지역의 환경에 바탕을 둔 것으로, 여러 원시지역에서 개발된 주술의 성격에 비추어보면 맞지 않는다. 인간 사회에서 주술의 기원은 인간의 욕망만큼이나 널리 퍼져 있다.

주술이 인간의 발전에 유익한 영향을 끼쳤다는 해석도 있다. 말리노프스키는 주술이 구체적 부적응과 심적 갈등의 치료책으로 기능을 발휘한다고 주장했다. "주술은 적당한 생각을 제시하고, 가치 있는 정서적 어조를 표준화하고, 인간으로 하여금 위험한 고비를 넘게 해주는 행동의 노선을 마련해 준다…… 그것은 예상, 질서, 일관성, 규칙성의 질을 높인다. 이런 것들은 어떤 사업의 성공적 수행에 필수적이다." 켐프는 최근에 들어와 이런 주장을 더욱 확대했다. "주술적 신념은 일종의 정신 치료술로서 사회적 환경 내에서 생리적 기능의 스트레스를 한결 이완시킨다…… 인간은 생리적 기능을 통제하기 위해 이런 주술적 신념을 개발한다. 이것은 기아에 대한 고통이 인간에게 음식의 축적을 가르치는 것과 마찬가지 이치이다."

어떤 부족이든 사회적으로 바람직한 활동을 구축하기 위해 제재를 사용한 것과 마찬가지로 주술을 사용할 수 있다. 말리노프스키가 서술한 트로브리안드 족은 임신과 경제적 교환에 관한 주술을 개발함으로써 그런 사회적 활동을 구축했다. 하지만 이 주제를 좀 더 광범위하게 살펴보면 트로브리안드 족 같은 문화에서는 주술을 사용하라는 사회적 동인이 반사회적 문화보다 더 강했음을 알 수 있다. 어떤 사회가 이로운 목적을 위해 주술을 사용했다고 해서, 그것을 주술의 일차적 가치라고 단정할 수는 없고, 단지 그 사회가 문화적 특징을 그런 특별한 목적에 연계시킨 사례로 볼 수 있을 뿐이다.

　주술은 또한 인간의 감정을 분출하는 가치 있는 지원세력이라는 주장도 있다. 이런 감정의 분출은 추크치 족의 절차나 죽음 주술을 사용하여 죽음을 흉내 내는 도부 족 절차에서 분명하게 드러난다. 알공킨 인디언의 주술의가 주술에 의해 적을 미리 죽이는 절차는 실제로 적을 죽이는 것보다 더 만족스러운 결과를 가져온다. 그러나 이런 정서적 보상은 세계의 다른 지역에서는 그리 흔하지가 않다. 주술의 기법은 그보다 훨씬 음험하다. 주술의 정서적 만족은 결코 직접적이지도 흡족하지도 않다. 그것은 종종 아주 세세한 규칙의 철저한 이행 속에 파묻히고 만다. 이런 기계론적 조종 때문에 대부분의 경우 주술은 냉정하고, 기술적이고, 비정서적이다. 이 때문에 주술을 정서적 이완을 가져오는 흡족한 보상책이라고 보기도 어렵다.

　프로이트는 주술의 기계론과 강박증의 기계론 사이에 유사점이 있다고 지적했다. 둘 다 근본적인 전치가 이루어지는 정교한 시스템이라는 것이다. 이 전치로 인해 관련 당사자는 현실을 피해 나갈 수 있고, "자동적 환각"을 느끼고 "타고난 본능의 만족을 근본적으로 포기"하게 된다. 소망 충족의 역할이 공공연히 인정된다. 이것은 주술뿐만 아니라 문화적 특징을 발달시키는 요인이다. 인간이 실제로 살고 있는 세상은—인간이 피해 갈 수 없는 궁색함과 어쩔 수 없는 삶의 조건 때문에—그가 꿈꾸는 세상에 비해 늘 비좁게 보인다. 주술은 그런 꿈의 세계를 만들어주고 그 세계 내에서의 안전함을 제공한다. 그렇지만 테일러에 의하면 주술은 오컬트 과학이고 안전함 못지않게 불안전함도 제공한다. 도부 족의 얌 주술은 농업적 안전함을 가져다주지 않는다. 오히려 문화 속의 위험한 지점을 강조한다. 공동체 내의 스트레스를 최소화한다기보다 오히려 그것을 제도화한다. 농업의 안전함은 오히려 트로브리안드 족의 환경 속에서 더 잘 보존되는 듯하다. 이 부족은 주술을 인생의 다른 목적과 관련하여 동원했고, 도부 족과 비교해볼 때 트로브리안드의 농업은 오히려 자연 질서에 따라 이루어지는 활동이었다. 월경하는 여자 혹은 죽은 자에게 있다고 믿어진 주술의 힘은 일반적으로 사회적 안전함에 별로 기여하지 못했다. 이것들은 어떤 문화가 사회적 위험을 바라보는 상황을 일러주는 것이었다. 주술과 노이로제 사이의 유사성은 눈에 띈다. 어떤 문화가 월경하는 여자와 최근에 죽은 자를 초자연적으로 위험한 존재라고 생각하든 말든, 노이로제 환자처럼 장중한 의식 절차를 설정하여 그런 대상들을 치환하거나 아니면 좀 더 용인 가능한 형태로 바꾸어놓는 것이다.

공포 반응을 제도화하는 주술의 역할은 요술의 경우에 두

드러지게 나타난다. 이미 알고 있는 인식된 주술적 절차로서의 사술邪術이 분명 존재하지 않음에도 불구하고, 그것이 공통적 공포와 비난을 불러일으키는 경우가 있다. 세일럼 마녀 사냥은 분명 이런 유형이었고, 같은 시대에 영국에서 있었던 마녀 반대 시위도 그런 성격이었다. 미국 남서부 지역의 푸에블로 인디언 같은 원시 문화도 이와 유사한 방식으로 요술을 사용한다. 사술에 대한 두려움은 인생의 모든 상황에서 등장하는 단골 메뉴이다. 하지만 사술사가 말했다는 주문과 의식 절차는 발견되지 않았으므로 어쩌면 그런 것이 존재하지 않는지도 모른다. 주술에 의한 공포의 객관화가 외부세계의 통제라는 목적을 가진 지역에서도, 주술의 사회적 통제는 공포 노이로제의 제도화라는 특징을 갖고 있다. 예를 들어 오스트레일리아에서는 "뼈 찌르기"라는 주술과 관련된 전통적 기법이 있다. 하지만 이 기술의 사회적 의미는 소수의 노인들이 그 주술을 이용해 징벌을 내리는 것이 아니라 죽음의 확신이라는 노이로제를 다른 것으로 전치시키는 것이었다. 실제로 마을 전체가 그런 확신 때문에 죽은 경우가 있었다.

따라서 주술이 인간의 역사에서 이로운 역할을 했다는 주장은, 주술을 다르게 보는 문화에 의해 보완되어야 한다. 주술은 자산이기보다는 심각한 부채였던 경우가 많았으며, 그

현상은 과대망상이나 노이로제 환자의 공포 관념과 유사했다. 주술의 절차는 정신의학의 용어로 말해 보자면 전치의 기계론이고, 원시 사회나 현대 사회에서 비실제적 성취를 실제적 성취로 치환하는 절차이다.

주니 족 신화 서문[1]

　민담 연구는 코스캥 시절 이래 그리고 학생들이 그림 형제의 민담 수집에 자극을 받은 이래 광범위하게 자료를 수집하는 쪽으로 전개되어 왔다. 주제가 역사적 재구성이든 신화의 창조적 과정이든, 그 연구 방법은 일반적으로 광범위한 비교 연구였다. 에렌라이히와 정신분석 학파들은 이 방법을 채용했는데, 이들의 주된 관심사는 민담 속에서 상징의 역할을 파악하는 것이었다. 민담의 원형적 형태를 재구성하는 데 관심이 있는 현대의 아른 학파, 민담 유포 상태를 연구하는

---

* 컬럼비아 대학 출판부의 허가를 얻어 전재. *Zuni Mythology*, 2 vols., Columbia University Contributions to Anthropology, No. 21(New York: Columbia University Press, 1935) 1: xi~xliii. 현재의 형태로 *An Anthropologist at Work*, pp. 226~245. 현재의 형태는 3분의 1 수준으로 축약한 것이다.

1 이 논문의 주된 참고 문헌은 다음과 같다. F. H. Cushing, *Zuni Folk Tales*(New York: Putnam's, 1901); M. C. Stevenson, The Zuni Indians, *Twenty-third Annual Report of the Bureau of American Ethnology*(Washington, 1904), pp. 1~634; Ruth Bunzel, Introduction to Zuni Ceremonialism, *Forty-seventh Annual Report of the Bureau of American Ethnology*(Washington, 1932), pp. 467~544.

볼테와 폴리브카 같은 학자들도 주로 비교 연구의 방법론에 의존했다.

　어느 한 덩어리의 민담을 집중적으로 연구하는 것은 민담 연구의 역사에서 별로 대단치 않게 여겨져 왔고, 그런 연구 방법의 효과에 대해서도 회의적이었다. 아무튼 이런 심층적 연구는 민담 속에 깃들어 있는 문화 행태를 수집, 분석했는데, 주로 아메리카 인디언 자료에 집중되어 있다. 가령 프란츠 보아스의 「침시아 족 신화에 바탕을 둔 부족 기술」,[2] 프란츠 보아스의 『콰키우틀 신화에 나타난 고유 문화』,[3] 클라라 얼리히의 「크로 신화의 부족적 문화」[4] 등이 대표적 사례이다. 이러한 연구들은 신화 속에 많은 문화적 자료가 깃들어 있음을 보여주고, 문화를 이해하는 데 민담이 중요하다는 것을 증명한다. 이렇게 하는 것만이 민담의 심층적 연구의 유일한 방법은 아니다. 보아스는 「에스키모 족의 민담」에서 에스키모 민담의 주제들을 정의하고 그것을 다른 지역들의 민담과 대비시켰다.[5] 그는 이런 주제들이 문화의 행태 및 이상과 관련이 있음을 밝혔다. 그 외에 원주민 이야기꾼을 연구

2 *Thirty-first Annual Report of the Bureau of American Ethnology*(Washington, 1916), pp. 29~1037

3 Memoirs of the American Folk-Lore Society, No. 28(New York, 1935).

4 *Journal of American Folk-Lore 46: 128(1933)*.

해볼 수도 있다. 다시 말해 그가 머릿속에 가지고 있는 문학적 자료들과 그 자료의 처리 방식을 연구하는 것이다.[6]

이러한 문제들은 아직 본격적으로 연구가 되지 않았고, 다음과 같은 상황이 겹쳐져서 민담 전공자들의 태만을 가져왔다. 첫째, 민담 연구 초창기의 가장 혁혁한 연구 성과는 민담 에피소드와 플롯이 얼마나 널리 퍼졌는지 그 유포 상태를 추적하는 것이었다. 그러다 보니 모두 이 전파 연구에만 합류했다.

둘째, 어떤 특정 민담을 집중 연구하여 성과를 올리려면 그 전에 어떤 조건들을 충족시켜야 한다. 그런데 기존의 민담집에서는 이런 조건들이 충족되지 않았다. 어떤 특정 신화군이 유익한 연구의 대상이 되려면, 민담이 어린이 오락용이나 주술의 의식 지원용이 아니라 부족 생활에서 중요한 지위를 차지해야 한다. 상당한 분량의 이야기가 오랜 기간에 걸쳐 축적되어야 하고, 그 민담을 말하는 부족의 문화가 잘 알려져 있어야 한다. 그 민담이 현재 살아서 기능을 발휘하는 하나의 문화적 특징이어야 한다.

---

5 *Journal of American Folk-Lore* 17: 1~13(1904); 다음 자료 참조, Ralph L. Briggs, The Hero in the Folk Tales of Spain, Germany and Russia, *Journal of American Folk-Lore* 44: 27~42(1931).
6 비교 연구를 위해 다음 자료를 볼 것, Dorothy Demetracopoulou, The Loon Woman: A Study in Synthesis, *Journal of American Folk-Lore* 46: 1~128(1933).

이러한 선결 조건이 가장 잘 구현된 것이, 미국 남서부 지방의 최대 푸에블로 부족인 주니 족의 민담이다. 북아메리카의 다른 인디언 부족과 비교해보아도 주니 민담은 잘 발달되어 있을 뿐만 아니라 진지한 예술이다. 또한 여러 학자들이 50년 이상에 걸쳐 많은 자료를 수집해 놓았다. 주니 족의 문화는 잘 알려져 있으며, 이런 민담을 논의하는 데 주니 족의 신념과 행동을 나 자신이 직접 알고 있다는 것도 도움이 되었다. 다른 연구자들의 기록 또한 많이 참조할 수 있었다. 마지막으로 북아메리카의 다른 부족들과는 다르게 주니 민담은 죽어버린 것이 아니다. 그 민담 속의 여러 과정은 민담 고고학을 통해 재구성해야 되는 것이 아니라 오늘날에도 관찰과 실험이 가능한 것이다.

이러한 조건들이 충족될 때, 특정 민담의 심층적 연구는 이론적으로 아주 중요한 것이 된다. 그 주제가 역사의 재구성이든 문화의 연구든 구전의 문학적 문제이든 상관하지 않고 말이다. 문화와 구전의 연구는 이 민담의 심층적 연구를 통해 가장 잘 이루어질 수 있으며, 비교 연구를 중시한 나머지 무시되었던 상징의 연구도 소정의 결과를 가져올 수 있다. 민담 비교 연구의 주된 목적이라고 할 수 있는 역사적 재구성에서도 심층 연구는 기여하는 바가 많다. 도서관의 자료를 가지고 비교 연구를 하는 학생들은 주로 한 지역의 대표적 민담 버전만을 가지고 연구를 한다. 그런데 이 버전은 제멋대로 "유일한" 민담으로 둔갑해버린다. 그리고 이 버전을 가지고 다른 부족의 역시 임의적인 대표 버전과 비교한다. 그런데 실상은 어떤가. 가령 주니 신화군에는 다른 변종들이 존재한다. 이런 변종들은 다른 역사적 층위나 특정 부족들과의 접촉 때문에 생겨난 것이 아니라 플롯을 다르게 구성하면서 사건들을 다르게 배치한 결과이다. 비교 연구 학생들이 민담의 심층적 연구를 하게 되면 동일한 부족 내에 여러 다른 버전이 있음을 알게 되어 현실과 다른 주장을 하지 못할 것이다.

내가 여기서 주니 신화와 관련하여 다룰 문제는 다음 두 가지이다. 첫째, 주니 민담이 정교하게 구성한 주제들을 파악하고 그것이 주니 문화와 어떤 연관을 맺는지 살펴본다. 둘째, 주니 이야기꾼의 문학적 문제들을 살펴본다.

1

그 어떤 민담도 보편적이지 않다. 그것은 언제나 특정한 생활 조건, 사회조직, 종교 등을 가진 특정한 부족의 이야기이다. 어떤 민담이 그 문화 속에서 자리 잡게 되는 최종 형태는 그 부족의 생활이나 태도를 완전히 알지 않고서는 발견하기 어렵다. 어떤 이론적 입장을 갖고 있든, 민담의 연구자들은 민담이 문화와 일치하기도 하고 때로는 일치하지 않기도 한다는 것을 발견한다. 대부분의 민담 연구가들은 이것을 해명하는 하나의 편리한 설명에 동의한다. 즉 민담은 그것을 말하는 이야기꾼의 관습과 신념을 반영하는 것이 아니라, 그로부터 여러 세대 전의 관습과 신념을 전달하는 것이다. 이 때문에 사람들은 구두 전승을 열심히 연구한다. 아들이 아버지를 잡아먹는 야만의 조건과 인간이 동물을 제압한 원초적 조건 등이 민담 속에 녹아 있다고 보는 것이다.

오래 전에 폐기된 관습을 영속화시키는 보수주의는 살아 있는 민담보다는 죽어버린 민담의 특징이다. 민담의 해석에서 살아남음을 강조하는 것은 서구 문명의 구두 전승의 특징 때문이다. 유럽의 민담은, 오늘날 평원 인디언의 민담이 그렇듯이 나이든 사람들의 기억에서 되살려낸 것이다. 민담은 그 전성기를 한참 지난 후에 수집가에 의해 수집된 것이다. 그림 형제의 민담은 동시대의 개인주의나 도시 문명이 아니라 봉건 시대의 풍습과 관습을 반영하고 있는 것으로 판명되었다. 오래된 관습의 전승은 시간의 경과에도 불구하고 민담 속에서 영속되는 것이다. 민담의 노화현상은 하나의 법칙으로 일반화되었고, 그것을 바탕으로 신화가 정교하게 해석되고 있다. 민담은 더 이상 살아 있는 특징이 아님에도 불구하고 현재에 살아남아 적절히 수집될 수가 있다. 북아메리카 인디언은 원래의 문화생활이 중단된 지 오래되었지만 지금도 그들의 민담을 말해줄 수 있다. 그리고 주로 어린 시절 그 이야기를 들은 노인들을 통해서 많은 가치 있는 신화군이 죽어버린 문화 속에서 수집되었다.

하지만 이런 경우에 문화 속의 신화 기능이라든지 문화 적응의 과정은 적절히 연구할 수가 없다. 이런 조건 아래서 서로 다른 민담의 버전을 비교하면, 죽은 문화의 특징 중 어떤 부분이 더 많이 살아남았고 어떤 부분이 덜 전해졌는가 알 수는 있겠지만, 비교의 진정한 효과는 없다. 이와는 달리, 주니 민담은 지금도 지속적으로 말해지고 있고, 그 민담을 서로 말하는 것이 공동체의 중요 구성원들의 습관적 관심사 이다.

주니 신화와 같은 살아 있는 민담은 이야기꾼의 당대적 관심사와 그의 판단이 들어가 있다. 또 이야기들을 그 당대의 문화적 용도에 적응시킨다. 다른 문화적 특징과 마찬가지로 민담은 전통적 형태를 영속화시키는 경향이 있다. 당대의 정치 기술과 도덕에 지체 현상이 벌어지는 것처럼 민담에도 지체가 있다. 하지만 다른 문화적 특징과 마찬가지로, 민담에서도 이런 보수주의의 범위는 제한되어 있다. 종족의 기억 속에 보관된 여러 가지 사항을 재구성하는 것만으로는 충분하지 않다. 그 문화에서 이미 사라져버린 태도보다는 현대의 태도를 함께 검토할 필요가 있다. 여기에 모아 놓은 주니 신화들 속에서도 행동의 구체적 사항 등 문화적 지체가 분명하게 보인다. 예를 들어 주니 민담에서(단 멕시코 이야기꾼들의 민담은 제외) 집안으로 들어가는 방식은 문을 열고 들어가는 것이 아니라, 사다리로 집 꼭대기에 올라가 해치를 통해 다른 사다리로 실내로 들어가는 것이 일반적이다. 그렇지만 1888년 이래 주니 족 사이에서 문이 일반화되었고, 오늘날 키바를 제외하고는 모든 집의 출입구가 문이다. 따라서 과거의 생활 조건이 예배당과 민담 속에 보존되어 있는 것이다. 돌칼도 마찬가지다. 돌칼은 아직도 제단 위에 올려놓고 의식용으로 사용되고 있는데, 민담 속에서도 영웅은 오늘날 널리 퍼진 가게에서 파는 칼이 아니라 돌칼을 사용하고 있다. 민담 속에는 현대의 이기利器들도 등장하지 않는다. 오늘날 주니 족 남자들은 대부분 목양을 하고 사냥은 하지 않는다. 그러나 민담 속에서 모든 영웅은 사냥꾼이고 멕시코 민담 이외에는 목양 이야기가 나오지 않는다. 마찬가지로 오늘날 남자들은 여자에게 줄 선물 꾸러미를 안고 구애를 하러 오지 않는다. 하지만 민담에서는 이렇게 하는 것이 일반적 절차이다. 오늘날 주술결사 활동은 동지 때 철야 의식, 만월 때 각자 기도봉 세우는 의식, 기타 부수적인 활동으로 구성되어 있다. 하지만 민담에서는, 모든 구성원이 매일 밤 식구들이 잠들기를 기다려 주술결사 행사에 참석했다가 집으로 돌아오는 것으로 되어 있다.

민담 속 상황과 현재 상황 사이의 차이에서 드러나는 문화적 지체는 단기간의 일일 뿐, 언어나 문화의 비교 연구 등의 관점에서 역사를 재구성할 정도는 아니다. 민담 속 상황이나 현대의 상황이나 주장하는 바는 상당히 유사하다. 주니 생활에서 남녀의 역할, 사제단의 역할, 성 생활의 행태, 주술에 대한 관심 등이 잘 드러나 있는 것이다.

주니 관습과 문학적 협약 사이에 어떤 차이가 있을 때에도 그 차이는 오래된 관습의 보존이라는 문제와는 상관없는 것에서 왔다. 위에서 언급한 차이의 문제에서도 문화적 지체는 충분한 설명이 되지 못한다. 실제로 멀지 않은 과거에 주니 족 남자들은 매일 밤 주술결사 모임에 나갔던 것이다. 가까운 과거나 아주 먼 과거 할 것 없이, 이것은 황금시대에 대한 관습적 묘사인데, 황금시대는 종종 상상 속에서만 존재했다. 그 차이를 문화적 지체의 탓으로 돌릴 수도 있겠지만 동시에 이상화하려는 충동의 탓으로 볼 수도 있다. 마찬가지로 선물 꾸러미를 들고 구애하는 것은 예전 관습이 살아남은 것이 아니라, 문학적 협약이 늘 그러하듯이 빌려온 사건에서 가져온 것일 수도 있다. 돌칼이나 해치를 통한 출입은 고민

없던 황금시대를 묘사하기 위한 협약의 하나일 수도 있다. 이런 이야기들은 막대기 경주stick race(일종의 무공 올리기 경쟁. 자세한 것은 「원시적 자유」 참조-옮긴이)에 출전하여 늘 뛰어난 무용을 보이는 영웅의 이야기가 동일 선상에 있다.

민담의 이런 이상화 경향은 자주 지적되어 왔다. 주니 신화에는 간단히 무시해버릴 수 없는 또 다른 특이점이 있다. 가장 현저한 사례는 이야기 속에 일부다처의 주제가 반복되어 나타난다는 것이다. 주니의 제도는 완벽한 일부일처제이다. 물론 민담의 패턴이 예전의 생활 조건을 반영한 것일 수도 있다. 일부다처제는 남서부를 제외한 북아메리카 전역에서 허용되었다. 또 주니 족 근처의 부족에서는 심지어 일처다부제도 허용되었다. 여러 명의 배우자를 거느리는 것에 대한 터부가 없었음은 아주 오래된 북아메리카 인디언의 특징이었다. 하지만 주니 민담의 특징을 이런 예전 배경의 탓으로 돌리기 어려운 데에는 다음과 같은 두 가지 이유가 있다.

첫째, 모든 푸에블로 문화는 주니 족처럼 일부다처제를 금기시했고, 물질 문화의 고고학적 증거가 밝혀주듯이, 아주 오래되고 안정적이었다. 푸에블로 문화가 형태를 잡은 때보다 더 오래된 문화적 조건을 반영한 민담을 전 세계에서 찾아볼 수 있겠는지 의문스럽다. 따라서 이런 설명은 불만족스러운 것이다.

둘째, 설사 주니 민담의 일부다처제가 과거 문화의 잔재라고 치더라도, 왜 여덟 명의 여자와의 결혼 혹은 두 명의 남자와의 결혼 등이 주니 신화에서만 나타나고 다른 북아메리카 지역에서는 나타나지 않는지 설명해야 한다.

일부다처제는 대부분의 대륙에서 허용되는 문화적 조건이었고, 그래서 그들의 민담에서는 푸에블로 민담처럼 일부다처 이야기가 나오지 않는다. 북아메리카의 민담 패턴이 분포된 상황을 연구한 결과 이런 결론이 나왔다. 푸에블로 민담 속의 일부다처는 한편으로는 신화적 과장이고 다른 한편으로는 보상적 백일몽이다. 민담 속의 영웅이 하루에 사슴을 한 마리 혹은 네 마리를 한꺼번에 죽이듯이, 또한 여덟 명의 처녀로부터 구애를 받고 그들과 모두 결혼하는 것이다. 어떤 영웅이 초자연적 아버지로부터 초자연적 힘을 물려받으면, 영웅은 그를 조롱하던 사제의 딸 여덟 명을 죽인 다음 다시 소생시켜 그에게 봉사하게 함으로써 그의 힘을 과시한다. 그것은 엄청난 힘의 과시로서, 여덟 아내의 소생을 비로 축복하는 것과 마찬가지의 성격이다. 그 축복의 비는 얼마나 엄청난지 그 후 홍수가 져서 계곡이 모두 물에 잠기는 바람에 사람들이 메사에 피신을 해야 할 정도였다. 마찬가지로, 초자연적 힘을 가진 누이를 둔 한 사냥꾼은 일곱 마을에서 온 일곱 여자와 결혼을 하는데, 그 중 한 주술사 아내는 보복하기 위해 여덟 명의 학 처녀가 그 사냥꾼을 납치하여 4년간 남편으로 삼게 한다. 많은 여자와 결혼한다는 주니 신화의 판타지는 다른 신화에서 죽은 자의 부활이나 한 걸음에 7리그(21마일)를 간다는 신발과 같은 수준의 판타지이다. 이것은 주니 신화에서 동화의 역할을 하지만, 일부다처나 일처다부가 현실인 다른 북아메리카 지역의 신화에서는 등장하지 않는다. 주니 신화에 보상의 요소가 어느 정도 작용하고 있는지 증명하기는 어렵지만, 그런 요소가 깃들어 있음은 명확하다.

관습과 민담의 다른 차이들은 근본적으로 보상의 차원으로 설명되어야 한다. 아이를 낳자마자 버린다는 주제도 주니 신화에서 반복적으로 나오는데, 주니 관습에서는 낯선 일이다. 실제 상황을 살펴보면 그것은 생각조차 할 수 없는 일이다. 사생아는 엄마의 집에서 키워지고, 그에 따라 명예 훼손에 가까운 소문이 많이 퍼지지만 아이를 버렸다는 이야기는 나오지 않는다. 아이의 부모뿐만 아니라 남자와 여자는 아이를 정성스레 돌본다. 사생아를 내다 버린다는 문화적 배경은 없다. 마을에 기근이 돌아 아이를 내버린 경우에 대해서는 즉각 판단을 내리기가 어렵다. 흉년이 들지 않은 푸에블로의 다른 지역으로 옮겨간 것은 객관적 사실이므로, 아이들이 너무 많아 다 데리고 갈 수 없거나 너무 어려 여행을 할 수 없을 경우 이런 일이 벌어졌을 수도 있다. 하지만 이런 때에도 아이들을 잘 돌보았다는 기억만이 남아 있다. 그러나 분만 중이던 여자가 아이를 낳자 그 아이를 맷돌에 감춰두고 떠난 일행을 뒤쫓아 왔다는 이야기는 현대의 주니 족들도 기이하게 여긴다. 아이를 낳은 직후 마치 아무 일도 없었다는 듯이 벌떡 일어난 여자 이야기가 늘 사람들을 놀라게 하듯이. 아이의 유기와 산모의 갑작스러운 회복은 하나의 카테고리로 묶인다. 갓난아이 유기 이야기를 할 때, 이야기꾼은 그 사건에서 이런 결론을 내린다. "바로 그 때문에 결혼하기 전에 임신을 한 여자들은 그들의 임신 상태를 감추었던 것입니다." 이것은 객관적인 사실이다. 그래서 이야기꾼은 "그 때문에 여자들이 아이를 유기했습니다"라고는 말하지 않는다.

아무튼 어린아이 유기는 주니 민담에서 아주 인기 높은 주제이다. 이것을 해석하는 단서는 이야기의 청취자가 어머니가 아니라 아이와 자기 자신을 동일시하기 때문이다. 어머니와 자기 자신을 동일시할 것으로 예상되는 여자들조차도, 아이와 어머니가 재회할 때에는 아이의 관점에서 그 사건을 논평한다. "아이는 어머니를 울게 만들었어." 한 여인은 열띤 목소리로 말한다. "그 엄마는 너무나 부끄러웠어." 민담의 플롯은 초자연적 힘의 도움과 불쌍한 어린아이의 성공에 맞추어져 있다. 때로는 플롯 전체가 어머니의 학대에도 불구하고 성공을 거둔 버려진 아이에게 맞추어져 있다. 「잠자리의 보호를 받은 버려진 아이들」이라는 인기 높은 이야기 속에서는, 가난에 빠진 부모가 아이들을 찾아와 도움을 요청한다. 성장한 아이가 관대한 태도를 보이고 또 사제 계급에 임명됨으로써, 아이의 관점에서 본 백일몽은 완성된다. 「태양의 쌍둥이」는 두 가지 버전이 있는데, 생후 버려진 쌍둥이가 나중에 되돌아와 생모를 웃음거리로 만들고 죄악을 고백하게 한다. 이 두 버전은 산모가 아이를 버리지 않고, 임신 사실을 숨긴 데 대해 주술사 혹은 사제에 의해 단죄되어 살해당하는 다른 두 버전과 크게 대조를 이룬다. 산모의 두 아들은 어머니에게 모욕을 주는 것이 아니라 어머니의 기억을 추모한다. 두 이야기의 요점은 전혀 다르다.

주니 족의 아동 유기 신화는, 자신이 갑자기 죽어 부모를 후회하게 만든다는 미국 자녀들의 백일몽과 유사하다. 아이가 부모에게 느끼는 적개심을 이렇게 돌려 표현하여 아이의 백일몽으로 구체화한 것이다.

주니 문화를 현실과는 약간 다르게 반영하는 또 다른 주제는 은밀한 적개심에 바탕을 둔 난폭한 행동이다. 주니 족 사이에서 불평불만은 흔한 일이다. 자그마한 공동체 내에서 모욕과 분노를 표현하는 일반적 감정이다. 실제생활에서는 불평불만이 표출되어 봐야 사악한 비방이나 중상 정도로 그치고 만다. 하지만 민담 속에서는 남을 화나게 만든 자는 반드시 죽는다. 민담 속의 사람들은 남들의 번영을 불평하면서 그들을 파괴하려 든다. 사냥에서 성공한 사람에게 불만을 품고 그를 죽이려 한다. 주니 족에게 새로운 춤을 가져온 초자연적 능력의 소유자를 질투하여 그에게 저주를 건다. 가르침을 주었는데도 보수를 받지 못한 사제는 그 비행자를 죽인다. 게으름을 피우다 야단을 맞은 여자아이는 가출함으로써 자신의 불만을 표출한다. 그 아이의 가족들은 아이가 죽을까 두려워하여 수색 작업을 벌이고 초자연적 힘의 도움으로 마침내 아이를 찾아낸다. 한 여자가 국자를 빌려주지 않아 사람들이 손으로 물을 떠먹게 되자 분쟁이 벌어져 두 여자가 살해당한다. 남자나 여자나 구애 과정에서 사소한 모욕을 당해도 분노한다. 여자는 사냥감의 일부를 떼어주지(민담 속의 구애 행위 중 하나) 않은 남자를 죽이려 한다. 남자는 자신을 비웃는 여자나 물을 마시게(오늘날에도 구애 행위의 하나) 해주지 않은 여자를 죽이거나 저주를 건다. 아내에게 버림받은 남편은 의식을 벌여 푸에블로 전체를 싹 쓸어낼 만한 가뭄, 지진, 전염병을 내려달라고 빈다. 버림받은 아내는 나바호 족이나 아파치 족을 데려와 마을을 파괴하고 남편을 죽이려 한다. 평원 인디언과는 다르게, 주니 민속에는 아무리 사소한 모욕이라도 관대하게 눈감아준다는 이상이 없고, 그래서 주니 민담에는 과장된 복수의 판타지가 등장한다. 살인 사건이 아주 드물게 벌어져서 기억조차 하지 못하는 주니 사회에서, 이런 난폭한 복수극을 상상한다는 것은 아주 이례적이다.

주니 족의 사상에 어울리게도, 이러한 복수극은 "이웃사람들에게 당신을 사랑하도록 가르치기 위한 것", 다시 말해 당신에게 예의바르게 행동하도록 가르치는 것이라고 해석된다. 할머니 집에 쓰레기와 오줌을 던져서 사람들이 침을 뱉고 경멸하는 아이들은 '소금 어머니'의 도움을 얻어 마을 사람들의 옷을 모두 가져간다. 아이들은 그녀에게 말한다. "이 티와나의 사람들은 우리를 미워해요. 우리는 그들이 우리를 사랑하는 법을 배웠으면 좋겠어요." 사람들은 옷이 없어 하루 종일 침상에 누워 있다. 그리고 마침내 부끄러움을 무릅쓰고 불쌍한 아이들에게 뭐든 하겠다고 구걸하는 상황이 된다. 아이들을 사람들이 "그들을 사랑하겠다"고 말하자 저주를 풀어준다. 이 이야기는 주니 식의 "이웃사람들에게 당신을 사랑하도록 가르치기 위한" 사고방식을 잘 보여준다.

따라서 현실을 반영하지 않는 주니 민담은 다양한 판타지의 과장과 보상적 메커니즘 때문에 그런 형태를 취하게 된 것이다. 백일몽과 소망 충족의 역할은 이런 왜곡의 사례에만 국한된 것은 아니다. 당대의 무대를 아주 자세하게 반영한 이야기 속에서도 그런 주제가 드러난다. 통상의 백일몽이 전쟁에서의 용기와 별로 상관이 없다는 점에서, 주니 민담은 북아메리카 민담과 다르다. 주니 민담에는 평원 인디언의 민담에 많이 나오는 초자연적 만남이나 권력의 획득 따위는 거의 나오지 않는다. 주니 민담은 무엇을 뺄 것인가 혹은 무엇을 보태 넣을 것인가 하는 점에서 주니 판타지에 아주 충실하다. 가장 인기 높은 주제는 경멸당한 자, 힘없는 자, 학대당한 자가 승리하는 것이다. 가난한 고아 남자아이가 사냥, 막대기 경주, 노름, 구애에서 승리를 거둔다. 주술의 힘이 없는 자가 그런 힘을 가진 자에게 이긴다. 왜소한 부랑자 아하이유테가 모든 것에서 첫 번째 자리를 차지한다.

주니 민담에는 특이하게도 온화함이 있다. 이 온화함은 위에서 말한 복수극의 난폭한 행동과는 좋은 대조를 이룬다. 복수극의 경우 백일몽 속의 난폭함은 거의 상상을 초월할 정도인데, 주니 행동에는 그런 복수가 없다는 객관적 사실 덕분에 극단으로 나아갈 수 있는 것이다. 다른 이야기들에서는 주니 생활과 제도의 온화함이 정확하게 반영되어 있다. 모든 주술사를 아파치 공격용 함정에 몰아넣은 다음 보우 사제로 만든다는 아이디어는 다소 기이하다. "그래서 아룩파는 모든 주술사들을 보우 사제단으로 만들었다. 그들은 한적한 곳으로 물러가 자신을 정화하라는 명령을 받았다. 그들은 보우 사제가 되었다. 단 한 명의 주술사만이 물러가지 않아도 되었다. 그래서 하나만 남았다. 이 때문에 주술사 집단은 더이상 존재하지 않게 되었다. 왜냐하면 아룩파가 그들을 모두 보우 사제로 만들었기 때문이다." 이 이야기는 주니 족 보우 사제단의 커다란 위력이나 주술사에 대한 공포와 증오를 의문시하지 않는다. 그럼에도 불구하고 그 결론은 타당한 것으로 느껴진다. 개인적 복수의 경우, 아내의 과시벽을 괴로워하던 사제의 아들이 아파치를 불러 자신을 죽여 달라고 한다. 그의 사후에 아내가 얼마나 남편의 기억을 충실히 간직하는지 테스트하기 위해서였다. 하지만 그녀는 추모하지 않고 인기 높은 야야 춤 행사에 참가하여 즐겁게 놀았다. 그것으로 그는 아내의 애정이 너무 천박하여 남편을 존경할 수 없다는 것을 알았다. "그래서 그는 독수리가 되었고 그 때문에 우리는 독수리의 깃털을 높이 평가하게 되었다."

2

원시 부족의 이야기꾼이 대면하게 되는 문학적 문제는 자주 오해된다. 원시 신화의 전통과 미국 문학의 독창성 강조 사이에는 커다란 간격이 있다. 그 때문에 미국 문명에 속한 독자들이 민담집을 접하면 종종 그릇된 결론을 내린다. 많은 학생이 민담의 이야기들은 현재 상태로 고정되어 있고, 이야기꾼은 아무런 문학적 문제도 가지고 있지 않으며, 민담은 공동저자라는 신비한 원천에서 나왔다고 생각한다. 또는 이와 정반대로 민담의 이야기들을 훨씬 우연성이 많은 것으로 해석하기도 한다. 왜냐하면 외부인의 입장에서 보면, 이야기를 구축하는 사건에 다른 사건을 대입시켜도 무방하고, 스타일의 요소도 이런저런 방식으로 생략하거나 확대할 수 있는 것처럼 보이기 때문이다. 이야기의 수월함과 전파성 때문에 민담 분야의 예술가가 처한 문제는 다른 분야, 가령 조형 예술가의 문제보다 훨씬 더 오해가 되는 것이다.

철 세공품에 공동디자이너가 없고 종교 의식에 공동사제가 없듯이, 민담에도 공동저자는 없다. 그 모든 것은 비현실적인 생각이다. 남자, 여자, 아이들의 행동을 빼놓고는 그 어떤 문화적 특성의 원천도 있을 수 없다. 그 과정에 공통적인 것이 있다면 사회적 수용이라고 할 수 있는데, 이것 덕분에 문화적 특성이 후대에 전달되는 가르침의 일부분이 되는 것이다. 주니 민담에서 이야기꾼의 역할은 미국 문명의 스토리텔러의 역할 못지않게 분명하다. 하지만 그의 이야기 범위는 청중의 역할에 따라 약간 변한다.

반면 민담에 대한 또 다른 심각한 오해는, 외부인들이 이야기꾼의 엄격한 활동 범위를 잘 알지 못한다는 것이다. 예술가는 음악에서도 그렇지만 민담에서도 일정한 전통적 범위 내에서 활동할 수 있을 뿐이다. 민속 문학을 이해하는 첫 걸음은 이야기꾼의 활동 범위를 먼저 이해하는 것이다.

주니 족에게 이야기는 뚜렷이 구분되는 카테고리로 나누어지는 것이 아니다. 주니의 성경이라고 할 수 있는 출현 이야기도 사제들의 보관물이 아니고 또 그들의 소유도 아니다. 일반 신자들도 노변에서 얼마든지 이야기할 수 있다. 그런 이야기들의 버전은 서로 현저하게 다른데, 사건의 순서가 다르다기보다 도입되는 세부사항이 다르다. 또 출현 이야기의 일부를 따로 떼어내 오락용으로 활용하기도 한다.

카치나 신의 이야기도 특별한 그룹을 형성하지 않는다. 카치나는 심지어 유럽의 이야기들에도 도입되고 있으며, 로맨스의 영웅으로 둔갑하여 여러 명의 아내와 결혼하고 주술사와 경쟁하고 막대기 경주에서 승리한다. 인류학자 쿠싱의 시절 이래, 아하이유테의 일정한 이야기들은 카치나에게서 나온 것이고, 자그마한 이들 초자연적 쌍둥이는 모든 종류의 이야기에서 초자연적 도우미로 등장한다. 그들은 인근 멕시코 이야기에서는 "카피탄"으로 둔갑하여 멕시코 사람으로부터 개를 사들인다. 아하이유테의 다른 이야기들은 주니 백일몽을 그대로 베낀 것으로, 모든 사람이 꿈꾸는 소망 충족을 표현한다. 그런 버전 중, 다양한 이야기들이 아하이유테에서 나온 것으로 여겨지고 있다. 그리고 이런 경향은 주니 족 사이에서 아직도 남아 있는 것으로 보인다. 만약 이것이 사실이라면, 10년 전 이 이야기들을 수집했을 때 포함되지 않은 다른 이야기들이 미래의 아하이유테 이야기가 될 가능성도 있다.

주니 족 사이에서는 민담이 이처럼 살아 움직이고 인기 있는 것이기 때문에, 유럽에서 나온 이야기들도 다른 이야기들과 그리 다르지 않게 받아들여진다. 이야기꾼들이 반복하여 들려주는 인기 있는 민담들은 아주 세세한 곳까지 주니 생활의 세부사항을 반영하고 있다. 쿠싱은 이미 50년 전에 이런 현상의 뛰어난 사례로 「수탉과 생쥐」 이야기를 발표했다. 이것은 그가 주니 족에 심어놓은 이탈리아의 누적설화를 채록한 것이다.[7]

동물 요정 이야기는 많은 북아메리카 신화의 상당 부분을 차지하는데, 주니 신화에서는 별로 나오지 않는다.

따라서 동물이 주인공인 사건은 별로 발생하지 않기 때문에 모든 설화에서 이야기꾼에게는 거의 동일한 목적이 존재하게 된다. 이런 양식상의 의도 중 가장 많이 사용되는 것은 끝없는 문화적 세부사항의 도입이다. 침시안 족, 콰키우틀 족, 크로 족 등 대부분의 부족 민담에서 볼 수 있는 문화적

---

7 Cushing, *Zuni Folk Tales*, p. 411.

특징은 사회생활의 여러 단계를 적절하게 묘사하는 것이다. 주니 족에게는 그것 이외에 세부사항을 되풀이한다는 추가적 특징이 있다. 가장 극단적인 사례가 의식을 아주 길게 묘사한 이야기다. 이것은 특별한 구성이 없고 죽은 아내를 슬퍼하는 페크윈의 이야기, 주니 족 3대 종교 조직으로부터 위로를 받은 이야기, 그 다음에 춤을 춘 이야기, 마지막으로 콤 댄스의 커다란 의식을 집행한 이야기 등을 한데 엮어놓은 것이다. 이 의식 중, 춤에 참가한 마흔 명 이상의 춤꾼들은 보우 사제에 의해 각자 이야기를 하라는 초청을 받는다. 이렇게 해서 마흔 번이나 이야기가 되풀이되는 동안 사제들은 그 개인의 집을 찾아가서 그곳에 사는 사람들에게 전통적인 인사를 건넨다. "나의 아버지들, 나의 어머니들, 나의 자식들, 당신들은 요즘 어떻게 살고 있습니까?"라는 인사에 식구들은 대답을 하고, 사제들에게 밥을 제공한다. 사제들은 이어 음식 대접에 감사를 표시하고 그들이 춤에서 맡아야 할 역할을 설명한 후, 그들을 사제들의 방으로 데려가거나 아니면 그 의식에 참가할 준비를 하라고 말미를 준다. 어느 경우든, 사제들이 방에 들어가면 거기 앉아 있던 사람들이 현재 하는 일이 묘사된다. 춤추는 방식과 그 커다란 행사 자체가 같은 방식으로 아주 꼼꼼하게 묘사된다.

주니 이야기꾼은 일반적인 관심사 이외에 어떤 세부사항

을 반드시 말해야 하는 의무를 갖고 있다. 방문객에게 음식을 전하고 감사를 받는 인사의 절차는 이야기 속에서 거듭거듭 되풀이된다. 이야기가 벌어지는 곳이 어떤 지방인지 반드시 밝혀야 한다. 그 지방에 따라 벌어지는 이야기가 다르다. 가령 쿤테카이아는 주술사 이야기의 무대이고 헤콕타는 괴물 이야기의 무대이다.

동서남북 네 방향의 표시는 뚜렷하지만 라구나의 푸에블로 이야기들처럼 양식상의 필수는 아니다. 필요한 곳에서는 동물의 도움을 도입하는 것이 주니 민담의 두드러진 특징이다. 이런 동물들은 그 능력에 따라 주인공을 위해 날아다니기도 하고, 물어뜯기도 하고, 죽이기도 한다. 모든 이야기에서 정확성과 간명함이라는 양식상의 특징은 찾아볼 수 없다. 이런 특징은 너무나 현저하여 텍스트의 번역본에서도 능히 발견할 수 있다.

주니 이야기꾼은 자신이 알고 있는 특별한 지식을 자유롭게 이야기 속에 도입한다. 만약 그가 콤 댄스에 참가했다면 이야기 속에 콤 댄스가 나오는 부분은 그의 경험으로 대체되고, 이어 남들도 그 부분을 따라서 말한다. 여자 이야기꾼은 물론이고 남자 이야기꾼도 여자의 출산이나 요리 기술에 대한 것을 이야기 속에 집어넣는다. 출현 이야기는 이야기꾼이 잘 알고 있는 다양한 의식을 집어넣는 바탕이 된다.

쿠싱의 「수탉과 생쥐」 이야기는 앞에서 이미 언급했다. 이 이야기는 주니 족이 빌려온 이야기를 어떻게 리모델링하는지 잘 보여주는 양식상의 사례이다. 쿠싱은 한 무리의 원주민 친구들에게 유럽의 누적설화를 들려주었고, 일 년 후 같은 이야기를 원주민 친구가 다르게 이야기하는 것을 기록했다. 유럽의 민담은 수탉과 생쥐가 견과를 함께 주운 이야기이다. 수탉이 견과를 집으려고 아무리 애를 써도 잘 안 되자 생쥐에게 견과를 하나 던지라고 요청했다. 수탉은 그 견과에 머리를 다쳤다. 그는 머리에 붕대를 감기 위해 노파에게 달려갔으나 노파는 보상으로 두 개의 머리카락을 요구했다. 그는 머리카락을 얻기 위해 개에게 달려갔으나 개는 빵을 요구했다. 빵을 얻기 위해 빵집 주인에게 가보니 그는 나무를 요구했고, 그것을 얻기 위해 숲에 가보니 숲은 물을 요구했다. 그래서 샘물에 가서 마침내 물을 얻었고, 긴 과정을 되밟아 머리에 붕대를 감을 수 있었다. 이 이야기에는 세부사항이 없다.

주니 족 민담은 이것을 어떻게 각색했을까. 주니의 이야기 기준에 따라 노파와 "벽에 붙여져 있는 독수리 둥지" 같은 칠면조 우리를 묘사하는 것으로 시작한다. 원래 이야기의 수탉은 주니가 좋아하는 동물인 칠면조로 바뀌었다. 칠면조는 수염이 있고 수탉은 없다는 사실이 주니 버전에서 활용되고 있다. 노파는 단 한 마리의 칠면조를 갖고 있고 너무 가난해서 칠면조에게 고기 먹이를 줄 수가 없다. 그래서 칠면조는 늘 고기를 먹고 싶어한다. 어느 날 칠면조는 구멍 속으로 쏙 들어가는 생쥐 꼬리를 보고 벌레인 줄 알고 꽉 잡았다. 생쥐의 꼬리는 "남성성의 상징"이었으므로 생쥐는 복수를 맹세한다. 여기까지 추가된 것은 전통적 문학 동기(무시당한 약자가 적을 정복한다는 것)의 배경을 제공한 것이다. 그 후 생쥐는 수탉과 친구가 되고 수탉은 노파가 던져주는 빵 조각을 생쥐에게 일부 나누어준다. 그리고 마침내 그가 모아놓은 음식물 중에서 견과를 꺼내 칠면조에게 가져다준다. 칠면조는 자기가 생쥐처럼 자유롭게 이런 견과를 모을 수 없는 것을 한탄한다. 그러자 생쥐는 칠면조 우리의 창살을 쏠아서 빠져나올 수 있게 해주겠다고 말한다. 이 사건은 설치류가 이빨로 쏠아서 밧줄, 벽, 나무뿌리 등을 제거하는 '도움을 주는 동물들'을 연상시킨다. 그리고 견과가 머리 위에 떨어져서 칠면조는 잠시 정신을 잃는다. 이때 생쥐는 칠면조의 목 벼슬(칠면조 남성성의 상징)을 쏠아 제거함으로써 자신의 남성성을 모욕당한 데 대해 똑같은 방식으로 복수한다. 칠면조는 곧 정신을 차리고 노파에게 가서 머리의 부상을 치료해달라고 한다. 노파는 보수로 목 벼슬 네 개를 요구한다. 그러나 벼슬은 이미 사라지고 없었다. 칠면조는 그 벼슬을 얻기 위해 개에게 가고 이런 식으로 샘물에게 온다. 샘물은 그에게 신들에게 기우를 비는 데 필요한 기도봉을 요청한다. 이어 비가 오고 칠면조는 다시 지금까지의 과정을 되밟아 부상을 치료한다. 이 이야기는 원래의 것보다 한결 개선되었다. 주니 생활의 세부사항을 도입하여 새로운 문화적 배경을 보여주고 있고, 행동의 동기가 훨씬 교묘하게 보강되었으며, 잘 알려진 주니 사건들을 도입하는 멋진 솜씨를 발휘했다. 주니 양식의 두 번째 이상理想은 많은 사건 중에서 적절한 것들을 골라 플롯의 순서를 잘 짜는 것이다. 주니 청중은 아주 긴 이야기를 좋아하기 때문에 대부분의 이야기가 잘 알려진 사건을 이런저런 방식으로 종합한 것이다. 이런 사건은 공동재산이고 그 개요는 이미 청중에게 알려져 있다. 이 전통적 자료들을 잘 이해하지 못하면 주니 양식상의 문제를 이해하기 어렵다. 현재 시중에 나와 있는 주니 민담집은 실제 말해지는 이런 기다란 이야기들을 모아놓는 것이 아니라, 그런 이야기들을 만드는 데 들어가는 기본적 사건들을 모아놓은 것이다. 민담의 여러 버전을 연구해보면, 구성의 원칙이나 이런 요소들이 이야기꾼에 의해 다루어지는 방식을 알 수가 있다.

　이런 사건들을 구성하는 데 소용되는 주된 주제들은 위에서 이미 언급되었다. 공동의 주제를 강화하기 위해 이런 공동의 사건들을 구성하는 이야기꾼의 능력과 기술은 결코 간단한 역할이 아니다. 이미 알려진 사건들을 잘 종합하는 방식이 주니 청중의 주된 관심사였다. 이야기꾼이 그 사건들을 잘 엮어내는 능력은 여러 이야기에서 되풀이하여 발견할 수 있다.

이런 이야기의 조합 중 어떤 것은 아주 안정되어 있고, 그래서 「상자형 보트」나 「태양의 쌍둥이」 같은 복잡한 이야기는 쿠싱의 버전이나 이 신화집에서 동일한 순서를 따르고 있다. 쿠싱의 이야기들은 50년 전에 다른 의식 절차와 친족 관계를 가진 가정들에서 수집한 것이다. 이 이야기들의 사건 순서는 쿠싱의 시대보다 훨씬 이전에 고정된 것으로 보이며, 주니 족에게 민담이 남아 있는 한 그 고정된 상태를 유지할 것이다.

「태양의 쌍둥이」 같은 이야기에서도 플롯을 구축하는 이야기꾼의 능력이 분명하게 드러난다. 이 신화집 속에 들어 있는 버전 A는 쿠싱의 이야기를 전재한 것으로, 초자연적인 존재에 의해 임신한 자부심 높은 처녀의 주제이다. 이 처녀는 사생아를 낳았다는 이유로 공개리에 처형되었다가 초자연적 아버지의 지시를 받는 두 쌍둥이 아들에 의해 설원을 하게 된다. 「태양의 쌍둥이」와 버전 A의 커다란 차이점은 버전 A에 나오는 비남서부 의식(쿠싱의 이야기에는 쇼쇼니 족의 문화 유사물이 많이 들어가 있다)을 완전히 동화하여 주니의 머리가 죽 춤 의식으로 바꾸어놓은 점이다. 또한 「태양의 쌍둥이」는 쿠싱 이야기의 결론적 사건들을 빼버렸다. 이처럼 결론적 사건들을 삭제한 것과 의식을 바꾼 것은 플롯을 강화할 뿐만 아니라 주니의 문화적 태도와도 일치하는 것이다. 이 두 이야기와 이 신화집에 수록된 버전 B와 C의 차이는 더욱 크다. B와 C에도 동일한 사건들이 사용되었으나 강조하는 주제는 크게 다르다. 태어난 직후 아들을 버린 어머니를 그 아들이 크게 꾸짖는다는 주제이기 때문이다. 이처럼 사건들을 편집하여 다른 주제에 봉사하게 만드는 주니 이야기꾼의 역할은 많은 이야기에서 분명하게 드러난다. 이야기꾼은 자신이 선택한 새로운 순서에 따라 이야기들을 골라 넣는 것이다.

이처럼 자유롭게 플롯을 구축하는 관행은 어떤 이야기의 첫 부분 혹은 결론 부분으로 쓰이는 이야기에 대한 고려 때문에 생겨난 것이기도 했다. 플롯이 허용할 때마다 「초자연적인 자는 사당에 보내진다」 같은 이야기는 반드시 들어간다. 「오르페우스」 사건도 같은 이유로 인기 높았고 「아내 붙잡아두기 시합」과 「주술사 시합」도 유사한 이야기였다. 「악한 자와 적을 벌하기 위해 사람으로 둔갑한 유령」은 여러 이야기의 첫 부분 혹은 결론 부분으로 활용된다. 「카치나 마을의 카치나는 음식 혹은 옷을 제공한다」는 들어가기에 적당하다고 생각되는 부분에서는 반드시 인용된다. 「초자연적 존재가 결혼을 거부한 사람들에게 인도해준 결혼」, 「태양 혹은 뱀에 의한 주술적 임신」, 「가뭄은 놀이에서 옥수수를 잘못 사용했기 때문에 발생한다」 등은 플롯이 완전히 다른 여러 이야기에 인기 높은 서설로 등장한다.

좋은 이야기꾼이라면 이처럼 사건들을 능숙하게 다룰 것이 기대되기 때문에, 어떤 이야기와 다른 부족 이야기와의 상관관계를 명확하게 추적할 수 없는 경우도 있다.

주니 이야기꾼은 공동의 민속적 장치를 마음껏 사용할 수 있다. 가령 주술로 갑자기 가벼워진 짐, 가볍게 달리기 위해 볏짚, 호리병박, 깃털 등을 메고 달리는 선수, 도움을 주는 동물들이 가져다주는 무제한적인 음식, 마법의 힘으로 뛰어넘은 벼랑 등 그런 장치는 아주 많다. 훌륭한 이야기꾼은 이런 장치들을 사이사이 필요할 때마다 집어넣는다.

주니 이야기꾼에게 부여된 가장 큰 자유는 이야기를 설명이나 근원으로 만들어 넣을 수 있다는 것이다. 이러한 "이유의 설명"은 주니 양식상의 필수 사항인데 비해, 다른 아메리카 인디언 민담들은 이처럼 많은 설명적 요소를 제시하지 않는다. 설명의 요소들은 표준화되어 있지 않고 그래서 같은 설명 요소가 심지어 같은 이야기의 다른 버전에도 등장한다. 그리고 훌륭한 이야기꾼은 같은 이야기에 여러 가지 설명 요소를 도입한다.

주니 이야기에서는 개인적 편향과 체험이 중요하다. 이것은 같은 이야기라도 남자 이야기꾼이냐 여자 이야기꾼이냐에 따라 크게 달라진다는 사실로 가장 잘 드러난다. 어느 이야기꾼을 고를 것인가에 대해서는 터부가 없다. 이야기꾼의 무의식적 선호에 따라 이야기의 결과가 달라진다. 남자 이야기꾼은 막대기 경주, 도박, 사냥 등에 관해 긴 이야기를 한다. 반면에 여자 이야기꾼은 요리 기술에 관해 자세하게 말한다.[8]

신데렐라 이야기도 여자 이야기꾼이 말하고, 출산을 도와주다가 산모가 주술로 임신을 한 사실을 알게 되는 이야기도 역시 여자가 말한다. 너무 일을 많이 하는 불쌍한 어린 소녀 이야기도 여자가 말한다. "어린 소녀는 매일 열심히 죽어라 하고 일을 한다. 그 애의 어머니는 말한다. '물이 없어. 가서 물 한 항아리 길어와.' 어린 소녀는 울어버린다. 그녀는 너무 피곤하여 물을 길러 갈 수가 없다." 그때 나방이 등장하여 그녀를 도와준다. 그러나 어린 소녀는 집에 돌아와서도 눈물을 감추지 못한다. 여자 이야기꾼의 민담을 구분해

---

8 하지만 남자 이야기꾼이 말한 민담 중에 아하이유테 할머니에게 요리를 가르치는 신부나 '게으른 뼈들'이 만드는 훌륭한 옥수수 케이크 이야기가 나온다. 이런 이야기들은 덜 정교하다.

주는 세부사항은 아주 특징적이다. 가령 출산 목격담이나 피크닉을 갔다 온 이야기들을 추가하는 것이다. "어머니는 아기를 돌보고 옆에다 편안히 눕혀 놓는다." 옥수수 가루를 빻는 여자에 대해서는 이렇게 묘사한다. "그들의 애인들은 어느 집에서 여자들이 가루를 빻는지 알고 싶어한다. 그들은 얼굴에 솥을 뒤집어쓰고 옥수수 껍질을 벗기러 간다." 어머니가 아이를 출산하자마자 버린 것에 대해 후회하는 이야기 또한 여자 이야기꾼이 말한다. 아이가 태어나자 어머니는 아이를 집어든다. "그녀는 그 아이를 좋아했다. 하지만 그 아이를 집에 데려가는 것을 부끄럽게 여겼다. 그녀는 부드러운 이파리를 뜯어서 둥지를 만든 다음 아기를 거기다 넣었다. 그녀는 잡초와 가지를 꺾어서 아이 머리 위에 차양을 만들었다. 이어 그 아이에게 젖을 주었다." 그 다음날도 돌아와 둥지를 새롭게 하고 젖을 주었다. "사흘째 되는 날 어머니는 저녁 때 다시 아이가 잘 있는지 가보았다. 남자 아이는 사라지고 없었다. 그녀는 사슴의 발자국을 보았다. 그녀는 슬펐다."

동일한 이야기를 남녀 이야기꾼이 각자 이야기한 것들도 있다. 그 중 여자 이야기꾼이 말한 「버림받은 남편」은 여자의 고통을 자세히 설명하고 있다. 남편은 그녀의 요리 솜씨를 칭찬하지 않는다. "그는 정말 잘해 하고 말하는 법이 없어요!" 이어 아내는 다른 사람의 잔치에 가서 요리를 해주고 어떤 남자를 만날 결심을 한다. 그녀가 몸단장을 아름답게 하고 이어 집으로 돌아와 어린 딸을 돌본 이야기를 한다. "그녀는 헝겊 조각으로 인형을 만들었다." 이어 스토리는 그녀가 애인을 만나고 의심하는 남편을 적절히 다루는 장면으로 넘어간다. 남자 이야기꾼의 민담은 이런 것들을 모두 생략하고 남자의 관점에서 이야기한다. 남편은 부정한 아내에 격분하여 푸에블로에 재앙을 가져오겠다고 말한다. 이어 키바 대화의 세부사항을 묘사하고, 지진을 일으키는 의식, 그것을 알려준 친구, 호피 사제의 도움 등을 서술한다.

「토끼 여사냥꾼」에서 여자 버전은 여자가 사냥에서 꾀를 발휘하여 남자보다 더 많이 사냥감을 잡은 이야기를 하고 이어 모래 침대를 만든 이야기, 여자가 아하이유테와 결혼하여 아이를 낳을 때 여자 어머니의 역할 등을 서술한다. 남자 버전은 여자가 재주가 없어서 사냥에서 겨우 토끼 두 마리를 잡은 것만 말한다. 여자 버전에서 나온 구체적 세부사항은 모두 생략된다. 이어 인간 남편과 결혼하여 그 남편을 이끌고 죽음의 땅으로 들어간 이야기를 말한다.

주니 신화와 관련하여 소소한 문제가 하나 남아 있다. 그것은 신화의 역사적 정확성에 대한 것이다. 초창기 인류학자들의 주니 족 및 호피 족 역사의 재구성은 대체로 민담에 나온 서술에 바탕을 둔 것이었다. 그래서 퓨크스는 호피 족의 역사를 동서남북 네 방향에 위치한 다양한 그룹으로 구성된 씨족 사회로 보았다. 그는 호피 족의 사회적 구성이 이처럼 처음부터 뚜렷이 구분되어 있었다고 보았다. 쿠싱도 이와 비슷하게(비록 강도는 떨어지지만) 주니 족의 이동 전설을 해석했다. 이와 관련된 서로 다른 민담의 버전들을 비교해보면 다음 사실을 분명히 알 수 있다. 종종 반복되는 이동 사건인 「계란들의 선」은 다른 주니 민담과 마찬가지로 "이유의 설명" 요소들이 많이 나온다. 이것은 구애 민담이나 주술 민담의 경우와 유사하다. 이런 민담들은 역사 재구성의 발판을 제공하지 못한다. 역사적 근거를 제공하는 다른 "이유의 설명"에서도 같은 이야기를 할 수 있다. 가령 「투피가 아파치를 죽이다」는 머리가죽 춤의 기원으로 제시되는데, 이것을 언급한 민담은 대여섯 가지가 된다. 이 민담은 이야기꾼이 나에게 그 이야기를 해주기 2세대 전에 머리가죽 춤이 생겨났다고 말한다. 하지만 주니의 머리가죽 춤은 이처럼 최근에 생겨난 것이 아니다. 이야기꾼 자신이 그것을 슬쩍 집어넣은 것이다. 그러니까 그가 말한 "기원"은 그의 문학적 솜씨였던 것이다. 한 이야기꾼은 나에게 2세대 전에 나바호 방문자들에 대한 배신 사건을 말해주면서, 그 사건의 주인공이 자기 할아버지였고 또 그 사건이 주니 족 사이에 알비노(백색종)

가 생겨난 기원이라고 말했다. 하지만 그 이야기를 한 직후, 그는 그 사건이 발생하기 훨씬 전에 탄생한 알비노의 이름을 말했다. 나는 이런 불일치를 그에게 말하지 않았고 그 자신도 그것을 의식하지 못했다. 그 자신의 개인적 지식에 비추어보아도 이야기는 역사를 재현하지 않고 있다.

이러한 역사성의 부족은 이유의 설명에서만 그런 것이 아니라 다른 방면에서도 마찬가지다. 번젤 박사가 기록한 역사적 사건과 비교해보면 알비노 민담은 반복적 사건과 수정된 사건 등으로 구축되어 있음을 알 수 있다. 가령 콤 산에서 벌어진 전쟁 이야기의 경우, 이 시기에 라구나 족과 평화 협정을 맺었고 빅 셸 교단이 적을 정복했다고 한다. 이 이야기는 두 가지 무대를 배경으로 전개된다. 하나는 동부 푸에블로와의 전쟁 이야기이고, 다른 하나는 1670년 스페인을 상대로 반란을 일으켰던 대참사이다. 이 스페인 사건에 스페인 사제의 이야기가 추가되는데, 이 사제는 인디언들의 목숨을 구해주었을 뿐만 아니라 자기 사람들에게 돌아가지 않고 주니 족 사이에서 살기를 선택했다는 것이다. 하지만 이것은 사실이 아니다. 문학적으로 표준화된 전쟁 민담은 여러 가지 관련성 속에서 이야기되지만, 역사적 정확성이라는 측면에서는 믿을 바가 못 된다.

원시적 자유[*]

1

1890년대에 시베리아는 러시아의 차르가 정치범을 유배 보내는 장소였다. 이들 유배자 중에는 원주민 사이에 들어가 권태를 이겨보자는 생각을 한 사람들도 있었다. 그들은 툰드라 지대에서 암말과 순록을 기르는 기이한 부족의 언어를 배웠고, 그들과 함께 이 캠프 저 캠프로 함께 여행했고, 그러면서 원주민 샤먼에게 영매 의식을 배웠다. 이런 본의 아닌 인류학자 중 가장 재능 있는 사람이 블라디미르 보고라스였다. 그는 탄이라는 필명으로 러시아어 소설을 쓰기도 했다. 그는 시베리아 북동부에 사는 추크치 족의 생활을 자세히 기록한 보고서를 남겼는데, 이것은 위대한 인류학 저서 중 하

---

[*] 『애틀랜틱 먼슬리』 169 : 756~763(1942)에서 허락을 받아 전재.

나가 되었다.

그는 부유하고 살인하고 자살하는 추크치 족에 매혹되었다. 그들은 심지어 일상적인 물물교환 때에도 칼부림을 했다. 그들의 언어에는 무역이라는 말이 없고, 아주 현실적이게도 피의 불화라고 불렀다. 칼부림은 집안에서도 자주 벌어졌다. 아들이 아버지를 죽이고 형제가 형제를 죽였다. 그러고도 아무런 책임 추궁도 받지 않았다. 강자는 친척이든 낯선 사람이든 마음대로 괴롭힐 수가 있었다. 강자는 뭐든지 마음대로 처리했고 사람들의 부러움을 샀다. 아이가 태어났을 때 아버지는 이렇게 자랑했다. "아! 나는 앞으로 등장할 강자를 출생시켰다. 우리 애는 우리 주위에 살고 있는 자들의 재산을 다 차지할 것이다."

보고라스는 사람이 사람을 괴롭히는 방식에 대해 생소한 사람이 아니었다. 그는 러시아에서 괴롭히는 자들을 상대로 저항하다가 유배당한 사람이었다. 차르하의 러시아에서 그의 저항은 국가와 그 수혜자들을 상대로 한 것이었다. 학대에 저항하는 것은 곧 국가를 상대로 저항하는 것이었다. 하지만 보고라스가 관찰한 추크치 족에게는 국가가 없었다. 정치 단체도 없었다. 남자들은 힘과 수단만 있으면 무슨 일이든 할 수 있다. 그들은 또한 이웃 부족은 꿈도 꾸지 못할 정도로 부유했다. 어떤 사람은 3,000마리의 순록을 소유했는데, 그건 엄청난 재산이었다. 추크치 족은 따라서 부유하고 민주적이었다. 억압적인 국가가 없고 또 그들이 풍요로운 경제를 누릴 수 있다면, 이런 상황만으로도 자유로운 민족이라고 해야 하지 않을까? 그들이 자신의 개인적 목표를 마음껏 추구하고 달성할 수 있다고 생각해야 하지 않을까?

하지만 추크치 족은 자신들이 자유롭지 않다는 것을 뼈저리게 느끼고 있었다. 자유를 가리키는 그들의 언어는 "운명"이었다. 그들은 "분노할 운명이다", "죽을 운명이다", "초자연적 힘을 받을 운명이다" 같은 말을 자주 썼다. 그들은 정말 그런 뜻으로 말했다. 분노가 홍수처럼 그들에게 밀려들었다. 그들은 이빨을 희번덕거리고, 으르렁거리며, 자신이 무슨 짓을 하고 있는지 모르면서 그 짓을 했다. 담배꽁초를 나눠 피우기를 거절당한 남자―또는 여자―는 그 담배를 차지하기 위해 상대방을 죽였다. 무역업자들은 그들이 즉각 담배를 얻기 위해 무슨 대가든 치르려 한다는 것을 알고 그들을 이용했고, 그리하여 많은 추크치 족 사람이 재정적으로 파탄 났다. 아들은 아버지에게 화를 낼 "운명"이었다. 아버지도 아들에게 화를 낼 "운명"이었다. 만약 그들이 분노하여 상대방을 죽였더라도 남이 상관할 바가 아니었다. 생존자들은 전리품을 나누어가졌다. 그들은 또 스스로 죽음을 자초했다. 절망에 빠지거나 육체적 고통을 느낄 때, 그들은 그런 고통으로 괴로워하는 자기 자신을 파괴하려 했다. 그들은 말했다. "우리는 커다랗게 벌린 입을 가진 적들[귀신들]로 둘러싸여 있다." 가장 무서운 죽음은 이 귀신이 갑자기 그들에게 덮치는 것이다. 그래서 스스로 의지를 발동하여 죽는 것을 더 선호했다. 그들은 광대버섯—추크치 족이 열정적으로 먹는 독버섯—을 먹을 때 "나를 죽은 자의 세계로 데려다 줘" 하고 말했다. 일부 사람들은 독버섯을 먹고 혼수상태에 빠져 죽었다. 하지만 창으로 자신을 찔러 죽는 것이 더 흔했다. 젊은 사람은 직접 자신의 배를 찔렀지만, 나이든 사람은 아들에게 창으로 찔러달라고 했다. 그것은 엄숙한 의무였는데, 일단 자살을 맹세한 사람은 그것을 취소할 수 없었고 그렇게 하면 마을에 엄청난 재앙을 가져왔다.

보고라스가 추크치 족의 행동 패턴만을 기록한 것은 아니었다. 그는 추크치 족의 사회적 질서에 대해서도 묘사했다. 그들은 자그마한 부락을 이루어 살았고 가축 떼가 이동함에 따라 자주 이동했다. 가축 떼의 주인은 맨 앞쪽 텐트에 살았다. 가축 떼의 소유자라는 사실은 임의로 음식과 동물 가죽을 처분할 수 있음을 뜻했다. 가족을 굶길 필요가 있으면 마음대로 그렇게 할 수 있었다. 아들이나 사위는 매일 아침 그의 텐트를 찾아와 지시를 받았다. 그는 그들에게 무소불위의 권력을 휘둘렀다. 늙은 후에도 가족을 마음대로 명령할 수 있었는데, 가족이 그 가축 떼에 의존하여 생계를 이어가기 때문이었다. 만약 그가 신경질이 많고 포악하다면, 가족이 자신들의 삶을 결정할 수 있는 유일한 방안은 스스로 부를 거머쥐고 힘을 차지하는 것뿐이었다. 그럴 때는 아버지를 죽이는 일도 마다하지 않았다.

어떤 경우든 아들은 아버지나 어른으로부터 혜택을 기대하지 않았다. 아들은 키가 작은 순록 정도만 자라면 툰드라로 나가 가축 떼를 돌보았다. 만약 그 야생 동물이 도망치기라도 한다면 아들은 그에 대해 책임을 졌다. 청소년기가 지나면 아들은 아내를 얻는데, 재산이 없는 빈손의 추크치 남자는 여자를 얻기 위해 노력 봉사를 해야 했다. 그는 장인될 사람으로부터 철저하게 모욕을 당했다. 그는 북극의 날씨에 텐트 밖에서 자고 부스러기 식사를 했다. 새 가족의 조롱과 학대의 표적이 되었는데, 그런 모욕을 못 이겨 집으로 돌아가면 그의 아버지 또한 그를 차갑게 대했다. 그러면 딸을 가진 다른 집으로 찾아가서 그런 모욕의 과정을 되풀이했다. 아내를 얻는 문제나 다른 문제에 가족의 도움은 기대할 수 없었다. 그의 가족도 도와주지 않기 때문에 다른 사람들은 더 말할 것도 없었다. 만약 어떤 남자가 자신의 순록을 잃어버린다면, 그는 이 캠프 저 캠프로 떠돌아다니면서 하루 이틀 부스러기 식사를 얻어먹은 후 곧 다른 캠프로 떠나야 했다.

추크치 족은 부유하고 정치적 압제가 없으면서도 동시에 닥치는 대로 인생을 살아나가는 부족이었다. 평화롭게 혹은 다른 사람의 간섭 없이 살아간다는 것은 불가능했다. 그들은 물론 가혹한 생활 환경 속에서 살았다. 하지만 지상 천국이라 할 만한 자연 환경 속에서 살았던, 문자 없는 많은 부족들도 추크치 족 못지않은 "운명"에 처해졌다. 이런 부족들에게는 코코넛, 빵나무, 사고야자가 인간의 노력 없이도 저절로 자라 식량이 풍부하므로 서로 평화롭게 살아가는 것은 쉬운 일이다, 라고 말한다면 그들은 웃음을 터트릴 것이다. 그들은 평화와 복지로 가는 길이 그들 앞에 활짝 펼쳐져 있다고 말하지 않을 것이다. 그들은 자신이 자유롭지 않다는 것을 안다. 그들은 자신의 목적을 달성하는 데 장애가 되는 것부터 먼저 의식한다. 이런 사회에서 사람들은 남을 희생시켜야만 자신의 목적에 한 발 더 다가갈 수 있다고 생각한다. 그들은 앞으로 나가려 할 때마다 좌절을 당하거나 남들을 제압하여 이겨야 한다. 그들은 공동체의 사람들을 압도하거나 자신이 아첨자가 되거나 둘 중 하나라고 생각한다. 그들은 공격과 아첨 이외에는 다른 역할이 없다고 본다.

2

2년 전 나는 캐나다 블랙풋 인디언 부락에 들어가서 생활했다. 그들 또한 부유하고 민주적이었지만 그 외에 자신들이 자유롭다고 생각하고 있었다. 심지어 오늘날까지도 그들은 어두운 "운명"이라는 단어의 뜻을 잘 이해하지 못한다. 그들은 모든 사람이 저마다 개인적 욕구를 가지고 있고 그것을 실현시키며 살아간다고 생각한다. 그것이 인생의 목적이라고 확신한다. 들판에 버팔로가 사라진 지금도 그들은 자유가 그들이 숨 쉬는 공기처럼 자연스러운 것이라고 생각한다. 그들은 어떻게 추크치 족과는 정반대되는 인생관을 갖게 되었을까?

그들에게는 위대한 추장 '하늘의 독수리'에 대한 이야기가 많이 있다. 많은 초기 정착자와 여행자들은 그에 대한 글을 남기기도 했다. 하늘의 독수리는 저명한 블랙풋 족의 추장이었고 부유했다. 블랙풋 사람들은 부에 신경을 많이 썼고 재산이 없는 사람은 열등하다고 생각했다. 하늘의 독수리는 뛰어난 사람이었고 그것을 증명할 만큼 많은 부를 가지고 있었다. 그는 위대한 사냥꾼이면서 말의 약탈자였다. 그는 여러 명의 아내에게 가죽 옷을 입혔고, 구슬 달린 가죽 의상을 만들었고, 고기를 건조시켰으며, 페미컨(들소 고기를 말린 후 과실과 지방을 섞어 빵처럼 굳힌 인디언 식품 – 옮긴이)을 만들었다.

그는 부족 중 가장 성공적인 식량 제공자였기 때문에 추장이 되었다. 하지만 블랙풋의 추장은 부족민에 대해 징벌의 권한이 없었고, 추장의 권위는 그 부락의 권위에 의존하는 것이었다.

추종자들의 개인적 야망은 독수리의 커다란 자산이었고 그런 야망을 좌절시키는 것은 그의 이익에도 반하는 행동이었다. 아직 말을 타본 적이 없지만 말을 잘 다룬다고 소문난 젊은이는 독수리의 말을 타고 사냥에 나가거나 다른 부족의 말 약탈에 나설 수 있었다. 그 젊은이가 가져온 것은 독수리 부족의 영광과 복지에 기여하는 것이지만, 공로는 젊은이에게 돌아갔고 말이나 들소 고기를 나누는 역할도 젊은이가 담당했다. 젊은이의 가족은 그의 무공을 자랑스럽게 생각하고 캠프를 행진하면서 업적을 소리쳤다. 젊은이는 이런 사위를 기다리는 부락 유지의 딸들 중에서 아내를 구했다. 독수리의 말들이 없었더라면 젊은이는 무공을 세우지 못했을 것이다. 하지만 말을 빌려준 것이 자선 행위는 아니었다. 그 젊은이가 들소를 데려왔든 적의 말을 가져왔든, 그것은 젊은이의 에고 못지않게 독수리의 에고도 키워주었다. 부족에 잘 먹고 말 잘 타는 사람이 많은 것은 독수리에게도 유익한 것이었다. 다른 부족의 블랙풋 인디언은 그 공동체의 지도자에게 불만을 품고 독수리의 부족으로 건너와 더욱 부족을 번성하게 했다. 자연 독수리의 부족민 수는 늘어났다. 부족민은 그에게 충실하게 봉사했고 그도 부족민을 성심껏 돌보았다. 한 가난한 젊은이가 약탈에 나갔다가 독수리의 좋은 말을 잃고 돌아왔을 때, 독수리는 그것을 관대히 용서했다. 추종자들과 말을 나눠 쓰면 많은 소득이 생기는데, 가끔 말을 잃는 게 무슨 대수이겠는가. 추장과 추종자들 사이에는 상호 혜택의 정신이 꽃피어났다.

하늘의 독수리는 부족민이 능력에 따라 출세할 수 있도록 뒤를 보아줌으로써, 자신의 이익에 봉사하고 부족민의 이익에도 봉사했다. 그의 추종자들은 실력이 있으면 부족 내에서 얼마든지 출세할 수 있었다. 부족민이 훈련을 받고 대가를 지불한다면 초자연적 힘을 가질 수도 있었다. 그의 장인은 평생 동안 그의 뒤를 봐준 후원자이기 때문에, 사냥이나 싸움에 나가서 좋은 것을 가져오면 그 중 제일 큰 몫을 장인에게 바쳤다. 인생의 어느 단계에 있든 사람들의 존경을 얻은 남자는, 자신의 일에 관해 그들의 칭찬과 적극적 지원을 받을 수 있었다.

이러한 사회 조직을 갖춘 부족은 많이 있다. 이러한 사회에서는 어떤 사람의 지위가 높아질수록 추종자들에 대한 그의 책임은 커진다. 그들이 볼 때 사람의 지위란 바로 그런 것이다. 반대로 어떤 사람이 불운에 처해져도 그것은 재앙이 아니다. 불운한 사람에게 이전에 여러 번 캥거루 고기를 받은 사람은, 이번에는 당연히 그 사람에게 고기를 가져다준다. 그것이 부족의 관습이다. 너무 늙어 사냥에 나서지 못하는 노인에게는, 젊은 시절 그가 자신의 장인에게 그렇게 했듯이 사위가 제일 좋은 고기 부분을 갖다 바친다. 그의 행동은 자기 이익보다 남의 이익을 더 중시하는 듯하지만, 만약 우리가 이런 사실을 지적하면 그는 의아한 표정을 지을 것이다. 그는 자신이 자발적으로 선택하여 그렇게 행동했기 때문이다. 그리고 그것 이외의 다른 방식으로 삶을 살아갈 생각도 없다.

3

우리는 이런 부족들을 연구하면서 블랙풋 족에서 복지와 자유의 느낌을 만들어내는 것은 무엇이며, 추크치 족 같은 부족에서 어두운 운명의 확신을 만들어내는 것은 무엇인지 살펴보아야 한다. 우리는 오늘날 자유를 보존하기 위한 전쟁을 치르고 있으므로, 과거에 유효성이 증명된 전략을 알 필요가 있다. 따라서 오늘날의 민주국가뿐만 아니라 더 폭넓은 인간 사회의 사례를 살펴보아야 하는데, 그런 목적으로는 인류학이 아주 적절하다.

인류학자는 많은 사례를 가지고 있다. 인류학자는 우리 사회와는 다른 사회를 연구했고, 특히 서구 문명의 영향과는 전혀 무관한 단순 사회를 전문적으로 탐구했다. 인류학자는 이런 사회가 이런저런 가치관을 획득하는 전략을 연구하는데, 그런 가치관으로는 자유, 사회적 결집, 권위에의 승복 등 여러 가지가 있다. 인류학자가 연구하는 부족은 박테리아의 탄생과 죽음을 연구하는 생물학 실험실과 비슷한 일종의 실험실이다. 물론 이것은 인류학자가 차려놓은 실험실은 아니다. 수천 년에 걸쳐서 그들 나름의 생활 방식을 정립하기 위해 세부사항들을 다루어온 무수한 세대의 부족 사람들이 세워놓은 것이다. 현장에 나간 인류학자는 이들 부족의 습속과 풍습(비록 겉으로 드러난 양태는 우리의 그것과는 다르지만)을 연구하는 과정에서 현대 문명의 문제들을 고스란히 인식할 수 있다.

인류학자가 연구하는 야만인들은 사회보장법 따위를 말하지는 않는다. 하지만 그들은 나이든 사람과 배고픈 사람을 보살피는 문제에 명확한 태도를 보이고 있다. 어떤 부족은 그들을 보살피고 또 어떤 부족은 보살피지 않지만, 인류학자는 그런 행태의 결과를 연구할 수 있다. 원주민들은 황금률에 대해 말하지 않지만, 오스트레일리아에서 칼라하리 사막에 이르기까지 여러 부족 사이에 황금률이 작동하고 있다.

"네가 남을 먹여주지 않는다면 누가 너를 먹여주겠는가?" "네가 남을 칭송하지 않는다면 누가 너를 칭송하겠는가?" 이런 주제는 남태평양 제도의 원주민 부락이나 티에라 델 푸에고의 차가운 안개 속에서 젊은이의 귀에 못이 박이도록 말해주는 것이다. 반대로 황금률이 아예 존재하지 않는 원시 부족도 있다. 인류학자는 이런 황금률의 부재가 가져오는 결과 또한 냉철하게 연구한다. 황금률을 지키지 않는 것이 사람들에게 휘두르는 권력이라는 것인가? 권력 없이는 인간관계를 처리하지 못하는 원시 부족이 있는 반면, 타인을 멋대로 강제하는 일은 꿈에도 생각하지 못하는 원시 부족도 있다.

자유의 문제 또한 마찬가지이다. 오늘날 우리는 자유의 기치 아래 싸우고 있지만, 자유를 얻어내는 전략에는 의견이 엇갈리고 있다. 이 문제는 예전이나 지금이나 마찬가지지만, 결국 사회가 개인의 목표 추구에 어떻게 대응하는가의 문제로 귀결된다. 블랙풋 같은 사회는 자유를 확신하면서 성장하는 사람들을 만들어냈는가 하면, 추크치 족 같은 사회는 그렇게 하지 못했다.

이런 사회에 대해 우선 질문할 것은 민주사회는 곧 자유 사회인가 하는 점이다. 정치적 압제가 없고 사회 통제가 전적으로 시민의 손에 맡겨져 있다면, 비록 문자가 없는 부족이라고 할지라도 민주적이라고 해야 한다. 하지만 민주 사회라고 해서 곧 자유 사회가 되는 것은 아니다. 많은 민주 사회의 사람들이 이웃 부족으로부터 공격을 받을 리 없다고 확신하고 편히 잠자고 있는 것은 아니다. 그들에게 이것은 불행한 일이다. 그들의 생활은 폭력과 좌절로 점철되어 있기 때문이다. 하지만 우리에게는 다행한 일이다. 우리가 절실히 필요로 하는 정보를 그들의 체험으로부터 얻을 수 있기 때문이다.

궁극적인 사회 통제가 민간의 손에 맡겨져 있다고 해서 그들의 자유로운 생활을 보장하는 것은 아니다. 구성원들이 자신을 자유롭다고 생각하는 사회는 민주 사회인데, 이런 사회는 때때로 추장이나 왕 같은 지도자를 두었다. 민주국가든 왕국이든 그 사회에는 하나의 공통적 특징이 있다. 그것은 모든 시민에게 불가침의 자유를 허용한다는 것이다. 다른 사람들이 임의적으로 간섭할 수 없는 자유를 미국 사회에서는 시민적 자유civil liberty라고 부른다. 구속적부심, 법 앞에서의 평등, 언론과 집회의 자유 등 시민적 자유는, 이것이 모든 시민에게 보증되고 있는지 여부에 따라 성립과 불성립이 결정된다. 시민적 자유는 일부 사회에서 모든 시민이 공통으로 소유하는 공통 재산이라고 여기는 것이다.

원시 사회에서도 시민적 자유가 있다. 그 핵심은 아무 차별 없이 모든 사람에게 혜택이 돌아가는 것이다. 모든 사람이 공평하게 누리는 불가침의 권리가 부족 사회 내에 뚜렷하게 정립되어 있을 때, 그 부족민은 자기 자신을 시민적 권리를 누리는 자유인이라고 생각했다.

4

각각의 사회는 서로 다른 시민적 자유 리스트를 갖고 있다. 어떤 리스트는 우리 것보다 길고, 또 어떤 것은 우리 것보다 짧다. 어떤 자유는 성문법에 의해 보장되고 어떤 것은 불문율에 의해 보장된다. 인간 사회에서 가장 흔하게 나타나는 권리는 환대받을 수 있는 권리이다. 누구나 손님 앞에 음식을 내놓는다. 심지어 그가 부족민인지 여부는 따지지도 않는다. 하지만 부족 내에서 시민적 자유는 며칠간의 환대보다 더 깊은 의미를 갖고 있다. 하늘의 독수리가 거느리는 블랙풋 족의 한 집단에서는, 공동체 내에 음식이 있는 한 밥을 굶는 사람이 없다. 독수리는 이 권리를 자비의 일환으로 베푸는 것이 아니라, 모든 부족민이 공유하는 시민적 자유라고 본다. 또 가뭄이 든 계절에는 누가 사냥감이나 곡식이나 가축을 가져오는지는 따지지 않는다. 음식은 모두에게 골고루 돌아간다. 혹은 환대의 예절을 발휘하여 소출이 많은 사람이 주인이 되고 소출이 적은 사람이 손님이 되어 각자 필요한 음식을 가져간다. 언젠가 이것이 "임무 교대"되는 날도 있을 것이다.

어떤 부족에게는, 서로 밥솥을 나누어 먹는 것이 실용과는 아무 상관없는 하나의 상징이 되었다. 그것은 하나의 강박적 행위가 되었다. 저녁에 각 집에서 밥솥이 끓으면 여자들은 그 밥을 덜어서 이집 저집으로 가져갔고 그에 대한 보답으로 국을 받아왔다. 각 집의 식구들은 스무 군데 이상의 집에서 가져온 음식들로 이루어진 밥솥에 둘러앉았다. 퀴드프로쿼 quid pro quo(되돌아올 보상−옮긴이)에 관해 따져보는 일은 없었다. 저녁밥을 나누어먹는 것은 불가침의 권리였다. 모든 마을 사람이 한 솥의 밥을 먹는다는 의미이기도 했다.

원시 부족에서 흔하게 만날 수 있는 또 다른 시민적 자유는, 생계를 꾸릴 수 있는 신체가 튼튼한 젊은이들에게 보장된 자유이다. 남녀 불문하고 일할 수 있는 나이가 되면 도구나 전답을 주어 공동체의 식량 생산에 기여할 수 있는 자유를 주었다. 만약 젊은이가 전적으로 부모에게만 의존한다면 이렇게 하는 것은 불가능할 수도 있다. 그래서 원시 사회들은 이런 젊은이 문제를 해결하기 위한 서로 다른 방식을 갖고 있다.

남아메리카 인디언 부락은 주로 옥수수 밭을 경작하여 식량을 얻었다. 그래서 해마다 신체 건장한 젊은이들에게 실제로 경작할 수 있을 만큼의 땅을 배정하여 농사를 짓도록 했다. 세계 다른 지역의 몇몇 부족은 견습 기간 동안 젊은이들에게 과분한 선물을 주어 노동을 권장했다. 그래서 선천적 장애인이 아닌 한 한 사람 몫의 책임을 져야 할 나이가 되면 어른의 장비를 지급받았다.

다른 부족에게는 특수한 기술이 생산 도구보다 더 중요했다. 특히 사냥 부족일 경우 곰을 쫓아가거나 버팔로를 잡아들이는 능력과 자신감을 배양하는 데 주력했다. 아이의 능력을 측정하는 데에는, 임의적인 어른의 기준이 아니라 아이가 과거에 올린 실적을 기준으로 삼았다. 만형이나 숙부가 사냥의 기술을 가르쳤다. 아이가 자그마한 설치류를 잡았다 하더라도 마을 전체에서 그를 칭찬했다. 그가 점점 큰 동물을 잡아들일 때마다 칭찬의 강도가 높아졌다. 그들은 아이의 자신감을 이렇게 키워주는 것을 중요하다고 생각했고, 그렇게 하지 않으면 어리석다고 보았다.

이들 부족의 중요한 시민적 자유 중 하나는 개인 능력에 따라 그 어떤 전문직에도 들어갈 수 있는 기회이다. 어떤 지위가 이처럼 개방되어 있고 자유롭게 성취될 수 있을 때, 누구나 중요한 지위의 책임을 그 특권과 견주어볼 수 있고 또 그에 따라 자신의 야망을 조정할 수 있다. 추장 자리가 더 빛나고 화려하기는 하지만, 기꺼이 추종자의 역할을 맡는다.

추장에게는 많은 것이 요구되기 때문에 많은 사람이 그보다 못한 역할에도 만족한다. 부자, 샤먼, 사제, 전쟁 지도자, 치료사 등에게는 많은 것이 요구된다. 그래서 많은 사람은 이러한 지위를 속으로 원하기는 하지만 그에 부과되는 훈련과 책임이 너무 과중하여 포기한다.

5

특권 그룹이 임의적으로 행동하고 아무런 책임 의식을 느끼지 않으면서도 그 특권을 계속 행사하려 든다면, 인간의 개인적 목표는 위협받게 된다. 어떤 집단이 커다란 특권을 갖고 있기 때문에 그렇게 되는 것은 아니다. 하늘의 독수리도 나름대로 커다란 특권을 갖고 있었다. 추크치 족처럼, 이들의 특권이 그 특권의 원천이 되는 노동을 제공한 사람들에 대한 책임과 존경으로부터 분리되었기 때문에 그렇게 되는 것이다. 그것도 이런 특정한 사회 질서하에서는, 사람들이 등가물을 내놓지 않고서도 개인적 이익을 취할 수 있기 때문이다. 그리하여 시민적 자유는 위협을 받게 된다.

따라서 모든 사회의 자유는 이 등가물의 교환이라는 요소를 갖고 있다. 특혜는 더 많은 등가물을 내놓아야 한다는 뜻이지 더 적은 등가물을 내놓아도 좋다는 뜻이 아니다. 만약 왕이 더 많은 보수를 가져간다면, 신민들이 볼 때 왕이 신민들을 위해 그만한 값어치를 한다고 동의할 수 있어야 한다. 만약 주술의가 초자연적 힘을 갖고 있다면, 그것을 다른 사람을 천천히 죽이는 데 사용하는 것이 아니라 그의 기도로 들판에 비를 내리게 하고 사람들의 목숨을 연장해야 한다. 만약 부자들이 특권을 갖고 있다면, 그들의 소유물이 다른 사람의 생계를 위협해서는 안 되고 천연 자원을 선점해서도 안 된다. 이렇게 하지 않는다면 사람들은 그들의 개인적 목표에 대해 자신감을 느끼지 못하게 된다. 그들은 자신이 장애물에 가로막혀 있다고 생각할 것이고, 그런 좌절에 수반되는 은밀함과 공격성을 드러낼 것이다. 그들은 특권을 가진 사람이 아니고 자유인은 더더욱 아니다. 남의 희생을 바탕으로 이익을 추구하는 사회에서, 힘세고 권력 있는 사람일수록 오히려 가난한 자보다 더 충격에 취약하다. 그들은 완벽한 보안에는 도달하지 못하고 "키가 제일 큰 참나무일수록 가장 크게 추락한다."

특혜와 신임을 연계시키는 사회는 시민적 자유를 확대하고 영속시켰다. 그 사회는 사회 전체를 일종의 주식회사로 만들었다. 그리하여 투자자의 권리를 부정하는 것은 곧 사회 전체 구성원의 권리를 부정하는 것이 되었다. 바로 이런 바탕 위에 강력하고 열성적인 사회가 구축되고 개인의 내면적 자유가 생겨나는 것이다.

　이러한 자유의 분석은 서구 문명의 경우, 평시보다 오히려 전시에 더 설득력 있게 들린다. 우리 사회가 상호이익을 위해 단합하고 모든 사람에게 집단 충성심을 요구하는 것은 전쟁이 벌어질 때뿐이다. 이것은 하나의 아이러니가 아닐 수 없다. 개인의 이익 추구가 산업의 바퀴를 굴리는 힘이라고 주장하는 나라들이, 전쟁 상황이 되면 개인의 이익을 억압 혹은 은폐하고 그 대신 집단 충성심에 호소하고 있으니 말이다. 이런 비상시국에 우리는 경쟁 동기로부터 멀리 벗어난다. 개인의 이익을 위해 일하는 것이 사회 발전의 원동력이라는 고명한 학자들의 주장에도 불구하고, 우리는 전쟁 상황이 되면 그런 이익 동기가 너무 허약하고 또 너무 값비싼 것임을 알게 된다. 우리는 공동선을 위한 협력과 국가의 수호라는 애국심에 호소한다. 인간이 전쟁을 좋아한다는 것은 어디서나 발견된다. 개인적 이익만을 위해 노력하는 것은 남자답지 못하다는 느낌이 팽배한 우리 사회에서, 평화란 외로울 뿐만 아니라 위험스러운 물건이다. 거듭하여 인간은 온갖 고통이 따르는 전쟁을 더 좋아한다는 것을 증명해왔다. 전쟁에는 나름대로 보상이 있다.

　전쟁이란 인간의 피할 수 없는 욕구라고 말하려는 것은 아니다. 하지만 우리의 사회 조직은 평화시에 인간의 어떤 욕구를 지나치게 억압하기 때문에 그들은 전쟁 상황에서 그것을 충족하려고 하는 것이다. 반면에 미시시피 대평원의 많은 인디언은 전쟁과 평화를 정반대 방식으로 수행한다. 평화시의 이웃 부족과의 거래는 주식회사 방식으로 진행되어 이익도 함께 나누고 책임도 제한적으로 나누어가진다. 그러나 원시적 게릴라 전쟁에서는 적(그들은 적을 "사람"으로 생각하지 않는다)을 희생시켜가며 개인의 이익을 최대한 추구한다. 다코타 인디언은 용감하고 타고난 전사들이었다. 이웃 부족들은 그들을 무서워했다. 하지만 국가는 그들의 무공에 아무런 관계가 없었다. 정치적 목적으로 군대를 동원한 적이 없었고 다른 부족을 상대로 주권을 주장한다는 생각도 없었다. 전쟁의 길에 나선 젊은이는 표준화된 무공의 기다란 리스트를 축적했다. 적진에 매어 있는 말을 훔쳐 가져오기, 말에서 떨어진 채 아직 숨이 붙어 있는 적을 발로 밟기, 머리가죽 벗기기, 적진에서 부상당한 부족민 구해오기, 말을 쏘아서 쓰러트리기 등이었는데, 이런 무공을 여행자들은 쿠라고 불렀다. 그들은 그런 쿠의 숫자를 세면서 경쟁을 했다. 전사는 애국의 이유로 전쟁에 나가는 것이 아니라 자신의 무공을 드높이기 위해 전쟁에 나갔다. 전사들이 적의 땅에 들어갔을 때, 각 전사는 깃털 머리장식을 썼다. 그 깃털 하나하나가 그가 전에 올린 쿠의 표시였다. 그들이 부족 캠프로 돌아왔을 때, 쿠를 올린 전사들은 친척들로부터 칭송을 받았다. 죽는 날까지 전사들은 자신이 기록한 쿠의 숫자를 자랑했다. 마을 회의장에는 100여 개 이상의 쿠를 헤아리는 막대기가 꽂혀 있었는데, 가장 많은 쿠의 숫자를 자랑하는 전사의 의견이 '승리'를 거두었다.

반면에 다코타 족 내의 생활은 상호 혜택과 집단 충성심에 전적으로 바탕을 두고 있었다. 대가족, 소부족, 부족 전체가 하나의 협동적 그룹이었고 상부상조는 각자에게 영예를 가져다주었다. 다코타 인디언에게 가장 큰 욕설은 이런 것이었다. "저자는 남들 생각은 안 하고 자기 이익만 생각하는 자야." 그들은 공동체의 이익을 깊이 생각했고 자기가 "남들에게 관심이 많음"을 보이기 위해 많은 물건을 내놓았다. 이처럼 기증을 많이 하는 사람은 부족 내에서 당연히 위상이 높아졌다. 노블레스 오블리주를 그들은 문자 그대로 실천했다. 사회적으로 높은 지위를 차지하고 강력하고 번성한 가족을 가진 사람은 곧 아주 관대하고 남을 많이 도와주는 사람이었다. 그런 명예로운 지위를 차지하기 위해서는 그렇게 하는 것이 필수적이었다. 다코타 인디언은 평화시의 상황에 집단 충성심을 단단히 연결시켰다.

1942년 추축국을 상대로 한 전쟁은, 개인의 쿠를 올리기 위해 싸움에 나서는 다코타의 게릴라 전투 같은 것이 아니다. 그것은 인간 사회의 구축을 둘러싼 두 이데올로기 사이의 싸움이다. 나치의 이론과 실천은 자유를 무시하고 지도자에 대한 절대 복종을 요구하고 새 질서를 위한 개인의 희생을 요구한다. 나치의 새 질서란 열등한 종족은 노예가 되어 마땅하고, 적자이며 최종 정복자인 세력에 봉사해야 한다는 것이다. 각종 단점이 많기는 하지만 그래도 민주주의는 자유를 바탕으로 한 철학이다. 그런 자유를 모든 시민에게 보장하고 또 그것을 확대시키기 위한 정치적 틀을 추구하는 것이다. 추축국도 "자유"라는 말을 쓰기는 하지만 그들의 자유는 피압박자를 전제로 하기 때문에 보편적 자유가 아니다. 정복당한 사람들로부터 재산을 빼앗는 자유, 힘없는 사람들에게 노골적인 무력을 사용하는 자유, 반대하는 사람들을 집에서 끌어내어 학살하는 자유이다. 추축국은 이러한 조치를 국가 행정의 수단으로 삼았고, 이러한 조치로 시민적 자유를 뿌리째 뽑아버렸다. 테러로 남을 통치하는 나라는 반드시 그 테러의 통치를 외부로 확대하려 든다. 그것은 그러한 노선을 계속 밀어붙일 수밖에 없다.

인간 사회의 역사를 살펴보면, 민주국가들이 이러한 나치 국가와 나치 이상을 철저히 막아야 할 타당한 이유가 발견된다. 그 이유는 시민적 자유, 즉 공통의 재산이 될 수 있는 자유의 사회적 유용성에 바탕을 두고 있다. 모든 인간 사회의 시민적 자유는 늘 그 대가를 치러왔다. 그 자유는 모든 시민과 부족민에게 이익을 주었다. 반면에 특별 혜택과 임의적 권력은 반드시 부메랑이 되어 그것을 행사한 사람에게 돌아왔다. 그것은 사회 전체에 갈등과 공포를 가져왔다. 따라서 미국은 이 대륙에서 자유를 실종시키지 않기 위해 엄청난 대가를 치를 준비를 해야 한다. 이제 유일한 문제는 어떻게 하면 우리 자신을 강력하게 하고 또 오염되지 않게 하느냐는 것이다. 이 위대한 목적을 달성하기 위해, 적의 오염으로부터 우리를 지키는 유일한 길은 시민적 자유의 옹호라는 것을 명심해야 한다. 우리는 여러 방면에서 이미 허용되어 있는 그런 자유를 제한해서는 안 된다. 현재 인정되고 있지 않은 분야로까지 그런 자유를 확대해야 한다. 자유는 먼저 다른 사람에게 나누어주지 않는 한, 그 누구도 가질 수 없는 물건이다.

일본문화의 극기 훈련[*]

어떤 문화의 극기 훈련은 다른 나라의 관찰자가 보면 언제나 우스꽝스럽게 보인다. 훈련의 기법 자체는 아주 명확해 보이지만, 왜 그런 생고생을 사서 하는지 알 수 없다는 반응을 보인다. 가령 갈고리에 거꾸로 매달린 채 오래 버티기(북아메리카 인디언), 자신의 배꼽을 내려다보며 명상하기(인도의 요가 명상자), 돈을 전혀 쓰지 않고 모으기(네덜란드 사업가) 등을 왜 극기 훈련의 일환으로 생각하는가? 왜 이런 고행에 집중하면서 외부 관찰자가 보기에 아주 중요하고 또 부응해야 할 충동에 대해서는 아예 무시해버리는가? 극기 훈련의 기술적 방식을 배우지 않은 외부 관찰자는, 그런 훈련 방식을 중시하는 사람들의 문화 속으로 들어가면 오해의 가능성

---

[*] 호튼 미플린 사의 허가를 받아 전재(축약). 『국화와 칼: 일본문화의 틀』(1946), pp. 228~252.

이 매우 높다.

미국에서는 극기 훈련의 기술적, 전통적 방식이 상대적으로 덜 발달되어 있다. 미국인들은 어떤 사람이 개인적 생활에서 선택한 목표를 달성하기 위해 필요에 따라 자신을 훈련하는 것이라고 생각한다. 그런 극기 훈련을 할 것인가 말 것인가는 야망, 양심, 혹은 베블런이 명명한 "공장본능instinct of workmanship"에 달려 있다. 만약 축구 선수가 되고 싶다면 온갖 금욕주의적 훈련을 받을 것이고, 음악가로 성공하고 싶다거나 사업가로 성공하고 싶다면 일체의 오락거리를 단념할 것이다. 또 자신의 양심에 따라 사악함과 경솔함을 피해나갈 것이다. 아무튼 미국의 경우 극기 훈련은 산수처럼 반드시 배워야 하는 전문적 훈련이 아니다. 각 개인이 처한 상황에 따라 배울 수도 있고 배우지 않을 수도 있다……

하지만 일본인은 다르게 생각한다. 중학교 입학시험을 치르는 소년, 검도를 연습하는 어른, 귀족의 자제로 태어나 한가롭게 살아가는 사람 등 모든 사람이 극기 훈련을 받아야 한다고 생각한다. 이것은 중학교 입학시험이나 검도 승단대회에서 합격하기 위해 특별히 배워야 하는 전문 지식과는 별개이다. 중학교 입학시험을 위해 공부를 열심히 했건, 검술이 아주 뛰어나건, 귀족으로서의 예의범절이 훌륭하건 상관없이 자신의 책, 검, 매너 이외에 특별한 종류의 훈련을 받아야 한다. 물론 이렇게 말한다고 해서 모든 일본인이 비교적秘教的인 극기 훈련을 받는다는 뜻은 아니다. 하지만 그 훈련에서 면제된 사람조차도 극기 훈련의 용어와 실천은 잘 알고 있다. 모든 계급의 일본인은 자기 자신과 남들을 일반화된 자기 통제와 자기 절제의 관점에서 평가한다.

그들의 극기 훈련은 능력을 기르는 훈련과 보다 특별한 훈련의 두 가지로 나뉜다. 특별한 훈련을 나는 숙달 훈련이라고 부르겠다. 이 두 가지는 인간의 정신에 서로 다른 결과를 성취시키며 서로 다른 논리와 표시로 인식된다……

일본의 일반적 극기 훈련을 제대로 이해하려면 미국인들의 "극기 훈련" 개념에 대대적 수술을 가해야 한다. 미국 문화에서 극기 훈련이라고 하면 "자기 희생"과 "억압"의 뜻이 들어가는데, 우선 그것을 걷어내야 한다. 일본인이 극기 훈련을 하는 것은 더 좋은 경기자가 되기 위한 것이지, 자신의 희생을 의식하는 것은 아니다. 이것은 장기를 두는 사람이 희생을 전혀 생각하지 않는 것과 마찬가지 이치다. 물론 극기 훈련은 가혹한 것이지만 훈련은 어차피 그런 성격을 가진다. 일본인들은 어린아이들이 행복하게 태어나지만 "인생을 즐기는" 능력마저 가지고 태어나는 건 아니라고 본다. 오로지 정신적 훈련(혹은 일종의 자기 단련인 '슈요修養')을 통해서만 남자나 여자나 인생을 충실하게 살아내고 인생의 "참맛을 알게 된다"고 생각한다. "인생의 참맛을 안다"는 으레 "인생을 즐길 수 있다"로 번역된다. 그러니까 극기 훈련은 "배(자제력을 기르는 장소)를 만든다"를 만든다. 그것은 인생을 확대한다.

일본의 "능력"을 기르는 극기 훈련은 이런 논리, 즉 그 훈련이 인생의 처세 방법을 개선시킨다는 논리를 갖고 있다. 초보자가 훈련을 처음 시작했을 때 느끼는 초조감은 곧 지나가고, 그것을 즐기거나 아니면 포기하게 된다. 견습생은 자신의 일에 더 몰두하게 되고, 소년은 유도 연습을 더 좋아하게 되고, 젊은 아내는 시어머니의 요구사항에 적응하게 된다. 물론 훈련의 첫 단계에서, 이런 새로운 훈련에 익숙하지 않은 사람은 극기 훈련을 받지 않으려 하는 경우도 있다. 그때 그들의 아버지는 이렇게 조언한다. "넌 무엇을 바라느냐? 인생의 참맛을 알려면 약간의 훈련이 필요해. 이걸 포기하고 전혀 훈련을 하지 않는다면 넌 당연히 불행하게 돼. 만약 이런 일이 벌어진다면 남들의 따가운 비판이 있어도 나는 너를 보호해주지 않을 거야." 이처럼 '슈요'는 "몸의 녹"을 벗겨준다. 그것은 인간을 반짝거리는 날카로운 칼로 만들어주고 그래서 누구나 그것을 바란다.

이러한 극기 훈련의 강조가 아무런 후유증을 남기지 않는 것은 아니다. 일본인의 과도한 훈련 요구는 심각한 억압을 안겨줄 수도 있고, 그런 억압이 공격적 충동을 가져올 수도 있다. 미국인은 이러한 구별을 게임과 스포츠에서 비교적 잘 이해하고 있다. 브리지 게임 챔피언은 그런 지위를 얻기 위해 그 동안 자신이 거쳐온 극기 훈련에 대해 불평하지 않는다. 그 분야의 달인이 되기 위해 투입한 많은 시간을 억압의 시간이라고 말하지 않는다. 하지만 의사들은 많은 돈을 걸고 포커를 하거나 챔피언이 되기 위해 정신을 집중하면, 몸에 과도한 긴장을 줄 수 있고 또 궤양을 일으킬 수도 있다고 경고한다. 이와 같은 일이 일본에서도 일어날 수 있다. 그러나 일본인은 호혜주의의 정신과 극기 훈련은 인생에 도움이 된다는 확신 덕분에, 많은 까다로운 행동(미국인이 볼 때 도저히 찬성할 수 없는 행동)을 수월하게 해내고 있다. 일본인은 법도에 맞게 행동하는 것에 많은 신경을 쓰며 미국인에 비해 자기 변명을 덜 하는 편이다. 그들은 인생에 대한 불만을 희생양에게 투사하는 법이 드물고 또 자기 연민에도 그리 자주 빠지지 않는다. 미국인이 말하는 평균적 행복을 별로 믿지 않기 때문이다. 일본인은 미국인에 비해 "마음의 녹"에 더 신경 쓰라는 훈련을 받았다.

"능력"을 기르는 극기 훈련 이외에 "숙달"을 위한 극기 훈련이 있다. 이런 종류의 훈련 방법은 이에 대한 일본인의 저서를 읽는 것만으로는 서구인에게는 잘 이해가 가지 않는다. 심지어 이 주제를 연구하는 서양 학자들은 이것을 가볍게 여겼다. 때때로 서양 학자들은 그것을 "기행"이라고 불렀다. 한 프랑스 학자는 그 훈련 방법이 "상식에 위배되는 것"이라고 했고, 극기 훈련을 특히 강조하는 선종禪宗을 가리켜 "근엄한 헛소리 덩어리"라고 말했다. 하지만 이런 훈련 방법으로 성취하려는 목적을 결코 이해할 수 없는 것은 아니다. 또한 이 문제는 일본인의 정신 통어법psychic economy 이해에 많은 도움이 된다.

극기 훈련의 달인이 성취한 상태를 묘사하는 일본어 용어는 꽤 많다. 그런 용어 중 일부는 배우, 종교적 수행자, 검도 선수, 대중 연설가, 화가, 다도 전문가 등에 사용된다. 그런 용어는 전반적으로 동일한 의미를 갖고 있으나, 나는 그 중에서 '무가無我'라는 단어 하나만 쓰기로 하겠다. 이 용어는 상류계급이 많이 참여하는 선종 불교에서 널리 쓰이고 있다. 세속적으로 쓰였든 혹은 종교적으로 쓰였든 '무가'는 "수행자의 뜻과 행동 사이에 아무런 단절이 없고 머리카락 한 올 두께의 간격도 없는" 심리적 상태를 가리킨다. 이것은 전기가 양극에서 음극으로 직접 흘러가는 것과 비슷하다. '무가'의 상태에 도달하지 못한 사람은 의지와 행동 사이에 넘을 수 없는 벽이 있다. 그들은 이것을 "보는 나", "방해하는 나"라고 부른다. 특별 훈련에 의해 이것을 걷어내면 달인은 "나는 지금 이것을 하고 있다"는 의식이 없어진다. 전류는 자유롭게 흐른다. 행동은 아무런 힘이 들지 않는다. 그것은 "한 점의 마음 상태one-pointed, 一心"가 된다. 행동은 마음속에서 상상했던 바로 그것이 된다……

많은 문명이 이런 종류의 훈련법을 개발했지만 일본의 목표와 방법은 특유의 특징을 갖고 있다. 이런 기법 중 상당수가 인도의 요가에서 나왔다는 것은 더욱 흥미로운 일이다. 일본의 자기 최면, 집중, 감각의 통제 등은 인도식 수행 방법과 관계가 있음을 보여준다. 마음 비우기, 몸 움직이지 않기, 같은 말 일만 번 반복하기, 일정한 상징에 주의력 집중하기 등도 유사성이 있다. 심지어 인도의 전문 용어가 아직도 사용되고 있다. 그러나 이런 기본적 사항을 제외하면, 일본의 수행 방법은 힌두와 공통점이 별로 없다……

요가는 인도의 극단적 금욕 컬트였다. 그것은 윤회의 업보로부터 벗어나기 위한 방편이었다. 인간은 이러한 해탈을 얻지 못하면 구원받을 수 없는데, 그것을 가로막는 것이 인간의 욕망이다. 그 욕망은 굶겨죽이고, 모욕하고, 자기고문을 가함으로써 제거할 수 있다. 이런 방법을 통해 인간은 성자가 될 수 있고 영성을 얻을 수 있고 신성과 하나가 될 수 있다. 요가는 육체의 세계를 포기하고 인생무상의 쳇바퀴를 벗어날 수 있는 방법이다. 그것은 또한 정신적 힘을 비축하는 방법이다. 인간의 목표에 더 빨리 나아가는 방법은 극단적 고행을 실천하는 것이다.

　일본은 이러한 철학을 낯설게 여긴다. 일본은 불교 세력이 큰 나라지만 윤회나 해탈의 사상은 일본 불교 신자들의 핵심 신앙이 되지 못했다. 이 사상은 일부 불교 승려에게는 파고들었으나 민속이나 민간 사상에까지 퍼지지 못했다. 동물이나 벌레를 죽이는 것은 윤회 중인 인간의 영혼을 죽이는 것이므로 죽여서는 안 된다는 교리는 지켜지지 않았다. 일본의 장례식이나 탄생 의식은 윤회라는 개념과는 상관없다. 윤회는 일본적 사상의 패턴이 아니었다. 일반 대중에게 열반이라는 개념은 생소했고, 승려들도 그것을 수정하여 아예 없는 것이나 마찬가지로 만들었다. 고승들은 '사토리(깨달음)'를 얻은 사람은 이미 열반에 든 것이라고 주장했다. 열반은 눈앞에 현재의 시간 안에 존재하고, 소나무 한 그루 들새 한 마리에서도 "열반을 볼 수 있다"고 생각했다. 일본인은 언제나 내세라는 판타지에 관심이 없었다. 일본 신화는 신들에 대해 말하고 있으나 죽은 자의 삶에 대해서는 말하지 않는다. 그들은 사후에 생전의 공덕에 따라 다르게 보상 혹은 처벌받는다는 불교의 사상을 거부한다. 누구나, 심지어 미천한 농부도 죽은 후에는 부처가 된다고 믿었다. 각 가정마다 설치되어 있는 불단의 위패를 가리키는 용어가 바로 "부처님"이었다. 다른 불교 국가에서는 부처라는 용어를 그런 식으로 사용하지 않는다. 일본이 평범한 사자死者를 가리켜 이런 용어를 쓴다는 것은, 열반의 성취 같은 까다로운 목표를 그리 염두에 두지 않는다는 뜻이다. 사람이 죽으면 모두 부처가 되는 만큼 한평생 고행하면서 절대적 해탈의 목표를 성취하려고 애쓸 필요가 없는 것이다.

일본인들이 역시 낯설게 생각하는 또 다른 교리는 육체와 정신의 분리이다. 요가는 욕망을 없애기 위한 기법인데 욕망은 육체에 그 뿌리를 두고 있다. 하지만 일본인은 이 교리를 믿지 않는다. "인간의 감정"은 나쁜 것이 아니다. 감각의 쾌락을 즐기는 것은 지혜의 일부이다. 하지만 인생의 의무를 지켜야 할 때에는 그것을 제한할 수 있다. 이러한 주의는 요가 수행을 대하는 일본인의 논리에 잘 드러나 있다. 일본인은 그 수행에서 모든 자기고문을 제거했을 뿐만 아니라 그것을 금욕주의적이라고 보지도 않았다. 한적한 곳에서 수행하는 사람들을 통상적으로 은자라고 하지만, 그들도 시골의 풍경 좋은 곳에서 아내와 아이들과 함께 산다. 아내를 얻고 아이를 낳는 것은 승려의 신성함과 양립할 수 있는 것으로 여겼다. 모든 불교 종파 중 가장 통속적인 종파에서는 승려가 결혼을 하고 자녀를 양육하는 것을 허용한다. 일본인들은 육체와 영혼이 양립할 수 없다는 이론을 잘 받아들이지 못한다. "깨달음을 얻은 자"의 성스러움은 극기 훈련적 명상과 생활의 단순화에 있었다. 지저분한 옷을 입고, 자연의 아름다움에 눈을 감으며, 현악기의 멋진 소리에 귀를 닫는 것에는 성스러움이 없다고 보았다. 일본의 성자들은 아름다운 시를 짓고, 다도를 즐기고, 달과 벚꽃을 "감상"하면서 하루를 보냈다. 심지어 선종은 삼결三缺, 즉 옷, 음식, 수면의 부족을 피하라고 가르쳤다.

요가 철학의 궁극적 가르침도 일본인에게는 낯선 것이었다. 요가는 신비주의 기법을 가르치면서 그것이 수행자가 우주와 하나가 되게 해준다고 설파한다. 원시 부족이든, 이슬람교의 수도자든, 인도의 요가 행자든, 중세 기독교 신자든, 신비주의를 실천하는 사람들은 하나같이 그것을 통해 "신성과 하나가 되고" "이 세상 것이 아닌" 법열法悅을 경험한다고 믿었다. 일본인들은 신비주의적 수행법을 가지고 있지만 신비주의는 가지고 있지 않다. 물론 이렇게 말한다고 해서 그들이 몽환을 체험하지 않는다는 뜻은 아니다. 그들은 체험한다. 하지만 그들은 이 몽환마저도 수행에 필요한 일심의 기법으로 여긴다. 그들은 그것을 황홀이라고 말하지 않는다. 선종은 다른 나라의 신비주의자들과는 다르게 몽환 중에 오감이 중지된다는 말을 하지 않는다. 그 대신 육감이 일어나 비상하게 예민한 의식의 상태를 경험하게 된다고 말한다. 이 육감은 마음속에 들어 있는 것인데 극기 훈련을 하면 오감을 누르게 된다. 하지만 극기 훈련 중에 미각, 촉각, 시각, 후각, 청각의 오감 등도 동원된다. 선종의 훈련에서는 소리 없는 발걸음을 인식하면서 그 발걸음이 이 장소에서 저 장소로 옮겨가는 소리를 듣고 또 몽환 중에도 유혹적인 음식 냄새— 일부러 도입된—를 맡을 수 있다. 미각, 촉각, 시각, 후각, 청각의 오감이 "육감을 돕게 함으로써" 이런 상태에서 더 감각이 "예민해지는" 것이다.

이것은 초감각적 체험을 가르치는 종교로서는 좀 기이한 훈련 방법이다. 몽환 중에도 선 수행자는 자기 자신의 바깥으로 나가지 않는다. 고대 그리스인을 묘사한 니체의 말을 빌리면, "그 자신의 존재와 이름을 그대로 유지하는 것"이다. 이것을 증언하는 일본의 위대한 불교 스승들의 생생한 말이 많이 전해진다. 그 중 가장 뛰어난 것은 13세기 조동종曹洞宗의 창시자 도겐道元의 말이다. 그는 자신의 깨달음에 대해 이렇게 말했다. "나는 내 수평의 눈이 내 수직의 코 위에 있다는 것을 안다…… 선의 체험에는 신비주의적인 것이 없다. 시간은 자연히 흘러가고 태양은 동쪽에서 뜨고 달은 서쪽으로 진다."[1] 선종의 경전들은 몽환의 체험이 극기 훈련을 거친 인간의 힘 위에 있다는 것을 인정하지 않는다. 한 불교

---

1 Kaiten Nukariya, *The Religion of the Samurai* (London: Luzac, 1913), p. 197.

신자는 말한다. "요가는 각종 초자연적 힘이 명상에 의해 획득된다고 말한다. 하지만 선종은 이런 불합리한 주장을 하지 않는다."[2]

일본인은 이렇게 하여 인도 요가의 전제조건들을 싹 쓸어낸다. 고대 그리스인들처럼 유한한 것을 매우 사랑하는 일본인들은 요가를 수행의 한 방편으로 생각한다. 이것을 잘 실천하여 인간과 그의 행동 사이에 머리카락 한 올의 간격도 없게 하는 "숙달"을 얻으려 애쓴다. 그것은 효율성과 자조를 강조하는 훈련 방법이다. 그것의 공덕은 현세적인 것이고, 인간은 꼭 필요한 만큼(넘치지도 부족하지도 않은)의 노력을 기울여 상황에 대처할 수 있게 된다. 제멋대로인 마음을 통제할 수 있어, 외부의 물리적 위험이나 내부의 열정에도 흔들리지 않게 된다.

이러한 훈련은 사제뿐만 아니라 무사에게도 가치 있는 것이고, 그래서 일본의 무사들은 선종의 훈련 방법을 받아들였다. 신비주의 없는 신비주의 방식이 채택되고 또 그것이 백병전을 감내하는 무사의 교범으로 채택된 곳은 아마도 일본밖에 없을 것이다. 하지만 이러한 현상은 일본에 선이 도입된 이래 있어왔다. 12세기 일본 선종의 중흥자 에이사이榮西

---

2 Ibid., p. 194.

는 그러한 정신을 담은 위대한 저서 『흥선호국론興禪護國論』을 펴냈다. 그리고 선종은 아주 세속적인 목표를 성취하기 위해 무사, 정치가, 검객, 대학생 등을 가르쳐왔다. 찰스 엘리엇이 지적한 바와 같이, 중국 선종의 역사를 살펴보면 이것이 일본으로 건너가 무사를 가르치는 훈련 방법이 되리라는 예시를 전혀 발견할 수 없다. "선은 다도나 노能 연극처럼 아주 일본적인 것이 되었다. 12세기와 13세기 같은 혼란스러운 시대에 경전이 아니라 개인의 심적 수행을 강조하는 이 신비적, 명상적 교리는 속세를 피해 사원에서 사는 사람들에게서 널리 세력을 얻었을 것이라고 생각하기 쉽다. 하지만 그런 짐작과는 다르게 이 교리는 무사 계급의 인기 높은 생활 철학으로 받아들여졌다."[3]

불교와 신토神道 휘하의 많은 일본 종파는 명상, 자기 최면, 몽환의 신비적 수행 방법을 강조한다. 그들 중 일부는 이런 훈련의 결과가 신적 은총의 증거라고 생각하면서, 신의 '타리키他力'에 의존하는 철학을 갖고 있다. 반면에 일부 종교(선종은 이것의 대표적 사례)는 '지리키自力'를 강조한다. 그리하여 인간의 궁극적 힘은 자기 안에 있으며 자력에 의해서만 그 힘을 키울 수 있다고 가르친다. 일본의 사무라이는 이 철

---

3 Sir Charles Eliot, *Japanese Buddhism*(London: Longman, 1935), p. 186.

학을 흡족하게 여겨 받아들였고, 승려든 정치가든 교육자든—과거 사무라이는 이런 역할을 겸했다—강인한 개성을 키워내기 위해 선의 방식을 사용했다. 선의 가르침은 아주 분명하다. "선은 인간이 그의 내부에서 발견할 수 있는 것만 추구한다. 이러한 추구에서 그 어떤 장애도 허용하지 않는다. 모든 장애를 당신의 길에서 치워버려라…… 그 길 위에서 부처를 만나면 부처를 죽이고, 조사祖師를 만나면 조사를 죽이고, 아라한을 만나면 아라한을 죽여라! 이것이 구원에 이르는 유일한 길이다."[4]

진리를 추구하는 사람은 부처의 가르침이든 경전이든 신학이든 남의 손을 거쳐서 들어온 것을 중시해서는 안 된다. "불교의 12경전은 종이 뭉치에 지나지 않는다." 이런 것을 공부하면 유익함은 있겠지만 깨달음의 필수 요소인 영혼 속의 번쩍거리는 섬광은 얻지 못한다. 선종의 한 대화록에서 제자가 스승에게 『묘법연화경』을 설명해줄 것을 요청한다. 스승은 멋진 설명을 해주지만 제자는 심드렁하게 대답한다. "선사는 경전, 이론, 논리적 설명 따위를 무시하는 것으로 알고 있는데요." 그러자 스승이 말한다. "선은 아무것도 몰

---

4 다음 저서에 인용되어 있는 문장. E. Steinilber-Oberlin and Kuni Matsuo, *The Buddhist Sects of Japan*(trans. from the French; New York; Macmillan, 1938), p. 143.

라도 된다고 가르치는 게 아니야. 단지 '안다'는 것(깨달음)은 모든 경전, 모든 문헌의 바깥에 있다는 것을 가르칠 뿐이지. 너는 나에게 알고 싶다고 말하지 않았어. 단지 경전의 설명을 요청했을 뿐이야."[5]

선사들이 제자에게 가르친 전통적 방식은 바로 이 "안다"의 방식이었다. 훈련은 신체적인 것 혹은 정신적인 것일 수도 있으나 학습자의 내면적 인식으로 체인體認되는 것이어야 했다. 검술을 원용한 선의 훈련 방식은 이것을 잘 설명한다. 검도를 배우는 사람은 검술의 각종 요령을 익혀야 한다. 하지만 그런 기술의 숙달은 단순한 "능력"일 뿐이다. 그에 더하여 그는 '무가'를 배워야 한다. 그는 먼저 평평한 표면에 서서 두 발이 차지한 몇 인치의 땅만을 의식한다. 그러다가 서 있는 표면이 서서히 공중으로 올라간다. 비록 4피트 높이의 기둥 꼭대기에 서 있지만 운동장 한가운데 서 있는 것처럼 편안한 마음을 느껴야 한다. 이러한 기둥 위에 편안히 서 있을 수 있을 때 비로소 "깨달음"을 얻는다. 그의 마음은 어지러움이나 추락에 대한 두려움으로 흐트러지지 않는다.

이러한 일본식 기둥 훈련은 중세 유럽의 기둥행자 성 시

---

5 Ibid., p. 175.

메온의 고행을 하나의 극기 훈련으로 바꾸어 놓은 것이다. 하지만 이것은 고행이 아니다. 선종의 훈련이든 혹은 농촌 마을의 흔한 훈련이든 모든 일본식 신체 단련은 이런 극기 훈련의 측면을 갖고 있다. 세계의 많은 곳에서 행해지고 있는 표준적 고행으로는 찬물에 뛰어들거나 폭포수 밑에 서 있는 것 등이 있다. 이것은 자신의 육체를 힘들게 하여 신들의 자비를 얻어내거나 몽환을 유도하려는 행위이다. 일본인들이 자주 행하는 추위 고행으로는 동트기 직전에 얼음처럼 차가운 폭포수에 서 있거나 앉아 있기, 겨울밤에 자기 몸을 세 번 냉수마찰하기 등이 있다. 이러한 고행의 목적은 자신의 의식을 단련시켜 더 이상 불편을 느끼지 못하게 하려는 것이다. 수행자의 목적은 자신을 단련시켜 아무런 방해 없이 명상을 계속하려는 것이다. 냉수의 차가운 충격이나 동틀 무렵의 차가운 날씨를 전혀 의식하지 않을 정도가 되면 극기 훈련의 "달인"이 된 것이다. 이것 이외에 공덕은 없다.

  정신적 훈련도 이와 마찬가지로 스스로 깨우쳐야 한다. 제자가 스승을 찾아갈 수는 있으나 서양식의 "가르침"은 없다. 왜냐하면 제자가 스스로 깨우치는 것 이외에는 그 어떤 것도 무의미하기 때문이다. 스승은 제자와 의논을 해주기는 하지만 새로운 정신적 경지로 인도하지는 않는다. 오히려 철저히 거칠게 대하는 것이 제자에게 도움이 된다고 여긴다. 가령 스승은 느닷없이 제자가 마시려는 찻잔을 깨트리거나, 제자의 발을 걸어 쓰러트리거나, 놋쇠 덩어리로 제자의 손등을 내려친다. 이런 충격을 주어 제자에게 갑작스러운 통찰을 안겨주려는 것이다. 이것은 제자의 안일한 자세에 일격을 가한다. 승려의 일화집에는 이런 종류의 사례가 많이 나와 있다.

제자의 "깨달음"을 유도하기 위한 가장 인기 있는 방식은 '고안公案, 화두'으로, 글자의 뜻은 "공식적인 문제"이다. 이런 화두가 총 1,700가지나 있다고 한다. 어떤 일화집은 이런 화두 중 하나를 풀기 위해 7년이나 면벽수행한 사람의 이야기를 아무렇지도 않게 소개하고 있다. 화두는 합리적 해답을 추구하는 것이 아니다. 화두 중에는 "두 손의 음성을 듣는다"는 것이 있다. 또 다른 화두로는 "어머니의 태내에 잉태되기 전에 어머니를 그리워한다"는 것이 있다. 그 외에 "자신의 시체를 업고 가는 자는 누구인가?" "나를 향해 걸어오고 있는 자는 누구인가?" "모든 것은 일一로 돌아간다. 그러면 일은 어디로 돌아가는가?" 등이 있다. 이러한 선종의 화두는 12세기 혹은 13세기 전에 중국에서 사용되었고, 일본은 선종과 함께 이 기법을 받아들였다. 중국 대륙에서 이 기법은 살아남지 못했다. 그러나 일본에서는 이것이 "숙달"을 위한 극기 훈련의 필수적 부분이 되었다. 일본 선종의 입문서는 이것을 아주 진지하게 여긴다. "'고안'은 인생의 딜레마

를 그 안에 담고 있다." 그들은 이렇게 말한다. 한 수행자가
'고안'을 열심히 생각하다가 막다른 길에 도달했다. 그는 "궁
지에 몰린 쥐 신세다." 그는 "뜨거운 쇳덩어리를 삼킨 사람"
과 비슷하다. 그는 "쇳덩어리를 뚫으려는 모기"와 비슷하다.
그는 자기 자신을 잃어버리고 더욱 노력한다. 마침내 그의
마음과 문제 사이에 버티고 있던 "보는 나"의 장벽이 사라진
다. 전광석화처럼 그 둘—마음과 문제—은 화해를 한다. 그
는 "깨달음"을 얻는다.

　이런 팽팽한 정신적 노력에 대한 기록은 인상적이다. 하지
만 그런 노력 끝에 얻어진 위대한 지혜가 무엇인지 선승의
언행록에서 찾아보면 다소 허탈한 느낌을 받는다. 예를 들
어, 난가쿠는 "나를 향해 걸어오고 있는 자는 누구인가?"라
는 화두를 8년 동안 궁리하다가 마침내 깨달았다. 그의 말은
이러했다. "여기에 물건이 존재한다고 말한 순간, 모든 것이
사라진다." 그럼에도 불구하고 화두의 계시에는 일반적인 패
턴이 있다. 그것은 다음과 같은 대화에서 암시된다.

　　제자 : 어떻게 하면 생과 사의 윤회를 벗어날 수 있을까요?
　　스승 : 너를 그 속에 집어넣은 자는 누구인가?

　이때 제자가 배운 것은 무엇이었을까? 중국의 유명한 격

언에 의하면 그는 "소를 탄 채 소를 찾고 있다"는 것이다. "정말로 필요한 것은 어망이나 올가미가 아니라 그것으로 잡을 물고기와 짐승"이다. 서양에서 말하는 딜레마의 두 뿔 (딜레마는 그리스어 dis[둘]와 lemma[전제조건]에서 유래했다. 두 뿔은 두 전제조건을 가리키는데, 이 전제에 따라 어떤 행동을 했을 때 결론이 두 전제조건 중 어느 하나와 불일치하게 되는 것을 말한다 – 옮긴이)은 쓸데없는 이야기라는 것이다.

선승들은 마음의 눈을 활짝 뜨고 있으면 현재의 수단으로도 목표에 도달할 수 있다고 생각했다. 그 누구의 도움도 받지 않고 자력으로 뭐든지 할 수 있다고 보았다.

'고안'의 중요성은 진리 수행자가 발견하는 그 진리(온 세계의 신비주의자들이 추구하는 진리)에 있는 것이 아니다. 일본인들이 진리 추구의 과정이라고 생각하는 그것을 밝혀주는 데 있다.

'고안'은 "문을 두드리는 벽돌"이라고 말하기도 한다. 여기서 말하는 "문"은 범부凡夫가 자신의 마음 주위에 둘러친 벽을 말한다. 그 벽의 존재 때문에 범부는 현재의 수단으로 충분한가를 늘 걱정하고, 자신의 행동에 칭찬 혹은 비난을 부과하는 뜬구름 같은 관찰자들을 상상한다. 일본인들에게 이런 '하지恥, 수치심'의 벽은 아주 두껍다. 일단 그 벽이 무너져내리고 문이 열리면 탁 트인 공기 속으로 나아가게 된다.

이제 더 이상 '고안'을 풀 필요가 없다. 깨달음을 얻었고 일본식 미덕의 딜레마는 해결되었다. 그들은 엄청난 힘을 발휘하여 난관에 충돌했다. 그들은 "쇳덩어리를 뚫으려는 모기"가 되었다. 결국 그들은 아무런 난관도 존재할 수 없음을 깨닫는다. '기무義務'와 '기리義理', '기리'와 인정, 정의와 '기리' 사이에 아무런 간격이 없음을 깨닫는다. 그들은 난관을 탈출하는 방법을 발견했다. 그들은 자유이고 한동안 인생의 "참맛"을 맛볼 수 있다. 그들은 '무가'이다. 그들의 "숙달"을 위한 극기 훈련은 완성되었다.

선불교의 권위자인 스즈키는 '무가'를 이렇게 정의했다. "내가 그것을 하고 있다는 느낌이 전혀 없는 황홀의 상태." "의식적인 노력이 전혀 없는 상태."[6] "보는 나"는 제거되고 그는 더 이상 자기 행동의 구경꾼이 되지 않는다. 스즈키는 말한다. "의식이 활발해지면 의지는 행위자와 방관자의 둘로 분열된다. 갈등은 불가피하다. 왜냐하면 행위자는 방관자의 제약으로부터 벗어나고 싶기 때문이다. 따라서 깨달음을 얻게 되면 제자는 '보는 나'가 없어졌음을 알게 된다. 이제 영혼에는 미지의 것 혹은 알 수 없는 어떤 것은 존재하지 않는

---

[6] Daisetz Teitaro Suzuki, *Essays in Zen Buddhism*, 3 vols.(Boston: Marshall Jones, 1927~1934), 3: 318.

다."[7] 목표와 그것을 성취하려는 행동만 남는다. 인간 행동을 연구하는 학자는 이러한 선언을 일본문화에 그대로 적용되는 것으로 볼 수 있으리라. 어린 시절, 사람은 자신의 행동을 관찰하도록 훈련을 받고 다른 사람들의 관점에 비추어 그것을 판단했다. 그의 "보는 나"는 아주 취약하다. 영혼의 황홀을 느끼기 위해 그는 이 "보는 나"를 제거한다. 그는 "내가 지금 그것을 하고 있다"는 느낌이 없다. 앞에서 나온, 4피트 높이의 기둥 꼭대기 비좁은 곳에 서 있는 사람이 추락의 위험을 느끼지 않듯이, 그는 이제 자기 자신의 영혼을 해방시켜 아무런 장애도 느끼지 않는다.

화가, 시인, 대중 연설가, 무사 등도 이런 '무가'의 훈련을 한다. 그들은 한정閑靜한 마음으로 유한한 아름다움을 즐기고, 수단과 목적을 잘 조정하여 "더도 아니고 덜도 아닌" 딱 알맞은 힘을 기울여 목표를 성취한다.

극기 훈련을 전혀 하지 않은 사람조차도 이런 '무가' 체험을 할 수 있다. 노 연극이나 가부키 연극을 보는 사람이 그것에 몰두하여 자기 자신을 잃어버린다면 그 역시 "보는 나"를 잃어버렸다고 할 수 있다. 그의 손바닥은 땀이 나서 번들거린다. 그는 "무가의 땀"을 느끼는 것이다. 목표물에 다가

---

7 Eliot, *Japanese Buddhism*, p. 401.

가는 폭격기 조종사는 폭탄을 투하하기 전에 "무가의 땀"을 느낀다. "그는 그것을 하고 있는 것이 아니다." 그의 의식에는 "보는 나"가 남아 있지 않다. 방공포 포수도 마찬가지로 온 세상의 존재를 잊어버리고 "무가의 땀"을 느낄 수 있다. 이러한 경우에, 이들은 최상의 컨디션에 올라 있는 것이다.

이러한 '무가'의 개념은 일본인들이 자기 감시와 자기 감독을 얼마나 큰 부담으로 여기고 있는지 잘 보여주는 증거이다. 일본인들은 이런 구속을 느끼지 않으면 자유롭고 효율적인 사람이 될 수 있다고 말한다. 반면에 미국인들은 이런 "보는 나"를 이성의 원칙과 같은 것으로 여긴다. 그래서 위기 상황에서도 "재치와 정신을 잃지 않은" 자기 자신을 자랑스럽게 여긴다. 일본인들은 자기 감시를 벗어던지고 영혼의 황홀을 느낀 순간에 대해, 목에 매달려 있던 맷돌이 없어진 기분이라고 말한다. 우리가 앞에서 살펴본 것처럼, 일본의 문화는 그들의 영혼에 절제심을 강조하고 또 강조했다. 그래서 이런 부담이 사라질 때 인간 의식의 다른 차원이 펼쳐진다고 말한다.

서양의 관점에서 볼 때, 일본인이 이런 철학을 표현하는 가장 극단적인 방식은 "죽은 셈치고" 살아간다는 것이다. 이 표현을 직역하면 "살아 있는 시체"이다. 서양인에게 이것은 공포의 표현일 뿐이다. 어떤 사람의 자아가 그 사람 밖으로 빠져나가 지상을 걸어 다니는 살코기에 지나지 않는다는 뜻이다. 그 사람에게 아무런 철학이 없다고 보는 것이다. 하지만 일본에서 "죽은 셈치고" 살아간다는 것은 숙달의 경지에서 산다는 뜻이다. 이것은 일상생활에서도 널리 쓰이는 표현이다. 중학교 입학시험을 걱정하는 학생에게 동네 어른이 말한다. "죽은 셈치고 시험을 치르도록 해. 그러면 쉽게 합격할 거야." 아주 중요한 사업 건을 앞에 두고 있는 사업가에게 그의 친구가 말한다. "죽은 셈쳐." 어떤 사람이 중대한 영혼의 위기를 겪고 있는데 앞에 출구가 보이지 않으면, "죽은 셈치고" 살아갈 결심을 한다……

　따지고 보면 '무가'의 철학이 곧 "죽은 셈치고"의 철학이다. 이 상태의 사람은 모든 자기 감시와 공포를 내던지게 된다. 그는 죽은 자, 이미 올바른 행동 방침에 대해 걱정하지 않는 사람이 된다. 죽은 자는 더 이상 '온恩, 은혜'을 되갚아야 할 필요가 없다. 그는 자유이다. 따라서 "죽은 셈치고 산다"는 갈등에서 완전히 벗어나는 것을 의미한다. 그것은 이렇게 말하는 것과 같다. "나의 에너지와 주의력은 자유롭게 목표의 성취 쪽으로 나아갈 수 있다. 두려움으로 가득 찬 나의 '보는 나'는 더 이상 나와 내 목표 사이에서 장애물이 되지 못한다. 그와 함께 예전에 나를 그토록 괴롭히던 긴장감과 절망감도 사라졌다. 이제 나는 모든 것이 가능하다고 생각한다."

서양의 관점에서 볼 때, 일본의 '무가'와 "죽은 셈치고"는 양심을 배제한 것처럼 보인다. 일본인이 말하는 "보는 나" 혹은 "방해하는 나"는 개인의 행동을 판단하는 검열관이다. 이것은 동서양의 심리 차이를 극명하게 보여준다. 우리가 어떤 미국인을 가리켜 의식이 없다고 말한다면, 잘못을 저지르고도 죄책감을 느끼지 못한다는 뜻이다. 하지만 일본에서는 더 이상 긴장하지 않고 장애를 느끼지 않는 사람의 뜻으로 사용한다. 미국에서는 나쁜 뜻으로 사용하지만, 일본에서는 좋은 뜻으로 사용하여 극기 훈련을 제대로 한 사람, 자신의 능력을 최대한으로 발휘하는 사람을 지칭한다. 그러니까 아주 어려운 일을 이타심을 발휘하여 수행하는 자를 가리키는 것이다. 좋은 행동을 강제하는 미국식 제재는 죄책감이다. 양심이 굳어져서 죄책감을 더 이상 느끼지 못하는 자는 반사회적 존재이다. 일본인들은 이런 문제를 다르게 풀이한다. 그들의 철학에 의하면 인간의 깊은 내면에 들어 있는 영혼은 선량하다. 그의 충동이 그의 행동에 구체화된다면, 그는 별 힘 들이지 않고 덕행을 할 수 있다. 따라서 그는 '하지'의 자기 검열을 배제하기 위해 숙달의 훈련을 한다. 이 훈련을 거쳐야만 비로소 육감이 아무런 장애 없이 발휘된다. 이렇게 하여 자의식과 갈등으로부터 완전히 놓여나는 것이다……

유럽 국가들의 문화 패턴 연구[*]

　모든 유럽과 아시아의 국가들은 그들이 국가적 특성을 갖고 있다는 사실을 부정하면서 동시에 자랑한다. 이와 관련된 진술이 너무나 많이 나와 있기 때문에 그 중에서 알곡과 왕겨를 골라내는 것이 거의 불가능하다. 그래서 많은 과학자는 이 문제를 대중 연설의 주제로 치부하면서 체계적 탐구 대상에서 제외시키려 한다. 그러나 전쟁 중에 국민성은 아주 중요한 실용적 문제로 떠올랐다. "적국의 특성", 위성 국가들이 어떤 특성에는 반응했으나 다른 특성에는 반응하지 않은 문제, 어떤 동맹국은 어떤 문제를 적극 수용했으나 다른 동맹국은 수용하지 않은 문제 등이 부상했다. 심리전, 정치회의, OSS(전략정보국)와 UNRRA(연합국구제부흥기관)

[*] 뉴욕 과학아카데미의 허가를 받아 전재. *Transactions* ser. 2, 8: 274~279(1946).

의 요원 양성에 참가한 사람은, 군사작전 담당자처럼 상대 국가의 언행을 평가하는 데 실수를 저지르면 커다란 어려움을 겪는다. 국민성을 이해하기 위해서는 대중의 환상과 오해를 제거하고 사회과학의 과학적 방식을 채택하는 것이 중요하다.

인류학자의 입장에서 보면 국민성 연구란 곧 학습된 문화행동의 연구이다. 전쟁 전 수십 년 동안 인류학자들은 단순한 원시 부족을 상대로 문화 행동을 연구해왔다. 지난 10년 동안 인류학자들이 제시한 문화적 조건화 이론이 널리 받아들여졌다. 인류학자들이 연구 결과를 설득력 있게 제시했기 때문에, 삶에 대한 원칙을 형성하는 데 사회적 합의가 가장 중요하다는 사실이 널리 인정받게 되었다. 삶에 대한 원칙은 국가의 기능에 대한 전제조건, 경제적 동기, 양성 사이의 관계, 초자연적인 것에 대한 의지 등 다양한 것을 포함한다. 이러한 원칙이 문화적 배경 속에서 취하는 구체적 형태는 인간 생물학의 직접적 결과라고 여겨지지 않게 되었다. "인간의 특성"은 더 이상 생물학만으로는 설명할 수 없게 된 것이다. 심지어 문명 국가들의 행동조차도 그 나라의 사회적 환경 속에서 개발된 행동과 생각의 방식으로 이해되게 되었다.

1943년 나는 전쟁공보청의 부름을 받아 근무하면서 적국과 점령된 국가들의 국민성을 연구하게 되었다. 나는 인류학이 학습된 문화 행동을 연구하면서 개발한 통찰과 기술을 사용해달라는 요청을 받았다. 전쟁 중 사회과학 분야에 대해 각종 필요한 제재가 가해졌지만 나로서는 커다란 기회였다. 인류학자들은 단순한 원시 사회를 분석할 때 사용하는 방법을 현대 국가에는 별로 적용한 바가 없었다. 이 방법은 아주 구체적이었으며, 각각의 새로운 세대는 어떤 생활 방식을 배우고 그것을 또 어떻게 후대에 전달하는지 탐구하는 것이었다. 그것은 아주 구체적인 사회 환경을 자세하게 연구하는 방법이었다. 그 과정에서 서구의 국제 연구 과정에서 사소한 것으로 치부되던 인생의 여러 양상을 연구하는 것이 중요해졌다. 가령 구체적 사회 환경에서의 습관 형성, 사회가 부여하는 상벌, 특정 성취에 따르는 칭찬, 권위의 사용과 그에 대한 승복을 규정하는 합의, 개인의 행동과 그에 따르는 책임 등이 그런 양상이었다. 이러한 것은 원시 사회의 행동을 문화적으로 탐구하는 데 중요한 사항이었으나, 유럽 국가를 상대로 한 시도는 그때까지 거의 없었다. 지금까지 문명 국가에 대한 연구 방법은 역사, 경제, 정치를 관찰하는 것이었다. 이런 분화된 접근 방법이 가치 있고 필요한 것이지만, 그것으로 충족되지 않는 틈새가 많아 학습된 문화 행동을 연구하는 인류학적 방법을 적용해야 할 필요가 있었다.

전쟁 중에 이런 인류학적 방법을 적용하는 데는 커다란 장애가 있었다. 연구의 성격이 까다로워서 그런 것이 아니라 전쟁 중이었기 때문이다. 인류학자의 주된 연구 방법인 현지 탐사가 원천적으로 불가능했다. 하지만 미국에는 전 세계에서 이민 온 사람들이 있었고, 그들 중에 조국의 생활 방식을 상당 부분 유지하고 있는 이민자 그룹을 찾아내는 것은 용이한 일이었다. 그 나라의 주요 계급, 소수 계급, 특정 지역에서 온 개인들을 인터뷰할 수 있었다.

이런 식으로 문명 국가를 연구하는 데 대해 비판도 제기되었다. 전쟁 때문에 현지에 가볼 수 없다는 어려움 외에도, 문명 국가는 너무 복잡하여 원시 부족을 연구하는 방법으로는 분석할 수 없다는 것이었다. 이러한 회의론의 근거가 되는 복잡성은 오히려 인류학적 연구에 도움이 되는 장점도 있다. 서방 국가에 대해 알려지거나 기록된 사실이 아주 많다는 것은 인류학자에게 커다란 이점을 안겨준다. 이들 국가의 역사에 대해 많은 연구가 이루어져 있기 때문에 여러 분야의 통계 자료가 나와 있고, 많은 관찰자가 개인적 체험을 기록해놓았고, 풍속을 기록해놓은 훌륭한 장편소설이 많이 출간되어 있고, 다들 독립된 문자 언어를 가지고 있어 문자 없는 원시 부족의 언어를 연구해야 하는 어려움이 없다. 방대한 자료가 나와 있다는 것도, 연구 대상을 명확하게 규정해 놓으면 전혀 장애가 되지 않는다. 연구 대상이 명확하면 이런 방대한 자료로부터 필요한 자료만 가져올 수 있다. 이렇게 볼 때 풍성한 데이터는 자산이 된다. 또 빠진 부분이 발견되면 제보자로부터 그 부분을 얻어올 수도 있다. 인류학자의 주된 이점은 문제 제기가 그 자신의 경험으로부터 나온다는 것이고, 일단 문제를 제기하여 연구 대상을 명확하게 규정하면 일은 절반을 해놓은 것이나 마찬가지다.

인류학적 연구에 대한 또 다른 회의론은 현대 국가에는 문화적 동질성이 없다는 사실에 바탕을 두고 있다. 이러한 회의론은 인류학적 방법에 대한 비판이라기보다, 인류학자가 믿고 있는 기본적 원칙을 재천명한 것에 지나지 않는다. 인류학자는 가령 유고슬라비아라는 나라에 포함된 다양한 문화 중에서 어떤 "유일한" 특성만을 탐구하려고 하지 않는다. 그 외에도 폴란드나 체코슬로바키아 같은 다문화 국가가 있다. 이러한 조건들이 있기 때문에 인류학적 연구를 포기해야 한다는 것은 말이 안 된다. 연구 대상의 수를 늘린다면 이 문제는 자동적으로 해결된다. 이것은 영국, 프랑스, 미국 등 다문화 문제가 덜한 나라에도 그대로 적용될 수 있다.

서구 문명의 계급 분화가 다양하기 때문에 인류학적 방법의 적용이 불가능하다는 비판도 있다. 이것은 앞의 비판과는 약간 다른 관점을 갖고 있다. 다양한 계급 분화에 대한 문화적 연구는 서방 국가 사이에서 시도된 적이 없다. 이러한 연구는 당연히 다양한 계급의 공통적 태도와 확신을 탐구하고 또 이해사항의 갈등이라는 과제를 다룰 것이다. 심지어 갈등의 상황조차도 부적절하게 기술되어 있다. 훈련된 인류학자는 권위적인 아버지와 복종적인 아들의 관계, 압제적 왕과 신하의 관계 등을 다룰 때, 상호보완적 행동에 대한 모든 연구에서 패턴화된 상황의 행위자로서 양자를 제시할 것이다. 인류학자는 그 상황을 일종의 시소게임이라고 생각한다. 지렛대의 높이와 널빤지의 길이를 연구함으로써(사회 계급, 부동산 법률, 사회보장의 일반 조건들을 연구함으로써) 어느 한 그룹은 아주 높이 올라가 있고, 다른 그룹은 낮게 내려가 있으며, 또는 양 그룹이 균형을 이루고 있음을 보여줄 수 있다. 물질적이든 심리적이든 극단적 사항은 어느 한 입장에서 제외될 것이므로, 다른 입장에서도 제거될 것이다. 사회 내의 다른 그룹들은 형편에 따라 한 번은 이 집단을 다른 한 번은 저 집단을 지지할 것이다. 인류학자들은 상황에 따라서는 물질적 요인 못지않게 비물질적 요인도 중요하다는 것을 알고 있다. 그래서 위계질서의 문화적 수용이나 빈부의 상대적 빈도 등도 탐구한다.

어떤 국가 내의 빈부 계급이 공유하고 있는 인생철학의 유사성은 아주 중요하다. 서방 문명 중 어떤 나라의 부유한 산업가와 노동자(혹은 농민)는 많은 공통적 태도를 가지고 있다. 재산에 대한 태도는 당사자가 부자인가 혹은 가난한 자인가에 따라 다르다. 가령 네덜란드에서 재산은 자존심의 필수적인 부분이고, 철저히 지키면서 절대 허투루 사용해서는 안 된다. 그 당사자가 법원의 법관이든 가난한 사람이든(네덜란드 현지에는 "1페니라도 가능하면 저축하라"는 말이 있다), 재산은 소중히 간직해야 한다. 루마니아의 경우, 재산에 대한 태도는 아주 다르다. 상류 계급의 사람은 부유한 사람의 밑에 들어가 일해도 위신이나 자신감을 잃는 법이 없다. 그는 재산이 곧 "그 자신"이라고 말하지 않는다. 가난한 농부는 자신이 가난하기 때문에 저축을 해봐야 아무 소용이 없다고 말한다. "내가 부자라면 저축을 하겠다"고 한다. 부자들은 저축이 아닌 다른 수단으로 재산을 늘린다고 생각한다. 그래서 재산이 곧 지위라는 네덜란드와는 다르게, 전통적으로 재산은 행운과 착취의 결과라고 생각한다. 유럽의 다른 나라도 그렇겠지만, 두 나라의 이런 차이는 재산에 대한 뿌리 깊은 특정 태도에서 비롯된다. 이런 태도는 어린아이들이 재산을 다루는 태도, 청소년기 혹은 사회에 진출했을 때의 돈의 소비에 대한 칭찬과 징벌 등을 연구하면 자세히 분석할 수 있다.

권위에 대한 태도도 지역에 따라 다르다. 그리스인은 상류

계층 인사든 시골 농부든 위로부터 내려오는 권위에 반발하는 경향이 있다. 이것은 일상의 대화 속에 스며들어 있고 개인의 정치적 태도는 물론이고 생계 수단의 선택에도 영향을 미친다. 반면 유럽의 다른 지역은 그렇지 않다. 오르테가 이 가세트의 극적인 말을 빌려보면 이러하다. "누군가가 나타나 명령을 내리고 직업과 의무를 지정해주기를 외쳐대는 엄청난 개떼의 함성이 있다." 전쟁 도중 괴벨스의 프로파간다 방송은 마키아벨리의 유명한 말을 계속 인용하면서 독일인은 마음속으로 그게 진실이라고 생각한다고 주장했다. "사람은 강요나 자의에 의해 일을 한다. 인간은 선택의 자유가 없을 때 가장 커다란 에너지를 보여준다." 이러한 권위주의는 면밀한 문화적 연구의 대상이 되어야 한다. 그렇게 하자면 배경이 되는 법률과 경제 지식이 있어야 하고, 어린아이가 권위를 처음 접하는 과정과 그에 따른 제재 등을 연구해야 한다. 다양한 징계가 가해지고 복종에 대한 보상이 주어지는 연령을 알아야 한다. 이런 것을 알고 있으면 어떤 국가의 정치 지도자가 하는 말의 속뜻을 더욱 분명하게 알 수 있고, 그 국가의 국민이 어떤 방향으로 행동할 것인지를 예측할 수 있다. 물론 국민성의 구조는 여러 세대가 지나면서 체험의 차이에 따라 달라질 수도 있다. 하지만 그 변화의 과정도 현 세대의 행동을 체계적으로 연구함으로써 밝혀볼 수 있다.

현재 유럽 국가의 문화 연구에 필요한 자료들은 서로 다른 간행물에 널리 흩어져 있고, 또 많은 중요한 정보들은 전혀 기록되어 있지 않다. 국제 문제의 이해에 대한 우리의 현주소는 인류학자들이 원시 부족의 학습된 문화 행동을 본격적으로 연구하기 직전의 바로 그 상태이다. 간단한 원시 문화를 탐사하면서 인류학적 연구 방법을 적용하던 연구자들도, 우리 자신의 문명을 연구하는 문제에 이르면 손을 놓아버린다. 그들은 서구 여러 나라의 체험이 유사할 것이라고 가정하는데, 나의 연구에 의하면 사정은 그렇지 않았다. 단순한 원시 부족을 연구할 때의 문화적 차이 같은 것이 문명 국가 사이에도 분명 존재한다. 우리는 서방 국가를 연구해야 할 필요가 있다. 그리하여 그들이 보편적 인간의 문제를 특정한 문화적 배열에 의해 해결한다는 것을 증명해야 한다. 우리는 그들의 체험을 지금보다 더 잘 이해하여, 사회적으로 위험한 것과 사회적으로 유익한 목표에 도달하게 해주는 것을 엄격하게 구분할 수 있어야 한다. 각 지역의 국민들이 세계 평화에 기여할 수 있는 원동력은 곧 그들을 키워낸 문화의 힘이다. 만약 전 세계 사람들이 상호 혜택을 약속해주는 세계 기구를 이룩하고자 한다면, 세계 각국이 이러한 목적에 기여할 수 있는 구체적 힘을 과학적으로 알아내야 한다.

인류학과 인문학*

　인류학은 전국 연구협의회나 사회과학 연구협의회에 올라가 있는 사실에서도 알 수 있듯이, 엄정한 과학의 한 분야이다. 100년 전 이 학문이 발족되던 당시부터 19세기 서양 문명의 과학적 전통에 입각하여 학문의 연구 대상과 개념적 구도를 채택했다. 이 학문은 진화나 문명의 단일 국지局地 기원 등 여러 초기 개념을 생물학의 계통 발생적 개념에서 가져왔고, 또 현실을 객관적, 이론적, 일반적으로 기술하기 위해 모든 진지한 노력을 아끼지 않았다.

　인류학이 이처럼 과학적 틀 내에서 작업하고 발전해왔지만, 그래도 때때로 오류에 빠져들고 막다른 골목에 접어드는 것을 피할 수가 없었다. 인류학은 다른 과학과 마찬가지로

---

* 미국 인류학협회 회장 퇴임 연설문. 뉴멕시코 주 앨버커키, 1947년 12월. 미국 인류학협회의 허가를 받아 전재. *American Anthropologist* 50: 585~93(1948).

그 분야의 새로운 발전 사항 및 다른 과학 분야의 새로운 지식에 비추어 연구 대상을 새롭게 정립했다. 물리학, 생물학, 심리학, 정신의학에서 개발된 방법과 개념을 계속하여 빌려왔다. 현재의 10년(1940년대) 동안, 우리는 기회가 있을 때마다 그렇게 했다. 우리는 이제 더 이상 자신의 자급자족적인 독립된 학문을 운영하는 시대에 살고 있지 않다.

그러나 인류학과 인문학을 나란히 놓고 보면 사정은 좀 달라진다. 일견 두 학문은 너무나 달라 보여서 동일한 주제―인간 그 자체, 인간의 업적, 인간의 사상과 역사―를 다루고 있다는 사실마저도 간과할 듯하다. 하지만 내가 보기에 인문학이 제기하고 논의하는 문제의 성격은, 다른 사회과학 학문에 비해 인류학과 아주 가깝다. 이것은 일견 이단적인 진술처럼 들릴지 모른다. 하지만 나의 주장을 정당화하기 위해 인문학의 위대한 시절을 잠시 회고해보기로 하자.

르네상스 시절부터 100년 전의 시기까지, 서양 문명의 정신적 양식은 과학이 아니라 인문학이었다. 인문학이란 키케로의 정의에 의하면 인간의 존재에 대한 지식, 즉 인간의 힘, 인간 사이의 관계, 인간과 자연의 관계, 인간적 힘과 책임의 한계에 대한 지식 등을 의미했다. 르네상스 이후 '인간의 연구'라는 분야에서 객관적 탐구 방법이 개발되었다. 예일 대학의 코넌트 총장은 최근 이렇게 썼다.[1]

르네상스의 제1기에는 진리에 대한 냉정한 추구는 비활성의 자연보다는 인간과 그 업적을 연구하는 사람들에 의해 이루어졌다. 객관적 탐구라는 근대적 아이디어를 구체화한 것은 고대 문화를 탐구했던 인문주의자들이었다.

16세기의 저서인 몽테뉴의 수상록을 읽어보면 당시의 인문학이 현대의 인류학과 상당히 유사했음을 알 수 있다. 인문주의자인 몽테뉴는 투피남바 족 출신 소년인 자신의 하인과 의논을 하면서, 그 소년—남아메리카 부족 마을에서 성장한 소년—의 관점에서 그 부족의 일상생활, 경제생활, 고문, 포로 잡아먹기 등을 언급했다. 이 위대한 프랑스 학자는 서부 유럽, 가톨릭, 프랑스의 풍습과 경제의 관점에서 말을 하지 않았다. 현장탐사를 나간 현대의 인류학자처럼, 몽테뉴는 제보자를 사용하여 원시 문화와 선진 문화를 비교하되, 자신의 인종주의적 태도를 더 중시하는 입장은 취하지 않았다. 비록 그는 원시 부족에 대해서는 별로 언급한 것이 없지만, 그것은 분명 현대 인류학의 전통에 속한 것이었다.

인문학과 인류학의 주제가 공통된다는 일반적인 진술은

---

1 James B. Conant, *On Understanding Science*(New Haven: Yale University Press, 1947), pp. 8~9.

아직도 그 둘의 유사성을 제대로 설명했다고 보기 어렵다. 르네상스 인문학은 당시의 유럽인에게 유럽 문화와는 다른 문화를 체험하게 해주었다. 그리스 로마 문명이 르네상스의 일차적 원천이었기 때문에, 당시의 학문은 학자들이 평소 익숙한 문화와는 다른 문화에 정신적으로 기울어지는 자유를 주었다. 따라서 인문학은 강력한 교차문화적 체험이었고 그 목적은 낯선 문화를 탐구하려는 현대 인류학과 유사했다.

르네상스 시기의 고전 연구는 곧 권위주의적이고 형식적인 것이 되었지만, 에라스무스에서 존 스튜어트 밀에 이르는 통찰력 깊은 학자들에게는 다른 문화의 연구를 통한 깨달음이라는 고상한 목표를 안겨주었다. 밀은 그리스-라틴 문학을 중심으로 하는 인문학 연구를 호소하면서 이렇게 말했다.

우리 이외에 다른 사람들에 대해서 알지 않는다면…… 우리는 죽음의 순간까지도 우리의 지성을 절반밖에는 개발하지 못할 것이다. 우리는 우리의 고정 관념을 제거하지 못할 것이다. 다른 사람의 다른 색깔 안경을 빈번하게 사용하지 않고서는 고정 관념을 제거하지 못한다. 그리고 다른 나라의 관념은 우리와 다르면 다를수록 더 많은 도움이 된다.

바로 이 인문학 분야에서 지난 몇 세기 동안의 위대한 인물들이 교차문화적 통찰을 얻어 왔다. 그것은 그들을 해방시켰고 정신의 단련을 가르쳤다. 그것은 그 시대의 정신적 생활을 지배했다. 그러다가 19세기 중반에 들어 새로운 과학이 인문학의 손에서 리더십을 넘겨받았다. 그 이전에 과학은 단과대학이나 종합대학에서 발판을 구축하지 못했고, 대체로 아마추어의 분야로 남아 있었다. 과학의 주제가 오랫동안 백안시된 것은, 당대의 종교가 신봉하는 사상을 의심했을 뿐만 아니라 비활성 물질의 자연은 세상을 지배하는 신적 구도 내에서 가장 낮은 지위를 차지하고 있었기 때문이다. 과학의 주제는 인문학의 주제인 인간의 고귀한 정신을 해치는 것으로 간주되었다.

전문적 인류학은 이 시기[19세기 중반]에 이르러 과학 속에서 이 학문이 차지할 자리를 발견했다. 인문학적 용어보다는 과학적 용어로 이 학문의 틀을 짠다는 것은 인류학이라는 학문에서 가장 기본적인 사항이다. 이런 새로운 틀에는 커다란 소득이 있었다. 하지만 이제 와서 그때를 되돌아보면 손실도 있었다. 사하군이 아스텍 부족 속으로 들어가 수행했던 전前과학적인 자료 편찬은 그 후 라첼이나 타일러의 시대에 소속된 전문 인류학자에 의해 되풀이되지 못했다. 그 대신 스펜서는 5대륙과 바다의 섬들을 돌아다닌 몇 안 되는 여행자의 기록을 수집했고, 모건은 민족지학적 조사 없이 또 국지화된(혹은 국지화되지 않은) 친족의 거주와 결혼 형태와의 상관관계를 직접 관찰하지도 않고 친족 용어를 정립했다. 이 시기의 전문적 인류학자들은 몽테뉴가 투피남바 하인을 상대로 한 대화의 방식을 채택하지 않았다. 그들은 아무런 제보자의 도움 없이 대영박물관에 틀어박혀 결혼, 종교, 주술을 연구했다. 윌리엄 제임스는 그가 프레이저에게 얼마나 많은 원시인을 알고 있는지 묻자, 프레이저가 "맙소사, 어떻게 그런 사람들과 접촉합니까!"라고 대답했다고 보고했다.

이런 상황을 감안할 때, 만약 인류학이 과학이 지적 탐구의 주인으로 나선 시기인 19세기 전반 이전에 전문적 학문으로 정립되었더라면, 후대의 인류학자들은 많은 고생을 덜었을 것이라고 생각한다. 그랬더라면 인류학은 인문학의 방법과 통찰을 계승하고 발전시켰을지도 모른다.

나는 인류학이 과학적 전통 안에서 탄생했기 때문에 커다란 이득을 보았다고 확신한다. 인문학의 전통은 인간의 문화적 생활에 대해 어떤 가설을 세운 다음 그것을 교차문화적 연구로 검증하는 절차가 없다. 이러한 절차는 과학적 전통에 속한다. 오늘날 과학의 전통과 인문학의 전통은 양극도 아니고 상호 배타적인 것도 아니라고 확신한다. 이 둘은 상호 보완하는 것이다. 현대 인류학이 위대한 인문학자들의 저작을 무시한다면 그 방법과 통찰에서 스스로를 제약하는 것이다.

인류학의 초창기에 커다란 심연이 그것을 인문학으로부터 갈라놓았다. 후발 신생 과학적 학문으로서, 인류학은 생물학의 계통발생 수형도樹型圖에 필적하는 사회적 진화의 일반론을 내놓았고, 인간의 정신적 통일성과 인간 행위의 반복성에 대해 일반적 이론을 수립했다. 비록 겉으로 드러내놓고 말은 하지 않았지만 기본적인 전제사항은 이런 것이었다. 인류학은 자연과학의 개념을 활용하여 인간의 문화를 어떤 예측 가능한 질서로 환원시켜야 한다.

이것은 합리적인 기대였고 그것을 실현시키려 하는 사람들은 당연히 인간의 정서, 윤리, 합리적 통찰과 목적(인간의 사회생활에서 관찰되는 것)을 아예 연구 대상에서 배제했다. 그들은 단순한 것에서 복잡한 것에 이르기까지 각종 인간적 제도의 카테고리를 추상화했고, 그것을 자연 세계의 종種인 양 논의했다. 그들은 인간의 주술과 친족관계를 원시 부족의 문화적 구조를 구축하는 벽돌 정도로 여겼고, 식물학자가 꽃을 분류하듯 그것을 분류했다. 대부분의 인류학자가 인간의 태도와 행동을 문화의 범주에 집어넣고 있는 오늘날에도, 일부 인류학자는 인간의 마음과 의도를 연구대상에서 배제하려 한다. 그들은 "문화 과학"이라는 용어를 내세우면서 역사적 재구성이나 문화적 사이클의 수립은 그런 배제를 전제로 해야 한다고 말한다.

그러나 대다수의 미국 인류학자는 인간의 정서, 합리화, 상징 구조 등 인간의 마음을 문화의 정의 안에 포함시킨다. 이러한 인류학자의 이론적 관심은 자연스럽게 인간과 문화적 구축물을 서로 연결시켜 이해하는 쪽으로 나아갔다. 그들은 자신이 직접 수행한 것이든 다른 학자의 것이든, 현지탐사에서 얻어진 생생한 자료를 활용하는 쪽으로 나아갔다. 하지만 이 분야를 진정한 의미에서 발전시키려면 다른 훈련을 받아야 한다는 것을 그들은 충분히 고려하지 않았다.

만약 인류학이 인간의 제도와 함께 인간의 마음을 연구하는 학문이라면, 내가 볼 때 가장 큰 자원은 인문학이다. 물론 그것은 모든 현대의 문학평론과 역사서를 의미하는 것은 아니고, 과거의 진정한 인문학적 전통을 간직한 인문학을 말하는 것이다. 역사, 문학평론, 고전 연구 등은 과학적 전통 속에서 혹은 인문학적 전통 속에서 집필될 수 있다. 과학적 전통은 지난 100년 동안 엄청난 권위를 누려왔고, 인문학은 인류학 못지않게 과학의 방법을 빌려와 이득을 보았다.

르네상스에서 현대에 이르기까지 인문학의 위대한 전통은 특정 시대와 공간 속의 인간의 생각과 행동을 방대하게 기록해놓은 것을 그 특징으로 한다. 또한 인문학의 감수성은 인간의 마음과 정서의 특질을 크게 고양시켰다. 인문학의 한 분야인 역사는 경제적, 정치적 분석을 제외했지만, 특정 시대의 인간의 행위와 목적을 보여주면서 그것이 어떤 결과를 가져왔는지 보여주었다. 엉뚱하거나 파괴적인 인간의 행위를 기술하면서도 그것을 나타난 결과와 연결시켰다. 자신의 성공과 실패에 책임을 지는 인간의 모습을 보여주었다. 문학 평론은 시대정신이라는 문제를 거론할 수도 있고 주인공의 성격이라는 하나의 문제에 집중할 수도 있다. 어느 경우든, 특정한 정서와 사상이 배경이 되어 있는 상황에서, 인간은 예정된 방식으로 행동하고 사태의 결말 또한 그러하다는 것을 보여준다. 인문학은 인간의 창조성과 행동에 따르는 결과라는 전제조건에 바탕을 두고 있다. 인문학의 연구 방법은 이런 전제조건과 일치한다.

이러한 방법과 전제는 자연과학 분야에서 유익하다고 생각하는 방법과 전제와는 다르다. 자연과학 연구자는 자연의 세계를 분석하여 기술하는 데서 확정된 법칙을 도출해야 한다. 그가 일단 떨어지는 물체 혹은 팽창하는 가스의 법칙을 발견하면 그것은 어떠한 맥락에서도 통할 수 있는 공식이 된다. 과학자는 동물들에 관해 더 큰 일반화의 이론을 제시할 수 있다. 동물들은 학습하고 발명하는 특별한 기능을 갖고 있지 않은 까닭이다. 하지만 인간은 자신의 생활 방식, 즉 문화를 창조하는 종이다. 그렇다고 해서 자연의 질서를 벗어난다는 이야기는 아니다. 자연의 진화에 의해 인간은 상황과 본능의 동물에서 더욱 나아가 창조와 발명의 존재가 되었다. 인간의 사회생활은 좋든 나쁘든 인간이 만들어내고 지지하는 목적의 틀 내에서 발전해왔다. 따라서 현 단계에서 인류 진화의 방향이 인류 출현 이전 시대와 같을 수는 없다. 인간은 행동과 생각의 자유를 갖고 있기 때문에 어떤 문화적 특질을 받아들이지 않음으로써 그것이 전파되는 것을 막을 수 있고, 기술 발달의 어떤 단계에서 다양한 형태의 신을 창조할 수 있다. 기술 단계와 초자연적 존재의 상관관계를 당연한 것으로 받아들인다 하더라도 우리가 어떤 부족에 대해 구체적이고 자세한 사실—그 부족과 다른 부족과의 접촉 관계, 문화적 지역에서 차지하는 위치 등—을 알고 있을 때 비로소 그 상관관계를 추정해볼 수 있다.

이러한 사실을 알게 되면서 인류학자들은 문화의 정의 내에 인간의 마음을 포함시키기 시작했다. 인류학적 연구의 이런 특성은 이 학문이 심리학 및 정신의학과 공통점이 많음을 보여주었다. 따라서 인류학자들은 데이터를 정확하게 해석하려면 위대한 인문주의자들에게 점점 의존하게 되리라고 예상할 수 있다. 만약 우리가 산타야나의 『세 명의 철학적 시인』, 러브조이의 『존재의 위대한 사슬』, 위대한 셰익스피어 비평들을 연구한다면 문화적 태도와 행동을 좀 더 설득력 있게 분석할 수 있으리라 본다. 우리가 사회학뿐만 아니라 인문학에서도 연구자를 끌어올 수 있다면 미래의 인류학 연구는 한결 높은 수준에 도달할 것으로 예상된다. 이러한 과정에서 인문학의 대가들로부터 배우는 것이 더 유익하다고 생각하는데, 구체적 사례를 들어보겠다.

생존해 있는 가장 위대한 인문학자 중 한 사람인 산타야나는 문화인류학의 거의 모든 분야에 대해 글을 썼다. 비록 원시 부족의 자료는 다루지 않았지만, 그리스와 헤브라이 문명, 『영국에서의 독백』 같은 영국 문명 비판서, 『미국의 특징과 의견』 같은 미국 문명 비판서 등에서 문화의 여러 측면을 다루었다. 가령 인간이 문화 속에서 구체화시키는 생활방식, 인간이 만들어내는 제도, 그런 환경에서 자라난 인간 내부에 뿌리내리는 정서와 사상에 대해 기술했다. 그는 인문학의 측면에서, 또 자신의 세련된 감수성이라는 관점에서 이런 주제들을 다루었다. 그는 20년 전에 발간된 한 책에서 문화의 진실에 대해 이렇게 말했다.[2]

어떤 세계, 어떤 사회, 어떤 언어든 창조한 정신을 충족시키고 격려한다. 정신은 상상력을 형성하고 불을 질렀기 때문에 상상력

2 George Santayana, *Platonism and the Spiritual Life*(New York: Scribner's, 1927), p. 58.

에 부합한다. 정신은 이 세상에 뿌리를 내리고 하나의 습관이 되기 때문에 그 속에 숨은 열정을 충족시킨다. 정신과 그 상황과 자연의 조화는 유일한 현실적 조화이다. 그것은 모든 이상의 원천이며 모든 희망의 정당화이다. 이 조화가 설령 불완전하고 흔들리는 것일지라도 인간의 정신을 지탱하는 데에는 충분하다.

문화적 조건과 인간의 개성 사이에 상호의존이 존재한다는 이러한 주장은 산타야나의 커다란 주제 중 하나이다. 그는 자신의 온 학문과 철학을 동원하여 사회과학자의 생각에 맞섰다. 사회과학자 사이에는 사회와 개인은 엄연히 다른 별개의 존재라는 생각이 팽배했다. 그래서 그들은 문화적 전통에 힘입는 것이 독창성이나 자유의지의 힘을 최소화한다고 믿었다. 하지만 산타야나는 이들과 정반대의 생각을 갖고 있었다. 위대한 예술가나 종교 지도자들을 언급할 때 그의 주장은 한결같았다. "기존의 유수한 학파에서 훈련받은 사람만이 엄청난 독창성을 발휘할 수 있다. 대체로 천재는 과거의 전통이라는 어깨 위에서 배양되고 양육되는 것이다."[3]

산타야나에 의하면, 교차문화적 이해가 널리 퍼져나가는

---

3 George Santayana, *The Life of Reason*, 2 vols.(New York, Scribner's, 1905~1906), 2: 101.

과정에서 가장 나쁜 것은 기존의 전통을 모두 뒤엎어버리는 것이다. 가장 좋은 것은 각자의 경전과 교리를 존중하는 것이다. 이런 경전과 교리가 나라마다 서로 다르다고 해도 공통점이 있으며, 그것을 잘 알 때 상호 이해가 증진된다. 교차문화적 작업을 할 때 자기 자신의 민족적, 민족지학적 입장과 충성심을 견지하는 것이 좋다고 말하는 현대의 인류학자는 산타야나의 철학에 동의하는 것이고, 그런 지혜로 인해 혜택을 얻게 될 것이다.

산타야나의 저서들은 인류학의 주제들, 가령 사회조직, 종교, 예술, 이론적 생각 등을 다루고 있다. 그는 인간의 모든 기술이 특정 시간과 공간 속에 뿌리를 내리고 있다고 보았다. 그리스 문명과 헤브라이 문명, 유럽에서 기독교의 성장 등은 『종교 속의 이성』(1905)의 한 부분이다. 이 책은 종교를 연구하는 인류학자의 필독서이다. 『종교 속의 이성』은 인문학적 방식이 이룬 높은 성취이다. 이에 필적하는 책으로는 테일러의 『원시 문화』가 있다. 이 책은 나의 애독서이기도 한데, 테일러는 자신이 설정한 임무를 잘 수행하고 있다. 인간의 마음을 전체적 맥락 속에 감안했기 때문에 테일러는 그때까지 인류학적 자료에서 잘 다루어지지 않았던 문제를 다룰 수 있었다.

산타야나는 『세 명의 철학적 시인』에서도 루크레티우스,

단테, 괴테를 다루면서 서로 대조적인 세 문화를 탐구하고 있다. 인생과 인간의 운명을 다르게 보는 이들 세 시인의 "우주적 우화cosmic parables"를 적절히 설명하고 있다. 이 책은 세 문명이 빚어낸 천재들을 대조적으로 연구한 것으로서, 인류학자도 한번 읽어보면 큰 도움을 얻을 것이다.

나는 산타야나의 인문학적 문화 연구를 언급했는데, 인문학은 반드시 문화만을 다루는 것은 아니다. 그런 사례로 내가 인류학 연구를 하는 데 큰 도움을 준 셰익스피어 비평을 들 수 있다. 인류학에 입문하기 오래 전에 나는 셰익스피어 비평과 산타야나의 저서로부터 마음의 습관을 알게 되었고, 그것이 마침내 나를 인류학자로 만들었다.

가령 퍼니스의 바리오룸 판본(위대한 작가의 작품 전집과 그 평론을 함께 모아놓은 책 – 옮긴이)으로부터 인간의 가치와 판단력이 문화에 의해 조절된다는 것을 알게 되었다. 18세기와 19세기에 무대에 올려진 셰익스피어 희곡의 수정된 판본을 보면, 앤 여왕 시대, 조지 왕 시대, 빅토리아 시대의 기질이 고스란히 반영되어 있음을 알 수 있다. 비평가들이 셰익스피어 희곡 속의 인물을 상대로 던졌던 질문도 그들이 살았던 시대의 문서 기록이다. 『햄릿』이 런던의 극장가에서 인기극이 된 지 근 200년 동안 햄릿의 성격에 특별한 문제가 있다는 의견은 나오지 않았다. 그러나 낭만주의가 발흥하면서 이것이 논평의 핵심 주제가 되었고 가장 기이한 "설명들"도 나오게 되었다.

이러한 해석의 정글을 뚫고 비평의 타당한 인문적 기준을 제시한 책은 A. C. 브래들리의 『셰익스피어 비극』(1905)이었다. 그는 햄릿뿐 아니라 이아고, 맥베스, 리어 왕, 기타 비극 속의 유명 남녀에게 동일한 기준을 적용했다. 브래들리 비평의 핵심은 텍스트 그 자체에 집중해야 한다는 것이었다. 그는 텍스트의 뒷받침이 없는 그럴 듯한 "설명들"은 일체 배제했다. 브래들리는 셰익스피어가 유능한 극작가여서 자신의 인물들을 충실하게 제시했다고 보았다. 그래서 연구자들이 극 속에 말해진 것과 말해지지 않은 것, 행해진 것과 행해지지 않은 것을 신중하게 살펴본다면 얼마든지 극중 인물의 정체를 파악할 수 있다고 보았다. 브래들리는 말한다. "셰익스피어가 묘사한 세계에서, 우리는 존재하는 것을 보면서 그것이 실제로 발생했거나 아니면 발생했음에 틀림없다고 생각한다."

브래들리의 셰익스피어 비평 기준과 실천은 하나의 훌륭한 방법론과 높은 기준을 제시하는데, 이것은 문화의 연구자에게도 그대로 원용될 수 있다. 물론 인류학자는 이런 기준을 문화적 습속을 연구하는 데 활용하지, 어떤 한 인물의 특성을 밝히는 데 사용하지는 않을 것이다. 하지만 인류학자는 브래들리와 마찬가지로 말해진 것과 행해진 것을 감안하고 관계가 있다고 생각되는 것은 배제하지 않음으로써 인류학의 작업에서 성공할 수 있다. 인류학자는 서로 독립되어 있는 듯한 조각들을 서로 연결시키고, 자신의 데이터를 충실히 활용하고, 자신의 모든 통찰력을 동원해야 한다.

인류학자는 브래들리풍의 문학 평론에서 더 많은 것을 배울 수 있다. 지난 10여 년 동안 인류학자들은 생활사life history의 가치에 대해 동의해왔다. 어떤 학자들은 그것이 문화 연구의 핵심 도구라고 말했다. 많은 생활사가 수집되었고 또 출판되었다. 하지만 이미 출판되어 있는 생활사에 대해서도 연구가 이루어진 것은 많지 않다. 이런 생활사를 수집한 현장 연구자들은 결혼, 의식, 생계 등 자신의 논문에 소용되는 극소수의 부분만 활용했을 뿐이다. 생활사 자료의 특성상 이런 선별은 불가피한 것이기도 하다. 출판된 것이든 아니든 이런 자서전을 다수 읽어본 사람들은, 이들 자료의 80~95퍼센트가 문화의 민족지학적 보고서임을 발견할 것이다. 이런 자료로부터 민족지학적 정보를 뽑아내려면, 시간이 많이 걸리고 반복적인 느낌도 든다. 하지만 이런 자료를 반드시 이용해야 하므로 현장 작업자는 그것을 보다 경제적으로 얻어내는 방법을 익혀야 한다. 생활사의 독특한 가치는, 한 인간의 체험—공유된 것이든 독자적인 것이든—이 어떤 문화 환경 속에서 성장한 인간에게 미치는 영향을 보여준다는 것이다. 이런 정보는 문화 보존자의 생활 속에서 문화가 어떻게 작용하는가를 보여주기 때문에 어떤 문화를 검증하는 데 도움이 된다. 우리는 개개인의 사례에서 브래들리가 말했듯이, "존재하는 것을 보면서 그것이 실제로 발생했거나 아니면 발생했음에 틀림없다고 생각"하게 된다.

하지만 집단적인 생활사가 인류학적 이론이나 이해에서 의미 있는 것이 되게 하려면, 단 한 가지의 방법밖에 없다. 우리는 인문학의 가장 좋은 전통에 입각하여 생활사를 연구해야 한다. 사회과학의 어떤 학문도, 심지어 심리학도 이런 연구의 모델을 제공하지 못한다. 생활사를 민족지학의 토픽 이상의 것으로 활용하고자 한다면 그 자료에 대해 인문학적 방법을 적용해야 한다.

셰익스피어 비평은 근년에 들어와 여러 갈래의 새로운 방향으로 나아가고 있는데, 이것은 인류학자에게도 시사하는 바가 많다. 브래들리는 엘리자베스 시대의 신념, 사건, 무대 관행 등을 자세히 연구하는 현대적 연구의 도래 이전에 저술 활동을 했다. 이런 현대적 연구는 인문학적 전통에 입각한 진정한 문화 연구로서, 이런 지식은 셰익스피어의 연극을 이해하는 데 필수적이다. 예를 들어 이러한 연구는 초기 4절판의 해적 텍스트를 후기의 2절판 전집의 텍스트와 비교 검토한다. 또한 셰익스피어 극이 무대에 올려진 환경을 재구성하기 위해 엘리자베스 시대 극장주의 일기와 문서를 연구한다. 또한 셰익스피어 당시의 과학, 역사, 도덕, 종교 등의 사상을 연구하고, 그것이 "저질 대중"과 엘리트들에게 어떻게 받아들여졌는지 살펴본다. 도버 윌슨이 『햄릿』 비평판에서 밝혔듯이, 이러한 문화 연구는 대단히 중요하다. 유령과 후손 사이의 의사소통을 당대 사람들이 어떻게 생각했는지 잘 알아야만 셰익스피어가 『햄릿』에서 무엇을 말하려 했는지 판단할 수 있다. 엘리자베스 시대에 근친상간을 어떻게 생각했는지 알아야 햄릿과 그의 어머니의 관계를 이해할 수 있으며, 또 "장례식의 차가운 고기가 결혼식 테이블에 그대로 오르는 황급한 결혼"의 의미도 이해할 수 있다.

캐롤린 스퍼전과 닥터 암스트롱의 셰익스피어 이미지 연구는 인류학자들이 비교문화 연구에서 도움을 얻을 수 있는 기법이다. 그것은 상징과 자유연상을 밝혀내는데, 서로 다른 문화에서 인간의 마음이 만들어내는 패턴과 절차를 읽는 데 도움을 준다.

나는 지금까지 인문학과 인류학의 공통적인 터전에 대해서 말했다. 현재 상태의 인류학적 지식이 인문학에 기여할 수 있는 방법에 대해 언급할 수도 있지만, 이 주제는 인류학자들을 상대로 하는 연설에서 적절한 것이 아니라고 생각한다. 하지만 우리가 인문학으로부터 얻을 것이 많음을 분명하게 인식해야 한다. 다시 한번 강조하지만, 인문학은 문화 연구의 몇몇 문제에만 도움을 줄 수 있을 뿐이다. 인문학으로는 다룰 수 없는 사회적 비교 연구의 문제들이 얼마든지 있다. 사회과학의 한 분야인 인류학은 문화에 관한 일반적 이론을 제시하려고 하기 때문에, 인문학이 다루지 않는 '인간의 연구'를 수행하고 또 기록한다.

내 주장은 이런 것이다. 일단 인류학자들이 인간의 마음을 주제로 삼기 시작한다면, 과학의 방법과 인문학의 방법은 상호 보완하게 될 것이다. 두 방법 중 어느 하나를 배제하는 방식은 자기 패배적인 결과를 가져올 것이다. 인문학은 사회과학이 뻔한 것에 힘을 들이고, 또 무미건조하다고 비판한다. 사회과학은 인문학이 너무 주관적이라고 비판한다. 인류학자는 뻔한 것에 힘을 들인다는 비난이나 주관적이라는 비난을 의식할 필요가 없다. 인류학자는 두 가지 방법을 모두 활용할 수 있기 때문이다. 우리가 인문학은 물론 과학으로부터도 배울 때, 우리의 문화나 지구 반대편에 있는 문화에 대한 적절한 연구가 커다란 성취를 이룰 수 있을 것이다.

부록

20세기 미국 인류학의 개척자 루스 베네딕트

로이스 W. 배너*

　　1973년 컬럼비아 대학 출판부의 한 편집자가 마거릿 미드에게 동 대학의 '현대 인류학의 대가들'이라는 전기물 시리즈 중 루스 베네딕트 편의 집필을 제안했다. 미드는 그 제안을 즉석에서 받아들였다. 그녀보다 베네딕트에 대해 잘 아는 사람이 누가 있겠는가? 두 사람은 1922년 바너드 대학 프란츠 보아스의 인류학 입문 강좌에서 처음 만났다. 당시 베네딕트는 동 대학의 대학원 조교였고 미드는 학부 학생이었다. 그 후 베네딕트가 사망하는 1948년까지 약 25년 동안 두 사람은 동료 학자, 다정한 친구, 때로 연인 사이로 지냈다. 베네딕트는 미드에게 인류학을 전공할

---

*서던 캘리포니아 대학의 역사 및 젠더 연구 교수. 『서로 얽힌 삶 : 마거릿 미드, 루스 베네딕트, 그들의 동료들』 외 다수의 저서가 있다.

것을 권했다. 두 사람은 인류학의 개척자였고 더 나은 세상을 건설하기를 바라는 계획자였다. 미드는 자신의 자서전 『블랙베리 겨울』에서 이렇게 썼다. "우리는 상대방의 작품을 읽고 또 읽었다…… 보내오는 시들에 화답하는 시를 썼고, 우리의 희망과 걱정을 함께 나누었다. 나는 그녀가 쓴 글들은 모두 읽었고 그녀 또한 내가 쓴 것이라면 모두 읽었다. 다른 사람에 대해서는 그처럼 통째 읽어본 적이 없었고, 그것은 지금도 그러하다."[1] 컬럼비아 대학 시리즈에 들어 있는 다른 인류학자의 전기도 이처럼 가까운 사람들이 집필했다. 가령 랠프 린턴의 전기는 그의 아내와 인류학자 찰스 래글리가 공동 집필했다.[2]

컬럼비아 대학 출판부 전기는 미드에게도 중요했다. 왜냐하면 미드나 베네딕트 모두 평생에 걸쳐 그 대학과 관계를 맺어왔기 때문이다. 두 사람은 프란츠 보아스의 "제2세대" 제자였다. 보아스는 1898년 컬럼비아 대학에 인류학과를 창설한 사람으로, 진화론과 인종차별에 반대하는 인류학 대가였다. 이제 베네딕트는 린턴 등과 함께 이 대학의 전기 시리즈에 들어가는 영예를 안게 되었다. 린턴은 1937년 보아스의 후계자로서 위스콘신 대학에서 컬럼비아로 옮겨온 학자였다. 베네딕트가 컬럼비아 대학에 재직

---

[1] Margaret Mead, *Blackberry Winter: My Earlier Years*(New York: Morrow, 1972), 124, 301, 303.

[2] Adelin Linton and Charles Wragley, *Ralph Linton*(New York: Columbia, 1971).

하는 동안, 대학이 그녀에게 늘 호의적이었던 것은 아니다. 그녀는 보아스의 건강이 점점 나빠지고 있던 1930년대에 비공식적으로 인류학과 학과장직을 맡은 적이 있었다. 보아스가 그녀에게 조교수직을 마련해준 1년 뒤인 1932년, 『사이언스』지는 그녀를 미국의 5대 인류학자 중 한 사람으로 선정했다. 하지만 그녀는 1937년이 되어서야 부교수로 승진했고, 정교수가 된 것은 1948년의 일이었다.

베네딕트의 이러한 인사 불이익은 그 당시 연구 대학의 특징을 잘 보여준다. 당시 대학은 남성적 합리성의 요새였고 여자 교수들을 노골적으로 고위직에서 배제했다. 그래도 컬럼비아 대학은 다른 대학에 비해 나은 편이었다. 비록 여자 교수들은 남자 교수들의 식당에 들어가지 못했고, 인류학과가 소속된 사회과학대학은 "남성 전용 클럽"[3]처럼 운영되었지만, 컬럼비아 대학은 대학원에 여학생을 받아들이는 등 좋은 전통을 가진 대학 중 하나였다.[4] 미드가 『루스 베네딕트』에서 보고하고 있듯이, 베네딕트는 이 전통에 입각하여 인류학과 대학원 과정에 여러 명의 여학생을 입학시킬 수 있었다.

---

[3] Robert Lynd, "Ruth Benedict" in *Ruth Fulton Benedict: A Memorial*, prepared by the Wenner-Gren Foundation for Anthropological Research(New York: Viking Fund, 1949), 23.

[4] Lois W. Banner, *Finding Fran: History and Memory in the Lives of Two Women*(New York: Columbia University Press, 1998), 129~129.

더욱이 베네딕트 전기를 집필함으로써 미드는 자신의 친구가 세상 사람들에게 노출되는 방식을 통제할 수 있었는데, 그것은 미드 자신에게도 중요한 일이었다. 미드는 이미 1959년 베네딕트의 생애를 서술한 전기 『연구 중인 인류학자』를 펴내 호평을 받은 바 있지만, 친구에 대해 아직도 할 말이 더 남아 있었다. 『루스 베네딕트』와 마찬가지로 『연구 중인 인류학자』는 베네딕트의 전기에 그녀의 저작들을 발췌해 덧붙이고 있다. 미드는 나중에 나온 이 전기에서 베네딕트의 학문적 성취를 강조하고자 했다. 베네딕트가 동료 학자들 특히 남자 학자들 사이에서 과소평가되는 경향이 있기 때문이었다. 오늘날의 관점에서 보자면, 베네딕트는 20세기 전반기의 "위대한" 여성 학자 중 한 사람이라는 평가를 받을 만하다. 그녀가 아직 대학원생이었을 무렵 컬럼비아 대학 인류학 교수 로버트 로위는 그녀를 인류학계의 "최고 지성인"으로 포함시킨 바 있었다.[5] 하지만 베네딕트가 인문학 이론들을 계속 인용하면서 그러한 평가는 사라지기 시작했다. 1920년대 후반에 나온 통합형태configuration 개념을 주장한 논문들이나, 이 개념을 자세히 설명한 단행본 『문화의 패턴』(1935)에서 베네딕트는 이런 주장을 폈다. "문화를 분석한다는 것은 예술 작품을

---

5 Robert H. Lowie, *Robert H. Lowie, Ethnologist: A Personal Record*(Berkeley: University of California Press, 1959), 135.

분석하는 것과 비슷하며, 주력 패턴dominant pattern과 종속 패턴 subordinate pattern을 핵심 개념으로 삼아 문화를 분석하는 것이다." 이외에 그녀는 니체의 『비극의 탄생』에서 "아폴로적"과 "디오니소스적"이라는 용어를 빌려와 북아메리카의 평원 인디언을 디오니소스적(감정적이고 폭력적) 부족으로, 뉴멕시코의 푸에블로 인디언을 아폴로적(이성적이고 통제적) 부족으로 구분했다.

에이브럼 카디너는 인류학 대가들을 다룬 저서 『그들은 사람을 연구했다』의 베네딕트 편에서 이런 인류학 연구의 부정적 측면을 지적했다. 카디너는 정신분석의 겸 인류학자로서 1910년대에 보아스 밑에서 잠시 공부를 했고, 1920년대에 프로이트에게서 정신분석을 직접 받았으며, 1930년대에는 뉴욕 정신분석학회의 회원이었고, 이어 컬럼비아 대학에 교수로 재직했다. 카디너는 자신의 책에서 베네딕트가 문화를 주력/변종으로 구분함으로써 "과장과 생략"을 저지르고 있다고 비판했다. 또한 베네딕트가 관심을 "과학에서 시詩로 돌림에 따라"[6] 근엄한 보아스가 얼굴을 찌푸리며 베네딕트의 어깨너머로 쳐다보는 모습이 자꾸 상상된다고 말했다.

미드는 『루스 베네딕트』를 아주 과감하게 시작한다. 그녀는

---

6 Abram Kardiner and Edward Preble, *They Studied Man*(Cleveland: World, 1961), 211~212.

"루스 베네딕트"라는 제목 아래 "인류학의 휴머니스트"라는 부제를 달았다. 책의 서두에서 그녀는 베네딕트가 위대한 인류학자인 것은 엄격한 과학적 방법보다는 인문학적 관점을 사용했고 또 현대의 윤리적, 정치적 문제의 관점에서 연구 결론을 도출했기 때문이라고 주장했다(베네딕트와 미드는 현대의 학자와 과학자들은 윤리적, 정치적 문제에 책임을 느끼고 적극 발언해야 한다고 생각했다). 더욱이 미드는 객관성과 과학성을 강조하기 위해 문화의 다양한 세부사항을 적극 다룬 베네딕트를 칭찬했다. 미드는 이러한 세부사항이 민족지학자들의 기초 벽돌이 될 수 있다고 보았고, 민족지학자들은 그들의 연구를 조직하는 데 시인과 소설가의 미학적 상상력에 의존하면 큰 도움을 얻을 것이라고 주장했다. 마지막으로 미드는 베네딕트의 민족지학에 드러나는 자기지칭성self-referentiality(베네딕트 자신의 문제를 문화의 분석에 원용하는 것-옮긴이)을 옹호했다. 베네딕트는 깊은 소외감을 느끼는 현대 미국 문화 속에서 자신의 위치를 찾으려고 애썼고, 그것이 인류학과에 진학하게 된 주요 동기였다. 미드가 볼 때, 그런 자기탐구의 정신이 연구 대상인 개인들과 문화에 대한 베네딕트의 공감을 높였다. 많은 학자들은 이런 접근 방식을 비난했다. 왜냐하면 그들은 인류학이 객관적이고 합리적이며 분석적인 "과학"으로 남기를 바랐기 때문이다.

베네딕트는 "과학적" 방식을 배척하지는 않았다. 1948년 미국

인류학협회에 보낸 회장 연설문에서 그녀는 통계적 관찰이나 인터뷰 등의 과학적 방식에다 예술과 종교 등 인문학적 방식을 가미하자고 호소했다. 미드는 『루스 베네딕트』에 수록한 베네딕트 논문들 중에 이 연설문을 포함시켰다. 베네딕트는 인류학자가 연구하는 부족들이 실험실의 실험대상과 비슷하다는 말을 자주 했다. 원시적 환경에서 문화가 발전하는 과정을 조사하여 마침내 사회 발전의 "과학"을 구성할 수 있다고 말했다.[7] 미드 또한 때때로 "예술"의 방법보다는 "과학"의 방법을 선호했다. 1961년 미국 인류학협회에 보낸 회장 연설문에서 그녀는 통계학적 분석, 그래프, 차트 등 사회과학적 기법을 더 널리 사용하자고 호소했다.[8]

미드는 『루스 베네딕트』에서 주인공의 생애를 다음 7개 장으로 나누었다(이 모델은 후대의 베네딕트 전기 작가들이 많이 활용했다).

1. 유년 시절
2. 인류학에 대한 확신
3. 문화의 패턴
4. 책임 있는 공적 활동
5. 보아스의 은퇴

---

7 Benedict, "Primitive Freedom," *Ruth Benedict*, 139.
8 Mead, "Anthropology Among the Sciences," *American Anthropologist*, 63(June 1961): 475~482.

6. 전쟁 시기

7. 현대 문화 연구

첫 번째 장은 베네딕트의 청소년기를 다룬 것으로 먼저 과부인 학교 교사의 딸로 성장한 시기를 서술한다. 이어 미혼의 사회사업가 겸 학교 교사 시절, 마지막으로 화학자 스탠리 베네딕트에게 시집가서 보낸 불행한 가정주부 시절이 나온다. 이 부분에서 미드는 베네딕트의 생리적, 감정적 문제들을 다룬다. 베네딕트의 수줍음, 청력 문제, 우울증 기질 등. 두 번째 장에서 미드는 1921년 컬럼비아 대학원 인류학과에 입학하여 스승 보아스 및 기타 인류학자들을 만난 일, 학문적으로 성숙해 가는 과정을 다룬다. 보아스의 비교 전파론 지지자에서 신학적 허무주의를 거쳐 패턴이 문화를 결정한다는 통합형태 이론 등을 추적한다. 미드는 1934년에 발간된 『문화의 패턴』을 언급하고, 이어 1930년대 후반 베네딕트의 반파시즘 운동을 서술한다. 베네딕트는 이런 운동의 일환으로 인종을 다룬 여러 책자와 팸플릿에서 보아스의 인종차별 관점을 적극적으로 해설했다.

이어 미드는 베네딕트가 제2차 세계대전 중 전쟁공보청에 문화 분석가로 근무한 사실을 기술한다. 공보청에 근무한 덕분에, 일본문화 연구서인 『국화와 칼』을 쓰게 되었다. 종전 후에는 컬럼비아 대학에 '현대 문화 연구 프로젝트'를 설립했다. 이 프로젝트는 여러 인류학자들이 한 팀을 이루어 각 나라의 문화적 생산물(소설, 신문, 영화 등)을 분석하고, 현재 미국에 살고 있는 그 나라 사람들을 인터뷰함으로써 현대 문화를 연구하는 것이었다. 『루스 베네딕트』에서 미드는 이 프로젝트에 상당한 분량을 할애하여 자세히 설명하고 있다. 발족 당시부터 커다란 비난에 직면했던 이 프로젝트가 베네딕트 사후에 유야무야되었기 때문이다. 미드는 당시 러시아 같은 나라에서 강제로 유아에게 젖을 먹이는 문화가 나중에 일사불란한 순응의 결과를 가져왔다고 주장했는데, 이 책에서 베네딕트는 이 주장과 아무런 관련이 없다고 밝혔다. 사실 미드의 주장에 퍼부어진 비난이 이 프로젝트의 와해에 상당히 기여했다.

이 책의 전편을 통해 미드는 베네딕트의 직업적 사항을 개인적 사항과 연결시키면서 베네딕트의 일생을 영웅의 일생으로 규정짓고 있다. 『루스 베네딕트』는 하나의 감동적 이야기로도 읽어볼 수가 있다. 절반쯤 청각장애인으로 태어난 아이, 조울증(요즘에는 양극성 성격장애라고 하는 것) 경향을 가진 아이, 그런 아이가 각고의 노력 끝에 세계적 인류학자가 되고, 대중 상대의 지식인으로 활동하고, 대학 교수 및 정부 관리로 출세하고, 이어 학문의 자유와 개인의 권리를 주장하는 운동가가 되었으니, 정말 감동적인 이야기가 아닐 수 없다. 베네딕트는 일반 문화(특히 대학 사회)에서 성 차별이 횡행하던 시절에 이런 업적을 이루었다. 그렇게 함으로써 베네딕트는 명성을 얻었을 뿐만 아니라, 어릴 적부터 그녀를 괴롭혀 오던 문제, 즉 자신이 미국 문화 중 어디에 소속되어 있는가 하는 문제를 해결했다고 미드는 암시하고 있다.

미국인의 전기라는 장르에서 볼 때,『루스 베네딕트』는 인내, 근면, 명민함 등으로 개인적 어려움을 극복하고 성공과 명예라는 아메리칸 드림을 이룬 한 개인의 고전적 전기이다. 많은 미국의 영웅들―가령 벤저민 프랭클린에서 에이브러햄 링컨과 엘리너 루스벨트에 이르기까지― 처럼 베네딕트는 순전히 자기 힘으로 그렇게 해냈다. 그녀는 "자수성가한 사람"의 원형이다. 베네딕트와 미드는 자기 자신을 "페미니스트"라고 규정짓는 것을 거부했으나, 이 전기 속에 나타난 베네딕트의 일생은 바로 페미니스트의 일생이다. 그녀는 집안에 머물러 있기를 바라는 남편의 뜻을 거부하고 스스로의 커리어를 추구하면서 자신의 능력으로 먹고 살았을 뿐만 아니라 남들에게 봉사해야 한다는 개혁의 이상을 직접 실천했다. 이 전기에서 미드는 젊은 베네딕트의 일기를 상당 부분 인용하고 있다. 그녀는 여성의 참정권과 권리를 획득하기 위해 정치적 행동을 선호하는 페미니스트와, 정치적 성공보다는 여성 내면의 자아 개혁을 먼저 실시해야 한다는 페미니스트 양쪽 모두에 관심을 표명하고 있다. 결국 베네딕트는 생애 내내 후자의 페미니스트를 선택했다.

미드는 베네딕트 전기 뒤에 덧붙일 논문들을 선정하면서 "현대 독자들의 관심사에 중점을 두어가면서" 골랐다고 말했다(p. 17). 베네딕트가 미국인들이 "문화적 가치의 상대성"에 눈뜨게 하는 데 크게 기여했고, "원시 문화든 현대 문화든 문화 연구의 중요성은 인류학의 범위를 크게 넘어선다"는 개념을 미국인들이 확실히 파악하도록 해주었다고 미드는 주장한다. 선정된 논문들은 베네딕트 전기를 집필한 미드의 "본인이 직접 말하게 하자"는 의도에도 부합하는 것이었다. 그래서 루스의 전기는 128페이지인 반면, 베네딕트 논문은 176페이지를 차지하고 있다. 미드는 베네딕트가 직접 자신의 인류학적 성취와 인문학적 접근 방식의 타당성을 설명하도록 유도하고 있다. 더욱이 이 논문집에서 미드는 베네딕트의 시를 딱 한 편만 포함시켰다(『연구 중인 인류학자』에는 시가 여러 편 들어 있다). 또한 이 책의 논문집 맨 마지막을 미국인류학협회에 보내는 회장 연설문으로 마무리했다(『연구 중인 인류학자』에서는 베네딕트가 쓴 페미니스트 메리 월스턴크래프트의 짧은 전기[미발표, 1916]로 마무리했다). 월스턴크래프트의 전기는 베네딕트의 업적보다는 인생과 더 관련이 있는 것인 반면, 회장 연설문은 인류학의 인문학적 접근 방식을 옹호한 베네딕트의 업적과 더 관련이 있는 것이다. 따라서 미드는 『루스 베네딕트』에서 베네딕트의 학문적 업적을 더 강조하려 했다.

미드가 이 책에 골라놓은 논문들은 베네딕트 인류학의 중심 주제들을 많이 조명해주고 있는데, 그 중에서도 상대적 통합형태

이론, 현대 문제들과의 연관성, 인문학적 이해, 종교와 심리학에 대한 관심 등을 밝혀주고 있다. 미드는 이 책에서 베네딕트가 심리학에 대해 체계적 관심을 갖고 있지 않았다고 주장했으나, 이 논문들은 인간 행동의 비이성적 요소에 대한 깊은 관심을 보여주고 있다. 이 논문들은 루스의 전기에서 분명하게 드러나지 않은 주제들, 가령 어릴 적에 가르침을 받은 기독교 신앙을 거부하고 다른 영성을 찾아 나선 것 등을 밝혀주고 있다. 마지막으로 논문집은 "디오니소스적인 것"과 "아폴로적인 것"의 구분을 반영한다. 베네딕트는 북아메리카 인디언 문화에 이 개념을 적용시켰으나, 그녀 자신 또한 생활 속에서 어릴 적의 "디오니소스적" 감성주의에서 성년의 "아폴로적" 지성주의로 옮겨갔다. 그리고 이 논문집들 뒤에는 역사의 힘이 작용하고 있다. 그녀는 두 번의 세계대전, 1930년대의 대공황, 우파(파시즘)와 좌파(소비에트 공산주의)의 전체주의 등으로 둘러싸인 세계에서 평생을 살아왔던 것이다.

경제적 절망과 정치적 폭력이 난무하던 시절에 베네딕트는 부족 사회의 제도와 관습을 연구했다. 부족 사회는 일견 병적이고 잔인한 사회처럼 보일지도 모르지만, 그녀는 부족 사회의 양상을 서구 문화의 병적이고 잔인한 현상과 교묘하게 비교했다. 인류학자 클리퍼드 기어츠는 베네딕트의 스타일을 "자생적self-nativising" 과정이라고 하면서 "아주 낯익은 것과 아주 이국적인 것을 병치시켜 서로 자리를 바꾸게 만드는" 병렬의 스타일이라고 규정했다.[9] 이러한 기법은 이 책에 수록된 논문들에서 분명하게 드러난다. 이 논문집의 첫 번째는『문화의 패턴』의 예고편이라 할 수 있는「북아메리카의 문화적 통합형태」이다. 이 논문은 뱀춤과 머리가죽 벗기기 춤, 거상, 복수심 많은 귀신, 살인, 그리고 태평양 연안에 거주하는 북서부 인디언의 "과대망상적인" 포틀래치 의식 등을 헤드헌팅과 식인주의의 관점에서 분석했다.「원시적 자유」는 아버지와 형제를 죽이고도 아무런 징벌을 받지 않는 시베리아 "추크치 족의 살인적, 자살적 행위"를 조명했다. 추크치 족의 이상은 "친척이든 낯선 사람이든" 아무나 해칠 수 있는 강력한 힘을 가진 강인한 남자이다. 베네딕트의 한때 스승이며 친구였던 저명한 인류학자 겸 언어학자 에드워드 사피어는 오로지 "조화로운" 사회만이 "진정한" 사회라고 말했다. 베네딕트는 사피어에게 응답하면서 자신의 냉소주의, 인간 본성의 어두운 측면, 프로이트의 문명관(제1차 세계대전의 비합리성과 그 후의 권위주의적 움직임을 통렬히 비판하는 관점) 등을 동원했다. 베네딕트는 사피어의 의견에 반대하여 "문화는 판타지, 공포 관념, 열등감 등에 바탕을 두고서도 얼마든지 조화롭게 또 견고하게 구축될 수 있다"고 말했다.

그렇지만 베네딕트는 비이성적 사회와 절제된 사회(가령 아폴

---

9 Clifford Greertz, "Us/Not-Us: Benedict's Travels," in *Works and Lives: The Anthropologist as Author*(Stanford, Calif.: Stanford University Press, 1988), pp. 106-7.

로적인 푸에블로 인디언)를 서로 대비시켰다. 실제로 그녀는 1930년대 후반에 들어와 현대 서구 사회에 성공의 모델을 제시하기 위해 부족 사회들의 등급을 매기기도 했다. 그녀는 이때 "시너지synergy" 개념을 들고 나왔다. 이것은 여러 화학적 힘들이 조화롭게 작용하여 더 큰 힘을 만들어내는 현상을 가리키는 화학 용어였다. 그녀는 개인과 인간적 동기를 잘 조화시키는 "높은 시너지" 사회가, 개인과 집단의 목적이 서로 조화되지 않는 비인간적 "낮은 시너지" 사회보다 더 바람직하다고 진단했다. 이런 관점에서 볼 때 가장 성공적인 사회는 블랙풋 족이었다. 블랙풋은 미국 평원 부족으로서 그녀가 1938년 현지탐사를 했던 원시 사회였다. 베네딕트가 볼 때, 블랙풋은 개인과 상향 이동성(재능에 바탕을 둔)을 강조하는 한편, 집단이 "불운한" 개인에 대해 책임을 지는 훌륭한 사회였다. 블랙풋 지도자들은 한 개인의 이익이 집단 전체의 희생을 바탕으로 이루어지지 않도록 감시했다. 이 논문을 발표했던 당시, 베네딕트는 뉴딜을 신봉하는 진보주의자였다. 그녀가 개성과 사회 복지를 강조한 블랙풋을 좋아했다는 것은 그리 놀라운 일이 아니다.

합리적이고 "아폴로적인" 베네딕트의 모습은 미드가 이 책에서 골라놓은 다른 논문에서도 발견할 수 있다. 심리학을 분석의 도구로 사용하고 민족지학을 서구 문명 비판의 수단으로 삼는 베네딕트의 수법 또한 발견할 수 있다. 가령 주술을 다룬 논문에서 베네딕트는 그것을 정신적이고 정서적인 관습으로 보는 견해를 배척하면서 주술이 원시적 인간들의 "메커니즘"이면서 동시에 "과학"이었다고 설명한다. 베네딕트에 의하면, 그 어떤 사회에서든 주술은 합리적, 공식적 기법의 관점에서 사용되었지, 신비주의적 관점에서 사용된 적은 없다는 것이다. 더욱이 부족 사회에서 주술은 일부 인류학자들이 주장하는 것처럼 "전前논리적 마음"의 소산이 아니다. 그 실천과 이상은 서구 철학의 그것과 비슷한 것이다. 정서와 신비의 관점에서 볼 때 주술은 현대 사회에도 깊이 스며들어 있다. 가령 월스트리트의 주식 투자가들은 투자를 하기 전에 별점을 본다. 미국의 소비주의와 인간을 물건 취급하는 행태는 자아와 외부의 것을 동일시하는 주술이다. 베네딕트는 자신의 주장을 강조하기 위해 주술의 메커니즘과 강박증에 걸린 현대인의 메커니즘적 의식을 동일시하는 프로이트의 주장을 가져온다. 이렇게 볼 때 원시적 사회보다는 현대 사회가 더 정신병적이다.

주술을 분석하면서 합리성, 심리학, 미국 사회 비판을 종합하는 베네딕트의 솜씨는 「주니 족 신화 서문」에서 분명하게 드러난다. 베네딕트는 민간 설화가 주술적인 것도 아니고 전통에 구애되지도 않는다고 말한다. 오히려 민담을 이야기하는 사람이 그것을 형성하고, 그렇기 때문에 민담은 오늘날의 관심사를 반영한다. 서구의 미술과 음악이 그렇듯이, 전통은 형태와 스타일의 요소속에서만 전통의 기능을 발휘한다고 베네딕트는 말한다. 그녀는 이 논문에서도 주술의 경우와 마찬가지로 심리적 개념들을 도입한다. 베네딕트에 의하면, 현대인이 민담을 왜곡하는 양태는 전통과는 별로 상관이 없고 민담을 말하는 자 혹은 그가 속한 사회의 "다양한 환상적 과장과 보상 메커니즘"을 반영한다.

「일본문화의 극기 훈련」은 『국화와 칼』의 한 챕터를 가져온 것이다. 이 논문은 자기 정신에 도달하는 선종의 수단을 칭송하고 있다. 이것은 또한 인생의 의미를 추구하는 베네딕트의 탐구와도 관련이 있다. 베네딕트는 퓨리터니즘puritanism과 감성의 부흥이라는 모순적 경향을 가진, 복음주의적 침례교 환경에서 성장했다. 그러나 인류학과에 입학하면서 그녀는 이 어릴 적 신앙을 대부분 버렸고 그후 꾸준히 대안을 찾아왔다. 선종은 하나의 가능한 대안을 제시했다. 그녀는 '현세', 개인의 자아, 내세와 신비주의의 거부 등을 강조하는 선종을 좋아했다. 여기서 합리적이고 아폴로적인 베네딕트가 전면에 등장한다. 명상, 공안公案이라는 화두, 무술의 정진 등 선종의 기법은 개인의 극기를 성취하고 "행위자와 방관자"라는 통상적으로 분열된 자아를 치유하려는 것이다. 통합된 자아를 성취한 개인은 더 이상 "긴장"하지도 "구속"받지도 않는다. 또한 수치심과 죄책감이라는 거추장스러운 감정도 모두 내팽개칠 수 있다. 초기 저작에 나타난 인간성과 문화에 대한 비관적 견해에도 불구하고 베네딕트는 긍정적 어조로 끝을 맺는다.

그녀는 인간의 본성은 근본적으로 선하다, 라고 「일본문화의 극기 훈련」을 결론짓는다. 일단 개인이 극기를 성취하면 그의 행동은 어떤 상황에서도 적절하고 또 유익한 것이 된다.

『루스 베네딕트』에서 미드는 베네딕트 저작의 대표적 단면을 보여줄 뿐만 아니라 통찰력 깊은 전기를 제시한다. 이것이 간결한 전기이기 때문에 미드는 스캔들 혹은 베네딕트와 미드의 살아 있는 친구들에게 곤란한 내용들은 삭제할 수 있었다. 『연구 중인 인류학자』를 출판할 당시, 미드는 에드워드 사피어의 미망인 때문에 어려움을 겪었다. 미망인이 그 책에서 1920년대에 있었던 미드와 사피어의 관계를 절대 언급해서는 안 된다고 주장했던 것이다. 전기 속에 나오는 인물들이 아직 살아 있을 경우, 전기 작가들은 총체적 폭로와 부분적 폭로 사이의 비좁은 길을 걸어가야 한다. 미드는 이 책에서 베네딕트의 생애 중 너무 많은 것을 밝히지 않기로 결심함으로써 이 딜레마를 해결했다. 가령 이 책에서 미드는 자신과 베네딕트가 가까웠던 남자 인류학자들 이야기가 나올 때, 자신들이 겪었던 어려움을 암시하는 정도에 그치고 있다. 미드는 이 책에서 베네딕트가 앨프리드 크로버의 1932년 봄 강의를 "건조하다"고 생각했다고 썼지만, 실제 사정은 그보다 더 나빴다. 베네딕트는 그 강의가 남성주의적이고 우월주의적이라고 생각했다. 미드는 베네딕트가 크로버에 대해 일종의 "아이러니"를 느꼈다고 썼지만, 실제로는 "분노"를 느꼈다. 『루스 베네딕트』

에서 미드는 베네딕트가 자신에게 보낸 편지 한 통을 인용하고 있다. 1926년 사모아에 나가 있던 미드에게 쓴 것인데, "민첩한 상상력"과 보아스의 전파론으로 "개종한 태도" 등을 들면서 영국 인류학자 브로니슬라프 말리노프스키를 칭찬한 내용이었다. 하지만 미드는 말리노프스키가 바람둥이인데다 미드에 대한 나쁜 소문을 퍼트리는 장본인이라고 비판한 편지 등, 두 사람이 주고받은 내밀한 편지는 포함시키지 않았다.

『루스 베네딕트』에서 미드는 사피어가 베네딕트의 연구와 출세를 도와준 베네딕트의 가까운 친구였다고 기술했다. 하지만 미드가 그를 애인으로 받아들이기를 거부한 이후, 사피어는 그녀에게 등을 돌리고 사모아의 현지탐사가 너무 부정확하다며 1980년대의 데렉 프리먼 못지않게 미드를 거세게 공격했다. 의회도서관에 보관되어 있는 미드의 문서들 중 베네딕트-미드 서신들은 사피어에 대한 강한 분노를 보여준다.[10] 게다가 이 전기에서 미드는 베네딕트에 관한 많은 사항, 가령 베네딕트의 자유연애관, 인류

---

10 베네딕트가 남자 인류학자들과 어려움을 겪었다는 사실과, 동성애 경향을 가지고 있었다는 사실은 나의 책, *Intertwined Lives: Margaret Mead, Ruth Benedict, and Their Circle*(New York: Knopf, 2003)에서 인용한 것이다. 사피어가 베네딕트를 공격한 두 주요 논문은 미드의 『사모아의 성인식』(1928) 직후에 나왔다. "Observation on the Sex Problem in America", *American Journal of Psychiatry*, 8(1928): 519~534. "The Discipline of Sex", *American Mercury* 16(1929): 413~420. 베네딕트와 미드가 서로 주고받은 편지들을 읽어보면 사피어가 사석에서 미드를 계속 공격했음을 알 수 있다. 그리하여 그는 많은 보아스의 제자들을 미드에게 등 돌리게 했다.

학자 엘시 클루스 파슨스와의 갈등 많은 관계, 젊은 작가 톰 마운트와의 연애, 인류학계의 가까운 동료 루스 번젤 등을 기술하지 않았다.

무엇보다도 『루스 베네딕트』에서 미드는 자신과 베네딕트의 성적性的 관계는 은폐했다. 베네딕트를 스승이며 친구라고만 제시했을 뿐이다. 더욱이 미드는 자신의 성적 정체성을 회의하던 베네딕트의 방황에 대해서는 암시만 했다. 베네딕트는 40대 초반이 되던 1930년대 초에 이르러 오늘날 소위 말하는 "레즈비언"이 되기로 선택했다. 패서디나의 동생을 통해 알게 된 젊은 화학과 학생 나탈리 레이먼드와 파트너 관계를 맺은 이후 그녀는 다시는 남자와 친밀한 관계를 맺지 않았다. 비록 그녀와 스탠리 베네딕트가 이혼을 하지는 않았지만 말이다(미드 또한 성적 정체성이라는 문제로 고뇌했다. 1930년대 중반에 들어와 그녀는 영국 인류학자 그레고리 베이트슨과 사귀게 되었는데, 베이트슨 또한 성적 정체성이 애매모호한 사람이었다. 미드는 1936년 그와 결혼하면서 양성애를 선택했다).

『루스 베네딕트』에는 이런 문제들에 대한 단서가 있다. 미드는 자신의 대학 시절 베네딕트가 다른 외로운 사람들에게 "기이한 방식으로" 매력적이었다고 썼다. 1925~1933년 시절(미드와 베네딕트의 성적 관계가 절정을 이루었던 시기)에 대한 베네딕트의 자세한 논평은, 사모아에 현장탐사 가 있던 미드(1925~1926)에게 보낸 편지, 이어 마누스에 있던 미드(1928~1929)에게 보낸 편지,

마지막으로 뉴기니의 세피크 지역에 나가 있던 미드(1933~1935)에게 보낸 편지에 들어 있다고 미드는 말했다. 하지만 미드는 이 책에서 그 편지들은 거의 인용하지 않았다. 이 편지들은 베네딕트와 미드의 개인적/성적 관계, 두 사람의 다른 여자 및 남자와의 관계에 대해 자세한 정보를 담고 있다. 마지막으로, 미드는 『루스 베네딕트』에서 베네딕트가 전쟁 중 워싱턴에서 관리로 일할 때 루스 밸런타인과 함께 살았다고 짤막하게 언급했다. 하지만 베네딕트와 밸런타인이 성적 파트너였다는 사실은 언급하지 않았다.

미드는 이 책에서 베네딕트의 사상적 전기를 쓰고자 한 것이기 때문에 개인적 문제나 성적 취향 같은 것은 논외의 주제라고 말할 분도 있을지 모르겠다. 하지만 미드도 지적한 바 있듯이, 미국 사회에서 느낀 베네딕트의 소외감이 학문적 노력의 밑바탕이었는데, 그 소외감은 파격적 성적 정체성을 가지고 있다는 자기 인식과 깊은 관계가 있다. 더욱이, 1930년대 초반에 자신의 성적 정체성을 확실히 알고 받아들였기 때문에 그녀는 새로운 자신감을 얻게 되었고, 그것을 바탕으로 자기회의의 세월을 청산하고 『문화의 패턴』을 쓸 수 있었다. 미드와 베네딕트 두 사람이 남자와 결혼했다는 명백한 사실을 제외하고, 둘은 그들의 성생활을 비밀로 지켰고 특히 미드는 자신의 성적 정체성이 밝혀지는 것을 무척 두려워했다. 1930년대부터 1950년대까지 미국 사회에는 동성애 혐오증이 만연되어 있었고 게이와 레즈비언은 악마로 취급되어 박해를 받았다. 이렇게 볼 때 미드의 두려움은 근거 없는 것이 아니었다. 1970년대에 이르러 미드와 베네딕트는 문화의 아이콘이 되었는데, 미드는 그런 명성에 먹칠을 하고 싶은 생각이 없었다. 그래서 미드는 친구의 간결한 전기와 학문적 업적을 소개하면서도 성적 정체성에 관한 이야기는 제외했던 것이다. 전기는 가능성의 예술이고, 각각의 세대는 그 시대의 가치와 필요에 맞추어 주요 인물들의 전기를 새로 쓴다. 미드의 베네딕트 전기는 중요한 역사적 평가이면서 동시에 인류학계 초창기의 학문적 방식에 대한 의미 깊은 서류이다. 우리는 이 전기를 읽음으로써 20세기의 지성사와 학문적 성취에 대해 많은 것을 알 수 있다.

여성 운동의 선구자 루스 베네딕트

낸시 러트키호스*

루스 베네딕트와 마거릿 미드는 뛰어난 여성들이었다. 그들은 인류학 분야의 저작과 업적으로 인해 생전에 엄청난 대중의 칭송을 받았다. 미드가 컬럼비아 대학 출판부를 위해 베네딕트 전기를 쓸 무렵인 1974년, 베네딕트의 명성은 기울어지기 시작하는 반면, 미드의 명성은 절정을 달리고 있었다.[1] 그러나 『루스 베네딕트』의 발간은 인류학계와 막 생겨나기 시작한 여성학계 내에서 베네딕트에 대한 관심이 새롭게 일어나는 시기와 일치했다. 베네

---

* 서던 캘리포니아 대학의 역사 및 젠더 연구 조교수. 『젠더의 미션: 전도사 담론 및 실천에서의 남자와 여자』 외 다수의 저서가 있다.
1 나는 미드가 놀라운 명성을 거두게 된 배경과 그녀가 평생 동안 그리고 사후에 거둔 다양한 상징적 의미를 탐구해왔다. 이 연구 결과는 곧 나올 나의 책 *Margaret Mead and the Media: The Meaning of a Cultural Icon*(Princeton: Princeton University Press)에 담겨 있다.

딕트와 미드의 생애와 저작이 서로 관련이 있다는 사실이 차츰 알려지면서 베네딕트에 대한 이런 관심은 오늘날까지 지속되고 있다.[2] 미드가 베네딕트보다 15세 연하지만, 두 사람은 평생 동안 긴밀한 협조 관계를 유지했다. 또한 그들의 인생이 형성되던 시기인 1920년대 중반에 몇 년에 걸쳐 연인 사이이기도 했다.[3] 1978년 미드의 사망으로 인해 새롭게 알려진 이 사실에 비추어 볼 때, 미드가 1974년에 집필한 베네딕트 전기를 새롭게 읽어보는 것은 특히 흥미로운 일이다. 베네딕트는 미드에게 교사이자 스승이었고, 동료이자 평생의 친구였고, 나아가 연인이었다.

미드는 그보다 앞선 1959년에 『연구 중인 인류학자』라는 또 다른 베네딕트 전기를 출간한 바 있다.[4] 이 두 전기는 베네딕트의 미발표 논문들을 싣고 있으나, 1974년 전기는 1959년 것보다 짧고 또 연대기의 형태를 취하고 있다. 1974년의 전기는 루스 베네딕트의 유년 시절로 시작하여 1948년 베네딕트의 죽음으로 끝난

---

2 두 사람 중 미드가 더 널리 알려지기는 했지만, 1978년 미드가 사망하고 1990년대에 들어 미국의회도서관에 보관 중이던 마거릿 미드 문서 중 루스 베네딕트 관련 문서들을 입수할 수 있게 되면서 베네딕트에 대한 관심이 다시 높아졌다. 다음 자료 참조. Hilary Lapsley, *Margaret Mead and Ruth Benedict: The Kinship of Women*(Amherst: University of Massachusetts Press, 1999), Lois Banner, *Intertwined Lives: Margaret Mead, Ruth Benedict, and Their Circle*(New York: Knopf, 2003).

3 1984년 마거릿 미드에 관한 전기 두 권이 발간되었다. 그 중 하나는 미드의 딸이 집필한 것인데 미드와 베네딕트가 애인 관계였음을 밝히고 있다. 다음 자료 참조. Mary Catherine Bateson, 1984. *With a Daughter's Eye: A Memoir of Margaret Mead and Gregory Bateson*(New York: Morrow, 1984), Jane Howard, *Margaret Mead: A Life*(New York: Simon and Schuster, 1984).

다. 미드는 베네딕트의 생애를 간결하게 정리하고, 베네딕트의 생애와 저작에 관해 전하고 싶은 핵심 사항을 집중 조명하는 서술 방식을 취하고 있다. 베네딕트가 여자의 신분으로 커리어를 추구하고 학계에서 자리 잡기 위해 고군분투하는 과정, 베스트셀러 『문화의 패턴』과 『국화와 칼』의 발간으로 미국의 정신적 분위기에 기여한 일, 인류학 분야에서 문화와 인성의 연구에 매진하면서 수행한 역할 등을 집중적으로 서술하고 있다.

1959년의 전기보다 15년 후에 집필한 『루스 베네딕트』에서 미드는 베네딕트의 생애와 저작을 언급할 또 다른 기회를 잡았다. 이제 나온 지 30여 년이 된 이 책을 제대로 이해하기 위해서는 미드가 이 책을 쓸 당시인 1974년의 정신적, 문화적 환경을 알아보는 것이 필요하다. 당시 미국 인류학계는 인류학의 식민주의적, 인종차별적 기원에 의문을 표시하면서 심각한 정체성의 위기를 겪고 있었다. 그래서 미드가 겸임교수로 일했고 베네딕트가 정식 교수로 근무했던 컬럼비아 대학의 인류학과도 학과의 정체성 수립을 고민하고 있었다. 한편 컬럼비아의 마빈 해리스 같은 인류학

---

4 Margaret Mead, *An Anthropologist At Work: Writings of Ruth Benedict*(New York: Houghton Mifflin, 1959). 나는 다른 데서 이 전기의 실험적 글쓰기 스타일에 관해 언급한 바 있다. 다음 자료 참조. Nancy Lutkehaus, "Margaret Mead and the 'Rustling-of-the-Wind-in-the-Palms-Trees' School of Ethnographic Writing" in *Women Writing Culture*, Ruth Behar and Deborah Gordon, eds.(Berkeley: University of California Press, 1995), 186~206.

자는 문화와 인성 연구에 대해 비난을 퍼붓고 있었다. 페미니즘의 제2파가 몰려와 인류학에 영향을 미치고 있었다. 미국 사회 내에 동성애 혐오가 만연해 있었고 학계에서는 여성 차별이 심했다.

나는 1970년대 중반에 컬럼비아 대학 인류학과의 대학원생이었다.[5] 나의 서가에는 '현대 인류학의 대가들' 전기 시리즈의 빛바랜 문고본이 꽂혀 있었고, 그 중에는 대학원에 들어오면서 산미드의 베네딕트 전기도 있었다. 그 시리즈는 현대 인류학의 특정 계보를 추적한 것이었다. 대부분 컬럼비아에서 공부한 학자들이 집필한 그 전기들은 현대 인류학의 대표적 학자들을 다루고 있을 뿐만 아니라, 앨프리드 크로버, 로버트 로위, 랠프 린턴, 베네딕트—모두 컬럼비아에서 수학한 인류학자들—의 전기를 포함시킴으로써 20세기 인류학에서 컬럼비아 대학이 수행한 주도적 역할을 강조했다.[6] 베네딕트 전기는 그 시리즈 중 유일하게 여성 인류학자를 다룬 것이다.

또한 『루스 베네딕트』는 동 시리즈의 다른 전기와는 차별되는 표지 디자인을 갖고 있었음을 지적하고 싶다. 다른 전기들은 저

---

5 나는 미드 밑에서 일한 경험이 있다. 처음에는 미국 자연사박물관에서 함께 일했고 그 다음에는 컬럼비아 대학에서 그녀의 조교로 일했다.

6 이 시리즈는 1971년 랠프 린턴 전기를 첫 작품으로 출발했는데, 알렉산더 레서가 쓴 프란츠 보아스 전기, 애슐리 몬터규가 쓴 브로니슬라프 말리노프스키 전기 등 총 13권으로 계획되었으나, 결국에는 7권만 발간되었다. 이미 언급된 것 이외에 나머지 세 권은 멜빌 허스코비츠 전기, 고고학자 앨프리드 키더 전기, 영국 심리학자 겸 인류학자 W. H. 리버스 전기 등이다.

자의 이름이 책 오른쪽 하단에 자그마하게 들어간 반면, 『루스 베네딕트』는 마거릿 미드가 표지 상단에 크게 적혀 있었다. 아마도 1974년 무렵 미드의 이름이 베네딕트보다 더 유명했기 때문인 듯하다.

* * *

미드는 컬럼비아 전기 시리즈 중 베네딕트 편 집필 기회를 고맙게 생각했다. 미국 사회는 15년 전 『연구 중인 인류학자』를 썼을 때와는 많은 변화가 있었다. 민권 운동이 있었고, 베트남 전쟁과 반전 운동이 있었으며, 페미니즘이 도래했다. 미드는 싹 트기 시작한 여성 운동을 의식하고 있었다. 그녀와 베네딕트는 "페미니스트"라는 레이블을 싫어했지만 베네딕트가 메리 월스톤크래프트의 전기(베네딕트의 미발표 원고)에서 그랬던 것처럼, 미드도 베네딕트의 생애에서 투쟁하는 한 여성의 스토리—자신을 부적응자라고 느끼는 한 여성이 사회 내에서 자기 자리를 찾고 또 의미 있는 삶을 추구해나가는 과정—를 발견했다.[7]

1970년대의 문화적 분위기를 반영하려는 듯이 『루스 베네딕

---

7 미드는 메리 월스톤크래프트의 전기를 『연구 중인 인류학자』, 491~519에 수록했다.

트』에서 미드는 다소 페미니스트적인 시각에서 베네딕트의 이야기를 써나간다. 결혼한 후 의미 있는 일을 찾으려고 애쓰는 베네딕트, 남편과 별거한 후에는 대학 사회에서 자기 자리를 확보하기 위해 애쓰는 베네딕트, 대학의 고위직에 여자 교수가 거의 없던 시절 고군분투하는 베네딕트 등을 집중 조명하고 있다.[8] 베네딕트는 1920년대와 1930년대에 인류학이라는 학문이 자신의 지성과 감성에 호소할 뿐만 아니라, 그 어떤 학문보다도 여성에게 우호적인 학문이라고 생각했다고 미드는 지적한다.[9]

1970년대에 들어와 인류학계 내에서도 새로운 페미니스트 시각이 발전하고 있었다. 『루스 베네딕트』가 나왔던 1974년에 페미니스트 인류학자 루이스 램피어와 미셸 로살도는 『여성, 문화, 사회』라는 논문집을 편집했고, 레이나 래프(당시는 레이나 라이터)는 페미니스트 인류학자들의 논문집인 『여성의 인류학을 위하여』를 편집했다.[10]

---

8 『루스 베네딕트』와 『연구 중인 인류학자』를 간단히 비교하려면 다음 자료 참조. Margaret Caffrey, *Ruth Benedict: Stranger in This Land*(Austin: University of Texas Press, 1989), 400~401.

9 *Inventing Herself: Claiming a Feminist Heritage*(New York: Scribner, 2001), 127~153에서 일레인 쇼월터는 베네딕트와 미드 등 1920년대 초반 여성 인류학자들의 사례를 들면서, 이들이 페미니즘의 전범이었으며 오늘날 미국 여성들이 누리고 있는 기회와 선택의 지평을 넓혀 놓았다고 말했다. 같은 시기의 영국 여성 인류학자들에 관해서는 다음 자료 참조. Nancy Lutkehaus, "She Was Very Cambridge: Camilla Wedgwood and the History of Women in British Social Anthropology," *American Ethnologist* 13, no.4(1986): 776~798.

따라서 나 같은 여성 대학원생이 베네딕트나 미드 같은 성공한 여성 인류학자에 대한 글을 읽으려 하는 것은 그리 놀라운 일이 아니었다. 『루스 베네딕트』가 나오던 시절, 미드의 1959년 베네딕트 전기와 여성 인류학자의 생애와 저작을 자세히 다룬 미드의 자서전 『블랙베리 겨울』을 빼놓고는 읽을 만한 것이 별로 없었다.[11] 페미니스트 인류학자들이 미드나 베네딕트처럼 널리 알려지지 않은 다른 여성 인류학자의 전기를 쓰기 시작한 것은 그 뒤의 일이었다.[12] 그리하여 우리는 베네딕트를 인류학의 길로 들어서게 한 엘시 클루스 파슨스나, 미국 남서부 지방에서 현지탐사를 한 루스 번젤, 글래디스 레이처드, 루스 언더힐 같은 프란츠

---

[10] Louise Lamphere and Michelle Rosaldo, eds., *Women, Culture, and Society*(Stanford University Press,1974), and Reyna Reiter,ed. *Toward an Anthropology of Women*(New York: Monthly Review Press, 1975).

[11] *Blackberry Winter: My Early Years*(New York: Morrow, 1972). 다음 자료 참조. Nancy Lutkehaus, "Introduction to *Blackberry Winter*" (Tokyo and New York: Kodansha Press, 1995), xi~xx.

[12] 다음 자료 참조. Ute Gacs, et al., eds., *Women Anthropologists: A Biographical Dictionary*(New York: Greenview Press, 1988).

[13] 파슨스에 대해서는 다음 자료 참조. Louise Lamphere, "Feminist Anthropology: The Legacy of Elsie Clews Parsons", In *Women Writing Culture*, 85~103. Delsey Deacon, *Elsie Clews Parsons: Inventing a Modern Life*(Chicago: University of Chicago Press, 1997). 번젤, 레이처드, 언더힐 등에 대해서는 다음 자료 참조. Barbara Babcock and Nancy J. Parezo, eds., *Daughters of the Desert: Women Anthropologists and the Native American Southwest, 1880~1980*(Albuquerque: University of New Mexico Press, 1993). 또한 다음 자료 참조. Schachter Modell, *Ruth Benedict: Patterns of a Life*(Philadelphia: University of Pennsylvania Press, 1983)와 Barbara Babcock, "Not in the Absolute Singular: Rereading Ruth Benedict" in *Women Writing Culture*, 104~130.

보아스의 다른 여자 제자들에 대해 알게 되었다.[13] 조라 닐 허스턴 또한 보아스의 제자였는데, 이 시기에 페미니스트들에 의해 널리 알려지게 되었다.

미드의 베네딕트 전기 중 한 가지 주목할 만한 사항은 베네딕트의 미모를 논의하고 있다는 것이다. 미드는 서로 다른 시기의 베네딕트 사진들을 비교하면서 그 점을 예증하고 있다. 이 전기에는 유년 시절부터 사망시까지 베네딕트의 사진 6장이 들어 있다. 그 중 두 사진의 캡션은 이러하다. "그녀의 아름다움이 시들어가던 무렵, 1924년경."(p. 55) "그녀의 아름다움이 회복된 시절, 1931년."(p. 64) 미드는 프란츠 보아스의 조교로 일하던 베네딕트를 처음 만났을 때를 이렇게 묘사하고 있다. "[1922년 가을] 소녀 시절에 그리고 그 후에 하나의 전설이 되었던 그녀의 미모는 이 당시 완전히 허물어지고 있었다." 미드는 계속 이렇게 말한다. "그녀는 아주 수줍음이 많고 정신이 산만한 중년 부인 같아 보였고, 가느다란 쥐색 머리카락은 잘 고정되어 제자리에 그대로 있는 법이 없었다."(p. 25) 이 시기는 베네딕트가 자신의 인생에서 뭔가 보람 있는 것을 추구하려 애쓰던 시기였다. 스탠리 베네딕트와의 결혼은 허물어지고 있었고, 그녀의 몸으로는 임신이 불가능하다는 통보를 받았으며, 심한 우울증의 발작을 겪고 있었다. 그녀의 외모는 이런 심리적 상태를 반영하는 것이었다고 미드는 암시했다.

그녀의 아름다움이 회복되었다는 1931년에는 베네딕트의 생애에서 많은 극적 변화가 있었다. 그녀는 남편과 별거하기로 합의하고 뉴욕에 나와 혼자 살고 있었으며, 마거릿 미드와 사랑에 빠져 연애를 하고 있었다. 또한 자신이 여자를 좋아하는 성적 취향을 가지고 있음을 자기 자신을 상대로 솔직히 인정했고, 인류학자로서 성공하겠다는 단단한 결심을 하고 있었다. 이러한 정신적, 감정적 변화가 다시 한번 그녀의 외모에 드러난 것이다. 그녀의 아름다움은 만족과 열광이라는 내적 상태에서 흘러나오는 것이라고 미드는 암시했다.

루스 베네딕트: 인류학의 휴머니스트

미드는 베네딕트 전기의 부제를 "루스 베네딕트: 인류학의 휴머니스트"라고 달았다. 왜 미드가 이런 부제를 선택했고 그게 무슨 의미인지 이해하기 위해서는 이 전기를 집필할 당시의 인류학계 상황(특히 컬럼비아 대학의 상황)을 살펴보아야 한다. 베네딕트를 휴머니스트라고 지칭함으로써 미드는 베네딕트의 인류학 접근 방식의 핵심 측면을 지적했을 뿐만 아니라 당시 횡행하던 베네딕트, 미드, '문화와 인성' 분야 등에 대한 비판에 정면으로 대응했다. 베네딕트와 미드로 대표되던 문화와 인성 분야에 대한 비판은 공교롭게도 그 분야의 요새였던 컬럼비아 대학 인류학과에서 더욱 맹렬하게 터져 나왔다.[14]

미드가 베네딕트 전기를 발간한 1974년 무렵, 마빈 해리스는 『인류학 이론의 발생 : 문화 이론의 역사』라는 대작을 발표했다. 이 책에서 마빈 해리스는 자신이 이 책을 집필한 이유는 사회적 행동의 '법칙'을 발견하는 것이 인류학의 목표임을 다시 한번 주장하기 위해서였다고 말했다.[15] 그는 문화적 패턴과 '문화와 인성'을 연구하는 데 집중한 베네딕트와 미드가 이런 "보편적" 법칙의 추구를 방해하는 주된 인물들이라고 생각했다. 그들이 "패턴의 다양성을 즐기고" 나아가 "객관적 효과와 관계는 무시해버리고 경험의 주관적, 내적 의미만 강조한다"고 비난했다. 다시 말해 그들이 인류학에 대해 너무 인문주의적 관점으로 접근하고 있다는 것이었다.(p. 2) 컬럼비아 대학 인류학과의 다른 교수들은 클로드 레비스트로스의 구조주의 인류학을 연구하거나 모리스 고들리에나 에티엔 발리바 등의 구조주의 인류학과 마르크스 사상의 통합 이론에 관심을 보이는 반면, 해리스와 경제 결정론자들은 마음, 정서, 인성, 국민성 등을 연구하는 미드와 베네딕트로부터 가능한 한 멀리 거리를 두려고 했다.[16] 『인류학 이론의 발

---

14 1930년대 후반 인류학자 랠프 린턴과 정신의학자 에이브럼 카디너는 컬럼비아 대학원 인류학과에서 문화와 인성 세미나를 주도했다.

15 Marvin Harris, *The Rise of Anthropological Theory: A History of Theories of Culture*(New York: Cowell, 1968), 3. '현대 인류학의 대가들'의 총편집자인 찰스 와글리는 이 시리즈를 기획한 이유 중 하나가 베네딕트를 포함한 초기 인류학자들에 대한 마빈 해리스의 과도한 공격을 바로잡기 위해서였다고 말했다(알렉산더 무어와의 개인 통신).

생』에서 해리스는 문화와 인성 분야에 대해서 이렇게 언급했다.(p. 398)

현대 '문화와 인성' 학파의 특징 중 하나는 심리학 용어와 개념을 차용해가며 민족지학의 범위를 확대하고 심화하는 것이다…… 이런 연구는 에드워드 사피어의 영향 아래 루스 베네딕트가 주도했고 마거릿 미드가 지원하고 있다. 그들은 어떤 문화 전체가 한두 개의 중요한 심리학적 용어로 통합될 수 있다고 주장한다.

해리스는 1934년 발간되어 베스트셀러가 된 『문화의 패턴』이 거둔 놀라운 성공을 인정하면서도 문화적 차이의 인과적 설명이 부족하다면서 비난했다.(p. 406) 그는 "예술, 문화, 자유"라는 섹션에서 베네딕트의 『문화의 패턴』에 대한 평가를 요약했다. 해리스는 베네딕트가 시를 쓴다는 사실을 지적하며 "그녀는 인류학자인가 하면 그에 못지않게 여류시인이다"라고 썼다. 그러면서 에드워드 사피어와 나눈 "방대하면서도 낭만적인 편지들"을 언급했다.(p. 402) 즉, 베네딕트가 시를 썼다는 사실을 가지고, 그녀의 목적과 방법이 과학자라기보다 예술가에 가깝다는 주장의 증거

16 미드가 지적한 바와 같이 베네딕트와 문화와 인성의 연구를 공격한 사람들은 컬럼비아 대학 교수들만이 아니었다. 최근에 문화와 인성의 연구를 비판한 자료로는 리처드 슈웨더의 3회 연속 논문을 볼 것. *Ethos*(1979a, 1979b, 1980).

로 삼았다. 해리스는『문화의 패턴』만을 가지고 베네딕트의 저작을 평가했으며『국화와 칼』은 지나가듯이 언급하면서 '문화와 인성' 학파의 또 다른 결과물이라고 말했다.(p. 444) 그러면서 인종과 주니 신화를 다룬 베네딕트의 저작들은 완전히 무시했다.[17] 만약 해리스가 이 저작들을 검토의 대상으로 삼았더라면 베네딕트 저작의 깊이와 넓이를 인정해야 했을 것이고, 그녀가 간단한 비판의 대상이 아님을 깨달았을 것이다.

해리스는 베네딕트에 대한 논의를 이렇게 결론짓고 있다. "베네딕트의 문화인류학은 인간의 문화 전통의 다양성을 묘사하는 것일 뿐 설명하는 것이 아니다."(p. 404) 자신의 주장을 강화하기 위해 해리스는 미국인류학협회에 보낸 베네딕트의 연설문을 인용했다. 이 연설문에서 베네딕트는 말했다. "내가 보기에 인문학이 제기하고 논의하는 문제의 성격은, 다른 사회과학 학문에 비해 인류학과 아주 가깝다."(p. 404)

베네딕트의 저작에 대한 부정적 평가와 해리스(이 사람 또한 컬럼비아 대학 인류학과 출신이다) 같은 비평가의 과소평가 때문에, 미드는 "베네딕트는 인류학의 휴머니스트"라고 과감하게 선언하

---

17 해리스는 *The Rise of Anthropological Theory*에서 베네딕트의 첫 논문「평원 문화의 비전」을 언급하면서 이것이 그녀의 후기 작품과는 관련이 별로 없다고 말했다.(401)『국화와 칼』에 대해서는 베네딕트가 미드와는 다르게 정신분석을 행동 동기의 설명 이론으로 원용하지 않았다고 말했다.(444)

면서 그 문제에 정면 대응하고자 했다. 베네딕트가 인류학과 사회과학을 서로 분리하는 데 전혀 거리낌이 없었다는 취지로 해리스가 베네딕트의 논문 「인류학과 인문학」을 조롱하듯 인용했다면, 미드는 베네딕트 전기의 맨 마지막을 바로 그 논문에서 인용함으로써 오히려 인류학이 인문학의 방법과 목표에 더욱 신경 써야 한다고 강력히 촉구했다.

해리스가 1968년에 지적했던 인류학계 내의 "과학적" 대 "인문학적" 논쟁은 오늘날까지도 계속되고 있다. 그리하여 어떤 인류학과는 심지어 두 개의 진영으로 나뉘었다. 한 진영은 생물과 인종을 강조하는 문화인류학이고 다른 한 진영은 인문학을 강조하는 문화인류학이다. 후자는 이론상으로나 방법론상으로나 역사학, 민속지학, 문화학 등과 더 깊은 관련을 맺고 있다. 그러나 두 진영 모두 현지탐사를 중시한다는 것은 똑같다.

미드는 이 전기에서 루스 베네딕트가 다양한 방식으로 인문주의적 인류학자였다는 것을 강조한다. 가령 그녀는 두 가지 사례를 들면서 전기를 마무리 짓는다. 첫째, 그녀는 베네딕트의 말을 다시 반복한다.

나는 과학자의 신념을 갖고 있습니다. 어떤 행동이 아무리 우리에게 낯설게 보인다고 할지라도 그 문제를 정확하게 진술한다면, 조사로 대답을 얻을 수 있고 이어 기술적으로 합당한 방법으로 연구될 수 있습니다. 나는 또 인문학자의 신념을 갖고 있습니다. 인간들 사이의 상호 이해를 도모하면 그것이 유익함을 가져온다고 생각합니다.[18]

둘째, 미드는 베네딕트의 시 「유카리스트」로 전기를 결론짓는다. 이 시는 인문학에 대한 베네딕트의 관심을 보여줄 뿐만 아니라, 과학과 인문학 둘 다에 적용될 수 있는 지식의 빛을 표현하고 있다. 그러니까 진정한 지식은 손쉽게 얻어지는 것이 아니라 사물의 표면 밑에 숨어 있는 더 깊은 진실을 찾아내고자 하는 치열한 투쟁에 의해 얻어진다는 것이다. 미드는 이 시가 베네딕트의 자기 이해와 자기 성취를 얻기까지의 치열한 투쟁을 잘 보여준다고 생각하여 전기에 포함시켰을 것이다.

이 시는 미드의 베네딕트 전기와 뒤따라 나오는 베네딕트 논문집 사이에서 하나의 교량 역할 혹은 풍유시 같은 역할을 한다. 이렇게 볼 때 이 시는 베네딕트가 논문 「인류학과 인문학」에서 보여주었던 확신을 더욱 강조한다. 그러니까 인문학과 인류학은 공

---

18 "Remarks on Receiving the Annual Achievement Award of the American Association of University Women." *Ruth Benedict*에서 재인용. 66~68.

동의 목표를 갖고 있다는 것이다. 이 시가 말하고자 하는 것은 개인적인 것인가 하면 보편적인 것이기도 하다.[19] 미드는 이 시가 베네딕트의 신념을 잘 드러낸다고 생각했다. 베네딕트는 인간 행동과 신념의 숨겨진 의미를 파헤치는 인문학이 인류학에도 많은 도움을 준다고 확신했다.

* * *

이 책 후반에 첨부된 논문의 첫 번째인 「북아메리카의 문화적 통합형태」(1932)는, 그 내용이나 사상에서 베네딕트의 잘 알려진 대표작 『문화의 패턴』(1934)의 예고편이다. 이 논문은 베네딕트의 문학 분석 능력과 보아스의 문화적 특징의 비교 연구를 종합적으로 보여준다. 이 논문의 핵심은 이런 문장 속에 잘 드러난다. "문화의 통합형태는 어떤 선택된 인간적 특징을 중심으로 구축되고 나머지 특징은 제외하는 쪽으로 움직여 나아간다. 문화 연구에서는 이것을 이해하는 것이 아주 중요하다. 객관적으로 유사하고 유전적으로 관련되어 있는 특징들은, 그 세부사항은 변화하지 않은 채, 서로 다른

---

19 시의 제목 「유카리스트(성찬식)」는 기독교의 최후의 만찬을 연상시킨다. 이것은 침례교 환경에서 성장한 베네딕트의 배경을 보여준다. 하지만 그녀는 유카리스트를 아주 현대적인 의미로 사용했다. 이 시는 기독교의 성찬 의식을 노래한 것이 아니라, 빵이 살로 변한다는 기독교의 신비를 가져와 지식과 진리의 은유로 사용하고 있다.

패턴 속에 수용된다. 서로 다른 문화 속에서 어떤 행위가 벌어질 때, 중요한 것은 정서적 배경이다."(p. 160) 이런 정서적 배경 혹은 패턴을 가리켜 베네딕트는 문화의 에토스(습속)라고 했다.

북아메리카의 서로 다른 문화를 다룬 이 논문은, 마거릿 미드가 1925년 사모아로 현지탐사를 나갈 때까지 미국 인류학계 내의 일반적 관행을 그대로 따르고 있다. 1925년 이전에 미국 인류학자들은 주로 아메리카 인디언을 상대로 민족지학적 현지탐사를 했던 것이다.

「북아메리카의 문화적 통합형태」에서 베네딕트는 에드워드 사피어의 진정한 문화와 가짜 문화의 개념을 통렬하게 비판했다.[20] 사피어는 일찍이 문화적 특징과 주된 추동력이 조화를 이룬 사회를 "진정한" 사회, 그 양자가 갈등하는 사회를 "가짜" 사회라고 규정한 바 있다. 베네딕트는 두 유형의 문화가 모두 진정한 문화일 수 있다고 생각했다. 단지 어떤 한 문화는 현대 미국의 관점에서 매혹적이거나 잘 돌아가는 문화이고, 다른 문화는 그렇지 못

---

20 *Ruth Benedict*, 104. Edward Sapir, "Culture, Genuine and Spurious," *American Journal of Sociology* 29(1924): 410~429. 베네딕트와 사피어의 문화관 차이에 대해서는 다음 자료 참조. Richard Handler, "Vigorous Male and Aspiring Female: Poetry, Personality and Culture in Edward Sapir and Ruth Benedict," in *Malinowski, Rivers, Benedict and Others: Essays on Culture and Personality*, George Stocking Jr. ed. *History of Anthropology*(Madison: University of Wisconsin Press, 1986), 4: 127~156.

하다는 것만 다르다는 것이다.

미드는 『문화의 패턴』에 대해 언급하면서, 베네딕트가 주니 족
과 콰키우틀 족을 비교 검토하기 위해 멜라네시아 도부 족을 제3
의 문화로 선택한 데에는 그 어떤 선험적 이론도 없다고 말했다.
단지 베네딕트가 잘 아는 민족지학적 자료를 이용하고 싶어서 그
렇게 했다는 것이다. 베네딕트가 문화 선택에서 중층적 선택을
했다는 비판가들의 비난(따라서 같은 문화들을 비교했으므로 그녀의
패턴 이론은 무효라는 주장)으로부터 베네딕트를 보호하기 위해, 미
드는 그렇게 말했던 것으로 보인다. 미드도 『세 부족 사회의 성과
기질』이라는 자신의 책에서 아라페시 족, 문두구머 족, 챔블리 족
의 세 개 문화를 선택한 데 대해 베네딕트와 비슷한 비난을 받은
바 있다.[21] 미드는 레오 포천이 베네딕트에게 자신의 도부 족 연
구 자료를 사용해도 좋다고 허락한 편지를 인용했다. 하지만 흥
미롭게도 포천은 베네딕트가 도부 족에 대해 쓴 것을 읽어보고
나서 그런 식으로 자료를 활용한 것에 대해 화를 냈다.

미드는 또한 인성, 편집증, 과대망상증 등의 심리학 용어, 니

---

[21] Margaret Mead, *Sex and Temperament in Three Primitive Societies*(New York: Morrow, 1935). 인류학자 폴 로스코는 미드와 미드의 두 번째 남편 레오 포천과 함께 파푸아 뉴기니의 아라페시에서 현지탐사를 했는데, 루스 베네딕트의 『문화의 패턴』의 영향 때문에 아라페시의 특성을 "잘못 파악했다"고 주장했다. 마거릿 미드는 뉴기니에서 현지탐사를 하면서 원고 상태의 『문화의 패턴』을 읽은 바 있다. "Margaret Mead, Reo Fortune, and Mountain Arapesh Warfare", *American Anthropologist* 105, no. 3(2003), 581~591.

체에게서 빌려 온 아폴로적과 디오니소스적이라는 용어를 가지고 어떤 문화 전체를 요약한 베네딕트의 접근 방법에 대한 비평가들의 비난에 대해서도 상당히 길게 대응했다. 어떤 문화 내의 주도적 주제의 정서적 분위기를 베네딕트가 "인성의 확대"라는 말로 표현하기는 했지만, 많은 비평가가 이 용어를 오해했다는 것이다. 미드는 베네딕트가 어떤 사회를 아폴로적, 디오니소스적, "정상적", "편집증적", "과대망상적" 등의 폐쇄적인 유형 체계로 규정한 적이 없다고 설명한다. 베네딕트가 정신분석과 심리학 분야에 소상하고 신화와 주술을 논의할 때 소망충족 따위의 정신분석 용어를 쓴 것은 사실이지만, 심리학에서 빌려 온 다른 용어들, 특히 『문화의 패턴』에서 사용된 심리학 용어는 심리학 이론에 바탕을 둔 것이 아니라는 이야기다. 다시 말해, 베네딕트는 그 용어를 임상적으로 사용한 것이 아니라 기술적記述的으로 사용했으며, 진단이 아니라 은유로 사용했다는 것이다.

「주술」은 베네딕트가 1932년 『사회과학 백과사전』에 기고한 짧은 논문이다. 이 논문에서 우리는 인류학자 클리퍼드 기어츠가 말한, 베네딕트의 똑 부러지는 글쓰기 스타일을 만난다. 기어츠는 이렇게 말한다. "완벽한 설명 스타일이다. 절제되어 있고, 자신감에 넘치고, 보석을 세공하는 듯하고, 무엇보다도 단호하다. 단정적으로 표현된 단정적 견해이다."[22] 「주술」을 논한 미드의 1974년 글을 공명이라도 하듯이, 이 논문은 오늘날에도 유익한 가르침을 주고 있다.

베네딕트는 이 논문에서 제임스 프레이저, 브로니슬라프 말리노프스키, 뤼시앵 레비- 브륄, 마르셀 모스, 프로이트 등의 주술이론을 반대 증거를 제시하면서 차례로 격파해나간다. 그런 다음 베네딕트는 주술이 정신의 이완에 효과적이라는 당시 유행하던 기능적 설명을 언급하면서 주술의 심리학은 그보다 훨씬 음험하다고 말한다. "주술의 정서적 만족은 결코 직접적이지도 흡족하지도 않다. 그것은 종종 아주 세세한 규칙의 철저한 이행 속에 파묻히고 만다. 이런 기계론적 조종 때문에 대부분의 경우 주술은 냉정하고, 기술적이고, 비정서적이다."(p. 215)

베네딕트는 또한 "논리적"이고 "합리적"이라는 우리 사회에서도 주술적 사고방식을 멀리하기는커녕 수용하는 사례가 많이 있다고 지적한다. "월스트리트 투자가의 고객들은 점성술사의 판정을 믿고, 최신 기계공학을 훤히 아는 비행기 조종사는 별점을 보면서 자신의 행동을 결정한다."(p. 209) 현대의 미국인도 1930년대의 미국인과 별반 다를 바 없다. 가령 낸시 레이건은 점성술사의 조언을 따랐고, 야구 선수들은 가슴 속에 부적을 지니고 경기

---

22 Clifford Geertz, *Works and Lives: The Anthropologist as Author*(Stanford: Stanford University Press, 1988), 105. 여기서 기어츠는 베네딕트의 논문 "On the Use of Cannibalism"을 언급한 것이지만, 이런 글쓰기 특징은 그녀의 글 전체에 적용할 수 있다고 말했다.

에 나온다.

「주니 족 신화 서문」(1935)은 인류학자 베네딕트의 여러 가지 중요한 모습을 보여준다. 첫째, 이 논문은 베네딕트가 미국 남서부에서 수행한 광범위한 현지탐사(오늘날의 기준으로 보자면 그리 광범위하지도 않겠지만)를 바탕으로 하고 있다. 그녀는 1924년과 1925년의 여름을 남서부인 뉴멕시코 주니 인디언 사이에서 보냈다.[23] 둘째, 이 논문은 1925년부터 1939년까지 『미국 민속저널』의 편집장을 지냈던 베네딕트의 경력이 반영되어 있다. 1970년대 초반에 마빈 해리스 같은 인류학자는 토지 임대나 사회 조직 등의 경제적, 사회적 자료와 비교해볼 때 신화는 심적 구성물이므로 인류학의 연구 대상이 아니라며 과소평가했으나, 클로드 레비스트로스의 영향을 받은 다른 인류학자들은 신화의 연구에 새로운 시각을 부여했다.[24] 따라서 구조주의와 레비스트로스의 방식에 관심을 가진 사람들에게 베네딕트의 신화 분석을 알려주는 것이 유익하겠다고 미드는 생각했던 것이다.

셋째, 이 논문은 베네딕트가 신화에 대해 갖고 있는 두 가지

---

23 베네딕트는 1925년 여름 코치티 족을 현지탐사하여 이 부족의 신화에 대한 소책자를 펴 냈다. *Tales of Cochiti Indians*, no. 98(Washington D. C., Bureau of American Ethnology Bulletin, 1931).

24 *Structural Anthropology*, C. Jakobson, trans(New York: Basic Books, 1963), *The Elementary Structure of Kinship*, James Harle Bell and John Richard von Sturmer, trans.(Boston: Beacon Press, 1969[1949]).

중요한 생각을 드러내준다. 하나는 신화가 개인들의 일상생활에 대한 중요한 문화적 세부사항을 간직하고 있다는 것이고, 다른 하나는 신화가 그저 과거에서 흘러나온 이야기에 그치는 것이 아니라 시대에 따라 그 내용이 약간씩 바뀌면서 과거 문화는 물론이고 현대 문화를 들여다보는 창구 역할을 해준다는 것이다.

베네딕트는 한쪽 귀가 들리지 않는데다 수줍음이 많아서 현장탐사에 어려움을 느꼈다. 또한 미드가 전기에서 인용한 편지(언어학자 제므 드 앙귈로가 베네딕트에게 보낸 편지)가 보여주듯이, 1920년대에 들어 미국 남서부 인디언은 인류학자들이 자신들의 생활속으로 침입해 들어오는 것을 못마땅하게 생각했다. 이 연구자들이 가져다주는 금전적 수입은 환영했지만 말이다.[25]

미드는 앙귈로의 편지를 인용한 것은, "전문 인류학자의 작업에 대한 오늘날의 많은 비판"에 공명하기 위해서라고 말했다.(p. 71) 실제로 1960년대에 들어 제국주의는 소멸했고, 식민지였던 곳에서 독립의 기운이 높아졌다. 또 1970년대에는 반전 운동이 크게 전개되었다. 그리하여 인류학자들, 특히 현장탐사를 나가려고 하는 대학원생들 사이에서 이런 문제가 활발히 논의되었다.

---

25 제므 드 앙귈로와 그의 언어학자 경력에 대해서는 다음 자료 참조. Robert Brightman, "Jaime de Angulo and Alfred Kroeber: Bohemians and Bourgeois in Berkeley Anthropology", *Significant Others*, Richard Handler, ed.(Madison: University of Wisconsin Press, 2004), 158~195.

가령 인류학의 식민주의적 유산을 어떻게 청산할 것인가, 인류학자들과 연구 대상 집단 사이의 권력과 부의 차이는 어떻게 조화할 것인가, 연구자들이 이들 부족에 대해 많은 지식을 얻는 것은 사실이지만 그 부족의 희망사항이나 이해관계에 피해를 줄 경우에는 어떻게 할 것인가 등이 논의되었다.[26] 당시는 인류학의 철저한 반성기였다. 어떤 부족에 대한 연구 자료를 발표할 때, 그것이 그 부족에게 미칠지 모르는 피해를 어떻게 할 것인가 하는 문제에 대해 많은 반성이 있었다. 그리하여 부족 문화가 아니라 인류학자가 소속된 문화 내의 집단들, 특히 "상류층 집단", 가령 그 사회 내에서 권력과 권위의 지위를 차지한 개인과 집단을 연구하는 쪽으로 관심의 방향이 이동되었다.

「원시적 자유」는 미국이 제2차 세계대전에 참전한 후인 1942년 『애틀랜틱 먼슬리』에 발표되었다. 이 논문은 베네딕트 사상의 두 가지 중요한 측면을 보여준다. 첫째, 인류학자는 자유롭고 민주적인 사회를 추진하는 데 그의 지식을 적극 사용해야 할 의무가 있다. 둘째, 다른 문화의 일 처리 방식을 소개하여 미국 사회의 일 처리 방식에 더 폭넓은 관점을 부여한다.

이것은 기어츠가 말한 "교훈적 민족지학"—사회를 개선시키기

---

26 다음 자료 참조. Talal Asad, ed., *Anthropology and the Colonial Encounter*(New York: Humanities Press, 1973) and Dell Hymes, ed., *Reinventing Anthropology*(New York: Vintage Books, 1974[1969]).

위해 인류학을 활용하는 것—이다. 베네딕트는 원시 사회의 낯선 사례들이 독자들에게 하나의 자료가 되기를 바랐다. 그런 자료의 도움으로 그들이 아주 중요하게 여기지만 동시에 당연시하는 문제들에 대해 신선한 관점을 갖기를 원했다. 자기들이 공격과 조사[부死]의 운명에 처해져 있다고 생각하는 쫓기는 추크치 족, 전쟁이 들끓는 다코타 족 등의 사례는 독자들에게 그런 사회에 살게 된다면 얼마나 불행할 것인가 하는 경각심을 불러일으킨다. 반면에 고상하고 민주적인 블랙풋 사회는 하나의 훌륭한 대안을 제시한다. 이런 두 가지 타입의 사회가 늘 존재해왔는데, 당신은 어느 쪽 사회에서 살기를 바라는가, 하고 베네딕트는 묻는다. 또한 미국의 문화와 정치 상황으로 시선을 환기시키면서 해외의 파시즘은 미국의 자유와 인권에 대한 위협이므로, 그것을 지키기 위해 싸워야 한다고 말한다. 베네딕트는 이 논문의 결론에서 1942년 당시 미국인들의 권리 제약을 언급하면서 외부 위협 때문에 기존의 민권을 제약해서는 안 된다고 말한다. 그 당시의 권리 제약은 오늘날의 정치 상황과 비슷한 바가 있다.

「일본문화의 극기 훈련」은 베네딕트의 단행본 『국화와 칼』 (1946)의 한 챕터이다. 이 책 덕분에 베네딕트는 제2차 세계대전 종전 후 서방의 일본문화 전문가로 널리 알려졌다.[27] 이 책을 논

---

27 다음 자료 참조. John Dower, *War Without Mercy: Race and Power in the Pacific War*(New York: Pantheon Books, 1986), 120.

평한 서평가들이 베네딕트의 전작인『문화의 패턴』과『인종 : 과학과 정치』를 함께 검토하면서 베네딕트는 더욱 널리 이름을 떨치게 되었다.

설사『국화와 칼』이 베스트셀러가 되지 못했더라도, 미드는 이 책의 한 챕터를 논문집에 넣었을 것이다. 왜냐하면 이 책은 베네딕트의 '문화와 인성' 접근 방식을 잘 보여줄 뿐만 아니라 제2차 세계대전 중 베네딕트가 전쟁공보청에서 어떤 일을 했는지 보여주기 때문이다.[28] 이 책은 또한 베네딕트의 절제되어 있으면서도 아이러니컬한 글쓰기 스타일을 보여준다. 베네딕트는 일본문화와 그 역설적 특성을 존경했다. 가령 분재와 선종으로 상징되는 미학적이고 명상적인 실천과, 전쟁과 공격성 등의 난폭한 기질이 공존하는 일본문화를 깊숙이 꿰뚫어보았다.『국화와 칼』은 일본에서 오늘날에도 널리 읽히고 토론되면서 찬성자와 반대자를 동시에 만들어내고 있다.[29] 불교와 일본 대중문화에 대해 관심이 있는 미국인들에게, 이 책은 제2차 세계대전 이전의 일본을 잘 설명해주는 유익한 자료로 봉사하고 있다.

---

28 제2차 세계대전 중의 베네딕트와 미드의 활약에 대해서는 다음 자료 참조. Virginia Yans, "Science, Democracy, and Ethics: Mobilizing Culture and Personality for War", *Malinowski, Rivers, Benedict and Others*, 184~217.

29 Joy Hendry, "The Chrysanthemum Continues to Flower: Ruth Benedict and Some Perils of Popular Anthropology", *Popularizing Anthropology*, Jeremy MacClancy and Chris McDonaugh, eds.,(London: Routledge, 1996), 106~121.

다음 논문인 「유럽 국가들의 문화 패턴 연구」(1946)는 민족성 연구에 대한 베네딕트의 관심과 그에 동조하는 미드의 입장을 잘 보여준다. 미드와 세 번째 남편인 인류학자 그레고리 베이트슨과 기타 사회과학자들이 원격 문화 연구(이것은 나중에 국민성 연구로 알려지게 된다)라는 아이디어를 내놓았을 때 베네딕트는 그 방법론에 회의적이었다. 국민성 연구는 현장조사나 참여적 관찰을 통해서 하는 것이 아니라 그 나라에서 이민 와서 현재 미국에 살고 있는 사람들을 인터뷰하는 방식이었다. 또 이민 온 사람들이 어떤 특정 사회에 어떻게 동화되어 구성원이 되는지를 살펴보는 작업이었다. 또 그들이 펴낸 역사서, 소설, 영화, 자서전 등의 다양한 문화적 자료도 함께 참고했다. 제2차 세계대전 중에 전쟁공보청에서 근무했고 일본문화 분석을 통해 일본인의 국민성 연구를 성공적으로 수행했기 때문에, 국민성 연구 방식이 전후의 평화를 촉진시키는 데 도움이 된다고 확신했다. 가령 여러 나라 국민성의 유사점과 차이점을 밝혀 놓으면 UN과 같은 국제기관이 더 잘 기능을 발휘할 것이라고 보았다.

이 논문은 그런 확신의 결과이다. 간단한 사회를 연구하는 데 적용된 인류학적 방법론이, 복잡한 국가를 연구하는 데에도 유익하게 사용될 수 있다고 본 것이다. 비록 국가를 대상으로 현지탐사를 하는 건 불가능하더라도 말이다. 이런 점에서 이 논문은 인류학이 20세기 후반에 걸어온 새로운 방향을 가리키는 횃불이 되었다. 근년에 들어와 특히 문화 연구가 발달한 이래, 몇몇 학자는 국민성 연구에서 최근의 복잡한 사회 및 문화 연구의 인류학적 분석이 비롯되었다고 생각하면서, 국민성 연구의 방법과 전제를 더 자세히 검토하기 시작했다.[30]

마지막 논문 「인류학과 인문학」(1948)은 시간의 시련을 견뎌 낸 만큼 오늘날에도 읽어볼 가치가 충분한 글이다. 이 글은 인류학의 이중적 특성과 사회과학의 한 분야로서 자연과학과 인문과학과의 연계성에 대해 깊은 통찰을 제시하고 있다. 해리스의 베네딕트 저작에 대한 논평이 보여주듯이, 학문적 정체성의 문제는 1974년에도 여전히 확정되지 않았다. 이 문제는 오늘날까지도 계속되고 있으며 인류학은 사회문화인류학, 고고학, 언어학, 순수(인종)인류학의 4대 하위 분야와 복잡한 관계를 맺고 있다. 인류학자 레나 레더먼이 지적했듯이, 이것은 인류학이라는 학문의 본질적 인지 방식과 해석적 인지 방식을 갈라놓는 갈등일 뿐만 아니라 미국 문화 전반을 관통하고 있는 문제이기도 하다.[31]

---

30 다음 자료 참조. William Beeman, "Introduction: Margaret Mead, Cultural Studies, and International Understanding", *The Study of Culture at a Distance*(New York: Berghahn Books, 2000). 1: xiv~xxxi. and Federico Neiburg and Marcio Goldman, "Anthropology and Politics in Studies of National Character," *Cultural Anthropology* 13, no. 1(1998): 56~81.

31 Rena Lederman, "Unchosen Grounds: Cultivating Subfield Affinities for a Public Presence," *Unwrapping the Sacred Bundle*, D. Segal and S. Yanagisako, eds.(Durham: Duke University Press, in press).

이 논문에서 베네딕트는 16세기 사람 몽테뉴를 언급하면서 이렇게 지적한다. "그 당시 인문학은 강력한 교차문화적 체험이었고 그 목적은 현대 인류학과 유사했다."(p. 312) 또한 이렇게 말한다. "전문적 인류학은 이 시기[19세기 중반]에 이르러 과학 속에서 이 학문이 차지할 자리를 발견하게 되었다. 인문학적 용어보다는 과학적 용어로 이 학문의 틀을 짠다는 것은 인류학이라는 학문에서 가장 기본적인 사항이다."(p. 313)

이어 베네딕트는 말한다. "오늘날 과학의 전통과 인문학의 전통은 양극도 아니고 상호 배타적인 것도 아니라고 확신한다. 이 둘은 상호 보완하는 것이다. 현대 인류학이 위대한 인문학자들의 저작을 무시한다면 그 방법과 통찰에서 스스로를 제약하는 것이다."(p. 314) 이어 그녀는 인류학자와 문학 연구자 사이의 목표가 유사함을 보여주기 위해 셰익스피어 학자들의 저작을 예로 든다. 베네딕트 주장의 핵심은 인류학이 결국은 "인간의 마음"을 연구 대상으로 삼는다는 것이다. 그러나 일부 학자는 이것을 아예 인류학의 연구 과제에서 배제하고 싶어한다. 그래서 베네딕트는 이런 주장을 했다. "일단 인류학자들이 인간의 마음을 주제로 삼기 시작한다면, 과학의 방법과 인문학의 방법은 상호 보완하게 될 것이다."(p. 327)

이러한 상호 보완성에 대해 베네딕트의 주장이 옳았음을 입증해주는 분야는 심리인류학과 문화심리학이다. 이것은 리처드 슈웨더 같은 심리인류학자, 제롬 브루너 같은 문화심리학자에 의해 활발하게 개척되고 있는 분야이다.[32] 인류학과 인문학의 종합을 시도하는 또 다른 분야는 사회언어학, 의료인류학, 극장과 공연인류학 등 내러티브(서사) 이론을 사용하는 분야이다.[33]

미드가 이 책에서 제외한 것은 베네딕트의 인종 관련 분야이다. 베네딕트는 인종에 관해 『인종 : 과학과 정치』(1940)와 『인류의 인종들』(진 웰트피시와 공저, 1943)[34] 등 두 편의 책을 펴냈는데,

---

32 인지심리학과 교육심리학 분야에서 잘 알려져 있는 브루너는 최근에 문화심리학에 관해 글을 쓰면서 의미 생성이라는 맥락에서 문화가 중요하다고 강조했다. 다음 자료 참조. *The Culture of Education*(Cambridge: Harvard University Press, 1996), *Acts of Meaning*(Cambridge: Harvard University Press, 1990). 심리인류학에 대해서는 다음 자료 참조. Richard A. Shweder and Robert A. LeVine, eds., *Culture Theory: Essays on Mind, Self, and Emotion*(Cambridge, U.K.: Cambridge University Press, 1984), Bradd Shore, *Culture in Mind: Cognition, Culture and the Problem of Meaning*(New York: Oxford University Press, 1996).

33 의료인류학에서 서사 이론을 사용하는 것에 대해서는 다음 자료 참조. Cheryl Mattingly, *Healing Dramas and Clinical Plots*(Cambridge, U.K.: Cambridge University Press, 1998). 극장과 공연인류학에 대해서는 다음 자료 참조. Victor Turner, *From Ritual to Theatre: The Human Seriousness of Play*(New York: Performing Arts Journal Publications, 1982), *The Anthropology of Performance* (New York: Performing Arts Journal Publications, 1986).

34 후자는 "The Brotherhood of Man"(Hollywood: United Productions of America)이라는 단편영화로 만들어졌고, 또 *In Henry's Back Yard: The Races of Mankind*(New York: Henry Schuman, 1948)라는 아동서로도 만들어졌다.

모두 좋은 반응을 얻었다. 그녀는 또한 인종, 특히 미국의 인종 차별에 대해 대중 강연을 하기도 했다.[35] 이 분야를 제외한 것은 아마도 미드가 현대 인류학에 기여한 베네딕트의 유산을 더 강조하고 싶어했기 때문일 것이다. 미드는 문화와 인성, 유년기가 성년기에 미치는 영향, 국민성 연구 등 미드의 저작과 관심에 더 일치하는 베네딕트의 논문들을 고른 듯하다.

결론

컬럼비아 대학 출판부가 마거릿 미드의 베네딕트 전기를 '인류학의 고전' 시리즈 중 하나로 재출간하기로 결정한 것은, 인류학자들뿐만 아니라 문학, 역사, 사회학, 민속학, 여성학 학자들은 물론이고 20세기 지식인들의 생애에 관심이 많은 일반 독자들에게도 환영을 받으리라 보인다. 20세기의 저명한 인류학자가 또 다른 저명한 인류학자에 관해 쓴 이 전기를 읽는 독자는 베네딕트의 저작이 여러 가지 중요한 방식으로 새로운 지적 경계를 개척했음을 알게 될 것이다.

첫째, 『문화의 패턴』은 국제적으로 큰 성공을 거두었고 많은 독자들에게 인류학을 소개했다. 잘 씌어진 이 매력적인 책은 문

---

35 미드는 인종에 관한 베네딕트의 미발표 논문 두 편을 『연구 중인 인류학자』에 수록했다. "Race Prejudice in the United States"(1946), 358~360, "Postwar Race Prejudice" (1947), 361~368.

화의 상대성과 문화가 개인의 성격에 미치는 영향을 명징하게 설명하고 있다. 그래서 인류학 분야의 고전이 되었다. 바버라 배브콕, 제임스 분, 클리퍼드 기어츠, 리처드 핸들러, 대니얼 로젠블라트 등의 현대 인류학자들이 써낸 논문들은 문화의 의미와 중요성을 이해하는 데 베네딕트가 핵심 인물이었음을 강조하고 있다.[36] 이들은 민족지학에 대한 현대적 관심, 문학과 인류학에서의 아이러니의 역할, 해석인류학의 발달 등의 측면에서 베네딕트의 저서들은 재독, 삼독할 가치가 있다고 말한다.[37]

둘째, 문화와 인성, 국민성 연구 등의 전제 조건들은 상당수가 오늘날 폐기되었지만, 심리인류학과 문화심리학은 문화와 마음의 관계, 특정 역사적, 문화적 맥락에서 인간이 의미를 창출하는 과정 등에 대해 지속적인 관심을 갖고 있다. 신화, 상징, 스토리텔링, 문화적 패턴, 문화와 개인의 관계 등에 관한 베네딕트의 저작은 민속학과 문화학 분야뿐만 아니라 심리인류학과 문화심리학

---

36 Geertz, *Works and Lives*; James A. Boon, *Other Tribes, Other Scribes: Symbolic Anthropology in the Comparative Study of Culture, Histories, Religion and Texts*(Cambridge, U.K.: Cambridge University Press, 1982), 105~108; Barbara Babcock, "Not in the Absolute Singular: Rereading Ruth Benedict," *Women Writing Culture*, 104~130.

37 조지 W. 스토킹은 베네딕트가 "해석인류학"에 크게 기여했다고 말했다. 다음 자료 참조. George W. Stocking Jr. "The Ethnographic Sensibility of the 1920s and the Dualism of the Anthropological Tradition", *The Ethnographer's Magic and Other Essays in the History of Anthropology*(Madison: University of Wisconsin Press, 1992), 208~276.

이 발전하는 데 앞길을 제시했다.[38]

셋째, 미드와 다른 사람들이 지적했듯이 베네딕트는 인류학 연구에서 자신의 인생의 의미를 정립하려고 애썼다. 사회 내의 "비정상적" 개인을 형성하는 데 문화가 어떤 역할을 하는지 이론을 정립하려 했고, 그녀만의 독특한 글쓰기 스타일과 재주를 보여주었다. 베네딕트는 이렇게 하여 페미니스트의 지적 전통에 크게 기여했다. 평생 동안 루스 베네딕트는 자신의 문화로부터 소외감을 느꼈다. 집안의 기독교를 받아들이지 않았기 때문에 집으로부터 소외감을 느꼈고, 결혼해서는 남편으로부터 소외감을 느꼈으며, 남성 중심의 대학 사회에서는 인문학의 중요성을 강조하다가 직업적으로 소외당했으며, 레즈비언이라는 성적 정체성 때문에 심한 제약을 받았다. 따라서 그녀는 자신의 성적 정체성을 감추고 개인 생활과 직장 생활을 철저히 구분하는 것이 필요하다고 생각했다. 오늘날 레즈비언과 게이 인류학자협회(SOLGA)[39]는 미국인류학협회의 공식 지부이다. 해마다 SOLGA는 게이, 레즈비언, 양성애자, 트렌스젠더 등을 주제로 훌륭한 연구서를 펴낸 학자에게 상을 수여하고 있다. 이것은 훌륭한 인류학자이자 20세기

---

38 베네딕트가 현대 민속학 연구에 기여한 바에 대해서는 다음 자료 참조. Virginia Wolf Briscoe, "Ruth Benedict: Anthropological Folklorist", *Journal of American Folklore* 92(1979): 445~476.

39 SOLGA에 대해 더 자세한 것은 www.solga.org 참조.

미국의 대표적 지성이었던 베네딕트의 유산을 기리는 적절한 방식이라고 생각된다.

『루스 베네딕트』의 재발간으로 독자들은 전에는 구해볼 수 없었던 베네딕트의 논문들을 읽게 되었고 또 그녀의 아이러니, 동정심, 통찰의 깊이를 발견할 수 있을 것이다. 바로 이런 베네딕트의 특질 때문에 학자들은 오늘날 그녀의 저작을 되풀이하여 읽고 있으며 그녀의 지적 기여를 높이 평가하고 있다.

참고문헌

Asad, Talal, ed. 1974. *Anthropology and the Colonial Encounter*. New York: Humanities Press.

Babcock, Barbara. 1995. 'Not in the Absolute Singular': Rereading Ruth Benedict," in Ruth Behar and Deborah Gordon, eds., *Women Writing Culture*, pp. 104-130. Berkeley: University of California Press.

Babcock, Barbara and Nancy J. Parezo. 1988. *Daughters of the Desert: Women Anthropologists and the Native American Southwest*. Albuquerque: University of New Mexico Press.

Bateson, Mary Catherine. 1984. *With a Daughter's Eye: A Memoir of Margaret Mead and Gregory Bateson*. New York: Morrow.

Beeman, William. 2000. "Introduction: Margaret Mead, Cultural Studies, and International Understanding," in Margaret Mead and Rhoda Metraux, *The Study of Culture at a Distance*, vol. 1, pp. xiv-xxxi. New York: Berghahn Books.

Benedict, Ruth. 1931. *Tales of the Cochiti Indians*. Washington D.C.: Bureau of American Ethnology Bulletin. No. 98.

Benedict, Ruth. 1934. *Patterns of Culture*. New York: Houghton Mifflin.

Benedict, Ruth. 1945. *Race: Science and Politics.* New York: Viking Press.

Benedict, Ruth. 1946. *The Chrysanthemum and the Sword.* New York: Houghton Mifflin.

Benedict, Ruth and Gene Weltfish. 1943. *The Races of Mankind.* New York: Public Affairs Committee.

Benedict, Ruth and Gene Weltfish. 1948. *In Henry's Backyard: The Races of Mankind.* New York: Henry Shuman.

Boon, James A. 1982. *Other Tribes, Other Scribes: Symbolic Anthropology in the Comparative Study of Cultures, Histories, Religions, and Texts.* Cambridge, U.K.: Cambridge University Press.

Boon,James A. 1999. " 'Re Menses':Rereading Ruth Benedict, Ultraobjectively." in *Verging on Extra-Vagance: Anthropology, History, Religion, Literature, Arts ... Showbiz.* pp. 23-42. Princeton: Princeton University Press.

Brightman, Robert. 2004. "Jaime de Angulo and Alfred Kroeber: Bohemians and Bourgeois in Berkeley Anthropology," in Richard Handler, ed., *Significant Others: Interpersonal and Professional Commitments in Anthropology.* History of Anthropology vol. 10, pp. 158-195. Madison: University of Wisconsin Press.

Briscoe, Virginia Wolf. "Ruth Benedict, Anthropological Folklorist," *Journal of American Folkore* 92 (1979): 445-476.

Bruner, Jerome. 1990. *Acts of Meaning.* Cambridge: Harvard University Press.

Burner, Jerome. 1996. *The Culture of Education.* Cambridge: Harvard University Press.

Caffrey, Margaret. 1989. *Ruth Benedict: Stranger in This Land.* Austin: University of Texas Press.

Deacon, Desley. 1997. *Elsie Clews Parsons: Inventing a Modern Life.* Chicago: University of Chicago Press.

Dower, John. 1986. *War Without Mercy: Race and Power in the Pacific War.* New York: Pantheon Books.

Gacs, Ute, et al., eds. 1988. *Women Anthropologists: A Biographical Dictionary.* New York: Greenview Press.

Geertz, Clifford. 1988. *Works and Lives: The Anthropologist as Author.* Stanford: Stanford University Press.

Handler, Richard. 1986. "Vigorous Male and Aspiring Female: Poetry,

Personality and Culture in Edward Sapir and Ruth Benedict,"
in George Stocking, Jr. ed., *Malinowski, Rivers, Benedict and Others:
Essays in Culture and Personality*. History of Anthropology vol. 4,
pp. 127-156. Madison: University of Madison Press.

Handler, Richard. 1990. "Ruth Benedict and the Modernist Sensibility,"
in Marc Manganaro, ed., *Modernist Anthropology: From Fieldwork to
Text*, pp. 163-182. Princeton: Princeton University Press.

Harris, Marvin. 1968. *The Rise of Anthropological Theory: A History of
Theories of Culture*. New York: Cowell.

Hendry, Joy. 1996. "The Chrysanthemum Continues to Flower: Ruth
Benedict and Some Perils of Popular Anthropology," in Jeremy
MacClancy and Chris McDonaugh, eds., *Popularizing Anthropology*,
pp. 106-121. London: Routledge.

Howard, Jane. 1984. *Margaret Mead: A Life*. New York: Simon and
Schuster.

Hymes, Del, ed. 1974[1969]. *Reinventing Anthropology*. New York: Viking.

Lamphere, Louise. 1995. "Feminist Anthropology: The Legacy of Elsie
Clews Parsons" in Ruth Behar and Deborah Gordon, eds., *Women
Writing Culture*, pp. 85-103. Berkeley: University of California Press.

Lamphere, Louise and Michelle Rosaldo, eds. 1974. *Woman, Culture
and Society*. Stanford: Stanford University Press.

Lapsley, Hilary. 1999. *Margaret Mead and Ruth Benedict: The Kinship of
Women*. Amherst: University of Massachusetts Press.

Lederman, Rena. 2004. "Unchosen Grounds: Cultivating Subfield Affinities
for a Public Presence," in D. Segal and S. Yanagisako, eds., *Unwrapping
the Sacred Bundle*. Durham: Duke University Press, in press.

Levi-Strauss, Claude. 1963. *Structual Anthropology*. C. Jacobson, trans.
New York: Basic Books.

Levi-Strauss, Claude. 1969. *The Elementary Structures of Kinship*. James
Harle Bell and John Richard von Sturmer, trans. Boston: Beacon Press.

Lutkehaus, Nancy. "She Was Very Cambridge: Camilla Wedgwood and
the History of Women in British Anthropology," *American Ethnologist*
13, no. 4(1986): 776-798.

Lutkehaus, Nancy. 1995a. "Introduction to *Blackberry Winter*," pp. xi-
xx. New York and Tokyo: Kodansha Press.

Lutkehaus, Nancy. 1995b. "Margaret Mead and the 'Rustling-of-the-wind-in-the-palm trees' School of Ethnographic Writing," in Ruth Behar and Deborah Gordon, eds., *Women Writing Culture*, pp. 186-206. Berkeley: University of California Press.

Mattingly, Cheryl. 1998. *Healing Dramas and Clinical Plots*. Cambridge, U.K.: Cambridge University Press.

Mead, Margaret. 1935. *Sex and Temperament in Three Primitive Societies*. New York: Morrow.

Mead, Margaret. 1959. *An Anthropologist at Work: The Writings of Ruth Benedict*. Boston: Houghton Mifflin and Company.

Mead, Margaret. 1972. *Blackberry Winter*. New York: Morrow.

Mead, Margaret. 1974. *Ruth Benedict*. New York: Columbia University Press.

Neiburg, Frederico and Marcio Goldman. 1998. "Anthropology: and Politics in Studies of National Character." *Cultural Anthropology* 13, no. 1 (1998): 56-81.

Parezo, Nancy J. ed. 1990. *Hidden Scholars: Women Anthropologists and the Native American Southwest*. Albuquerque: University of New Mexico Press.

Reiter, Rayna. 1975. *Toward an Anthropology of Women*. New York: Monthly Review Press.

Roscoe, Paul. "Margaret Mead, Reo Fortune, and Mountain Arapesh Warfare." *American Anthropologist* 105, no. 3 (2003): 481-591.

Rosenblatt, Daniel. "An Anthropology Made Safe for Culture: Patterns of Practice and the Politics of Difference in Ruth Benedict." *American Anthropologist* 106, no. 3(2004): 459-472.

Sapir, Edward. "Culture, Genuine and Spurious," *American Journal of Sociology* 29 (1924): 401-29.

Shweder, Richard. 1979a. "Rethinking culture and personality theory. Part I: a critical examination of two classical postulates." *Ethos* 7 (3): 255-78.

Shweder, Richard. 1979b. "Rethinking culture and personality theory. Part II: a critical examination of two more classical postulates." *Ethos* 7(4): 279-311.

Shweder, Richard. 1980. "Rethinking culture and personality theory. Part III: from genesis and typology to hermeneutics and dynamics." *Ethos* 8(1): 60-94.

Shweder, Richard and Robert A. LeVine, eds. 1984. *Culture Theory: Essays and Mind, Self and Emotion.* Cambridge, U.K.: Cambridge University Press.

Shore, Bradd. 1996. *Culture in Mind: Cognition, Culture and the Problem of Meaning.* New York: Oxford University Press.

Showalter, Elaine. 2001. *Inventing Herself: Claiming a Feminist Heritage.* New York: Simon and Schuster.

Turner, Victor. 1982. *From Ritual to Theatre: The Human Seriousness of Play.* New York: Performing Arts Journal Publications.

Turner, Victor. 1986. *The Anthropology of Performance.* New York: Performing Arts Journal Publications.

Yans, Virginia. 1986. "Science, Democracy, and Ethics: Mobilizing Culture and Personality for War" in George Stocking, Jr. ed., *Malinowski, Rivers, Benedict, and Others: Essays on Culture and Personality,* History of Anthropology. vo. 4, pp. 184-217. Madison: University of Wisconsin Press.

루스 베네딕트의 저작

(1917) 1959* Mary Wollstonecraft. In *An Anthropologist at Work: Writings of Ruth Benedict*, by Margaret Mead, pp. 491~519. Boston: Houghton Mifflin.

1922 The Vision in Plains Culture. *American Anthropologist* 24: 1~23. Reprinted in *An Anthropologist at Work*, pp. 18~35.

1923a The Concept of the Guardian Spirit in North America. *Memoirs of the American Anthropological Association* 29: 1~97.

1923b A Matter for the Field Worker in Folk-Lore. *Journal of American Folk-Lore* 36: 104. Reprinted in *An Anthropologist at Work*, pp. 36~37.

1924 A Brief Sketch of Serrano Culture. *American Anthropologist* 26: 366~392. Reprinted (abridged) in *An Anthropologist at Work*, pp. 213~221.

(c.1925a) 1959 Counters in the Game. In *An Anthropologist at Work*, pp. 40~43.

(c.1925b) 1959 The Uses of Cannibalism. In *An Anthropologist at Work*, pp. 44~48.

1926 Serrano Tales. *Journal of American Folk-Lore* 39: 1~17.

1928a Eucharist, by Anne Singleton(pseud.). *Nation* 127(September 26): 296. Reprinted in Selected Poems: 1941, in *An Anthropologist at Work*, p. 479. Reproduced in this volume.

1928b Review of *L'Ame Primitive*, by Lucien Lévy-Bruhl. *Journal of Philosophy* 25: 717~719.

1929 The Science of Custom. *Century Magazine* 117: 641~649.

1930a Animism. In *Encyclopedia of the Social Sciences* 2: 65~67. Edited by Edwin R. A. Seligman and others, 15 volumes. New York: Macmillan.

---

*연대별 순서를 유지하기 위해, 사후에 발간된 논문의 저술 연대는 먼저 괄호 속에 넣고 이어 발간 연대를 적었다.

1930b Child Marriage. In *Encyclopedia of the Social Sciences* 3: 395~397.

1930c Eight Stories from Acoma. *Journal of American Folk-Lore* 43: 59~87.

1930d Psychological Types in the Cultures of the Southwest. In *Proceedings of the Twenty-third International Congress of Americanists, September 1928*, pp. 572~581. New York. Reprinted in *An Anthropologist at Work*, pp. 248~261.

1930e Review of *Der Ursprung der Gottesidee; Teil 2 Die Religionen der Urvölker; Band 2 Die Religionen der Urvöllker Amerikas*, by Wilhelm Schmidt, S. V. D. *Journal of American Folk-Lore* 43: 444~445.

1931a Dress. In *Encyclopedia of the Social Sciences* 5: 235~237.

1931b Folklore. In *Encyclopedia of the Social Sciences* 6: 288~293.

1931c Tales of the Cochiti Indians. *Bureau of American Ethnology Bulletin* No. 98. Washington.

1932a Configurations of Culture in North America. *American Anthropologist* 34: 1~27. Reproduced in this volume.

1932b Review of *Eskimo*, by Peter Freuchen. *American Anthropologist* 34: 720~721.

1932c Review of *Ethical Relativity*, by Edward Westermarck. *Books(New York Herald Tribune* weekly book review), August 6.

1933a Magic. In *Encyclopedia of the Social Sciences* 10: 39~44. Reproduced (abridged) in this volume.

1933b Myth. In *Encyclopedia of the Social Sciences* 11: 178~181.

1934a Anthropology and the Abnormal. *Journal of General Psychology* 10: 59~82. Reprinted in *An Anthropologist at Work*, pp. 262~283.

1934b *Patterns of Culture*. Boston: Houghton Mifflin.

1934c Ritual. In *Encyclopedia of the Social Sciences* 13: 395~398.

1935a *Zuni Mythology*, 2 vols. Columbia University Contributions to Anthropology, No. 21. New York: Columbia University Press. Reprinted 1969, New York: AMS Press. Introduction (abridged) reproduced in this volume.

1935b Review of *Sex and Culture*, by J. D. Unwin. *American Anthropologist* 37: 691~692.

1936a Marital Property Rights in Bilateral Society. *American Anthropologist* 38: 368~373.

1936b Review of *Manus Religion*, by Reo F. Fortune. *Review of Religion*

1: 48~50.

1937a Review of *Chan Kom: A Maya Village*, by Robert Redfield and Alfonso Villa R. *American Anthropologist* 39: 340~342.

1937b Review of *Naven*, by Gregory Bateson. *Review of Religion* 2: 63~66.

1938a Continuities and Discontinuities in Cultural Conditioning. *Psychiatry* 1: 161~167.

1938b Religion. In *General Anthropology*, ed. Franz Boas, pp. 627~665. Boston and New York: Heath.

1938c Review of *Die Frau im öffentlichen Leben in Melanesien*, by Joachim Henning. *American Anthropologist* 40: 163.

1938d Review of *The Neurotic Personality of Our Time*, by Karen Horney. *Journal of Social and Abnormal Psychology* 33: 133~135.

1939a Edward Sapir. *American Anthropologist* 41: 465~477.

(1939b) 1959 The Natural History of War. In *An Anthropologist at Work*, pp. 369~382.

1940a Alexander Goldenweiser. *Modern Quarterly* 11: 32~33.

1940b *Race: Science and Politics*. New York: Viking. Rev. ed. reprinted 1959, together with *The Races of Mankind*, by Ruth Benedict and Gene Weltfish, New York: Viking.

1940c Review of *Pueblo Indian Religion*, by Elsie Clews Parsons. *Review of Religion* 4: 438~440.

1941a Our Last Minority: Youth. *New Republic* 105: 279~280.

(c.1941b) 1959 Ideologies in the Light of Comparative Data. Excerpt in *An Anthropologist at Work*, pp. 383~385.

1941c Privileged Classes: An Anthropological Problem. *Frontiers of Democracy* 7: 110~112.

1941d Race Problems in America. *Annals*, The American Academy of Political and Social Sciences 216: 73~78.

1941e Review of *Pascua: A Yaqui Village in Arizona*, by Edward H. Spicer. *American Historical Review* 47: 170~171.

(c.1942a) 1959 The Bond of Fellowship. In *An Anthropologist at Work*, pp. 356~357.

1942b Primitive Freedom. *Atlantic Monthly* 169: 756~763. Reprinted in *An Anthropologist at Work*, pp. 386~398. Reproduced in this volume.

1942c Review of *An Apache Way of Life*, by Morris E. Opler. *American*

Anthropologist 44: 692~693.

1942d Review of *Becoming a Kwoma*, by John M. Whiting. *Journal of Social and Abnormal Psychology* 37: 409~410.

1942e Review of *Escape from Freedom*, by Erich Fromm. *Psychiatry* 5: 111~113.

1942f Review of *Principles of Anthropology*, by E. D. Chapple and C. S. Coon. *Psychiatry* 5: 450~451.

1943a Franz Boas as an Ethnologist. In *Franz Boas, 1858~1942*, pp. 27~34. Memoirs of the American Anthropological Association, No. 61.

1943b Human Nature Is Not a Trap. *Partisan Review* 10: 159~164.

1943c Recognition of Cultural Diversities in the Postwar World. *Annals*, The American Academy of Political and Social Sciences 228: 101~107. Reprinted in *An Anthropologist at Work*, pp. 439~448.

(1943d) 1972 *Rumanian Culture and Behavior*. Occasional Papers on Anthropology. No. 1 Anthropology Club and Anthropology Faculty, Colorado State University(Fort Collins, Colorado).

(1943e) 1952 *Thai Culture and Behavior: An Unpublished War Time Study Dated September, 1943*. Data Paper No. 4, Southeast Asia Program, Department of Far Eastern Studies, Cornell University.

1943f Two Patterns of Indian Acculturation. *American Anthropologist* 45: 207~212.

1943g (With Gene Weltfish) *The Races of Mankind*. Public Affairs Pamphlet No. 85. New York: Public Affairs Committee. Reprinted 1959, together with *Race: Science and Politics*, rev. ed., by Ruth Benedict, New York: Viking.

1946a *The Chrysanthemum and the Sword: Patterns of Japanese Culture*. Boston: Houghton Mifflin. Chapter 11 (abridged) reproduced in this volume.

(1946b) 1959 Remarks on Receiving the Annual Achievement Award of the American Association of University Women. Abridged in *An Anthropologist at Work*, pp. 430~432, and reproduced in this volume.

1946c The Study of Cultural Patterns in European Nations. *Transactions*, The New York Academy of Sciences, Ser. 2, 8: 274~279. Reproduced in this volume.

(1947a) 1959 Postwar Race Prejudice. In *An Anthropologist at Work*, pp.

361~368.

1947b Review of *The Road of Life and Death: A Ritual Drama of the American Indians*, by Paul Radin. *American Anthropologist* 49: 282~283.

1948 Anthropology and the Humanities. *American Anthropologist* 50: 585~593. Reprinted in *An Anthropologist at Work*, pp. 459~470. Reproduced in this volume.

1949a Child Rearing in Certain European Countries. *American Journal of Orthopsychiatry* 19: 342~348. Reprinted in *An Anthropologist at Work*, pp. 449~458.

1949b The Family: Genus americanum. In *The Family: Its Function and Destiny*, ed. Ruth Nanda Anshen, pp. 159~166. New York: Harper.

1949c Myth. In *Ruth Fulton Benedict: A Memorial*, p. 20. New York: Viking Fund. Reprinted in Selected Poems: 1941, in *An Anthropologist at Work*, p. 477. Reproduced in this volume.

1950 The Study of Cultural Continuities, and An Outline for Research on Child Training in Different Cultures. In *Towards World Understanding, 6. The Influence of Home and Community on Children under Thirteen Years of Age*, pp. 5~13, 15~25. Paris: UNESCO.

1956 The Growth of Culture. In *Man, Culture, and Society*, ed. Harry L. Shapiro, pp. 182~195. New York: Oxford University Press.

마거릿 미드와 루스 베네딕트의
특별한 학문과 사랑

마거릿 미드는 1901년 12월 16일 미국 필라델피아에서 펜실베이니아 대학의 경제학 교수인 아버지 에드워드 미드와 사회운동가이며 교사, 여성 참정권론자인 어머니 에밀리 포그의 다섯 자녀 가운데 첫째로 태어났다. 아버지는 교직 이외에 개인 사업에도 성공했기 때문에 미드는 유복한 환경 속에 성장했다. 그러나 아버지가 사업가인 다른 여자와 정분이 나면서 집안에 긴장이 발생했고, 어머니는 자녀들을 생각하여 이혼을 하지 않고 버티었다. 이러한 가정환경 때문에 미드는 어릴 적부터 여성에게 동지의식을 느끼는 한편 남성에게는 적대감을 느끼는 일이 많았다. 고등학교를 졸업할 무렵 아버지의 사업이 기울자, 1919년 인디애나 주의 드포 대학에 입학했다. 여기서 룸메이트 로텐버거를 만나 자신의 동성애 기질에 눈뜨게 된다.

1920년대의 여성 동성애에 대해 레즈비언 연구가 릴리안 파더만은 이렇게 말한다. "어떤 사랑은 완숙한 성적 표현으로 나아가기도 했지만, 대부분은 키스, 포옹, 감상적 선언 등으로 표현되는, 동성 간의 우정에 바탕을 둔 낭만적 감정이었다. 그것은 엄밀한 의미의 동성애라고 할 수 없고 동성 간의 호의에 바탕을 둔 것이었다. 그들에게 성행위는 늘 이차적인 의미에 머물렀다."

미드는 2학년 때인 1920년 뉴욕 컬럼비아 대학의 부속학교인 바너드 대학으로 옮겨갔고, 여기서 대학 4학년이던 1922년 가을 루스 베네딕트를 만났다. 미드의 룸메이트가 자살하는 사건이 발생했을 때 베네딕트가 친절하게 위로해준 것이 계기가 되어 두 사람은 친해지게 되었다. 1923년 미드가 대학을 졸업하면서 두 사람은 연인 관계로 발전했다. "부지불식간에 우리의 관계는 동료 겸 친한 친구의 관계로 발전했다"고 미드는 나중에 회고했다. 하지만 비밀 유지를 위해 동성애는 언급하지 않았다.

이 두 사람의 동성애를 엿보게 해주는 루스 베네딕트의 시(1922년 12월 작)가 남아 있는데, 전문을 인용하면 이러하다.

나는 언젠가 아름다운 사람과 누우리.
유방에 유방을 맞대고.

세월, 너에게 복수를 하리,
다시 한번 축복을 받으리.

나는 자의식 가득한 채
너의 사막을 걸으리라.
그 어떤 농담에도
연민을 호소하지 않으리.

세월이여, 수천 년의 시간이여,
근심을 벗어 놓으라.
내가 아름다운 사람과 누울 때,
유방에 유방을 맞대고.

미드는 대학 졸업 후 베네딕트의 권유로 컬럼비아 대학원 인류
학과에 진학한다. 이어 1923년 9월 초에 고향 친구인 루터 크레
스만과 결혼을 했다. 미드가 나중에 충동적인 결혼이었을 뿐 루
터를 사랑한 적이 없다고 말한 것으로 보아 오래 갈 결혼은 아니
었다. 미드는 뉴욕에 살림집을 차리고 컬럼비아 대학원에 다녔다.
당시 이 대학에는 프란츠 보아스라는 저명한 인류학 교수가 있었
는데, 미드와 베네딕트는 모두 그의 제자였다. 유대인으로 독일
에서 이민을 온 보아스는 미국 인류학의 창시자나 다름없는 인물

이지만 개인적으로 불행한 사람이었다. 성인이 된 보아스의 아들은 기차 사고로 사망했고, 딸은 소아마비를 앓았으며, 그의 아내 마리 보아스는 길거리에서 자동차에 치어 사망했다. 만년의 보아스는 병든 몸을 이끌고 힘들게 살았다.

1920년대 초반 베네딕트는 캐나다의 오타와 대학에 있는 에드워드 사피어를 알게 되었는데 미드도 베네딕트를 통하여 사피어를 알게 되어 연인관계에 들어가게 된다. 『루스 베네딕트』의 뒷부분에 붙어 있는 30주년 기념판 '추천사 1'에 보면 이런 말이 나온다.

　　『연구 중인 인류학자』를 출판할 당시, 미드는 에드워드 사피어의
　　미망인 때문에 어려움을 겪었다. 미망인이 그 책에서 1920년대에 있
　　었던 미드와 사피어의 관계를 절대 언급해서는 안 된다고 주장했던 것
　　이다.

이 미망인은 사피어의 두 번째 부인 진 사피어로서, 사피어와 미드가 사귀던 당시에는 첫 번째 부인이 정신병으로 죽고 사피어는 홀아비 상태였다. 그러나 미드와 사피어의 연애는 불발로 끝나고 만다. 이후 사피어는 미드의 연구에 자꾸 시비를 거는 속 좁은 남자로 등장한다. 사피어는 캐나다에서 시카고 대학으로 옮겼다가 1931년 예일 대학으로 전직했으며 1937년 심장마비를 일으

켜 사망한다.

1925년 미드는 사모아 섬으로 현지 탐사를 나가게 된다. 이 여행에 대하여 프란츠 보아스는 너무 멀리 떨어진 곳이라고 말렸으나 미드의 뜻은 확고했다. 이 이별을 두고서 루스 베네딕트는 속으로 굉장히 가슴 아파했다. 1926년경 루스는 미드보다 두 살 아래인 21세의 나탈리 레이먼드라는 여성과 사귀게 된다. 마거릿 미드는 나중에 루스의 일기를 출간할 때 나탈리 부분은 삭제했다. 루스는 1938년까지 나탈리와 교제를 계속했다. 루스는 그 후 52세 때, 네 살 아래인 루스 밸런타인을 만나서 사망할 때까지 파트너 관계를 유지한다. 패서디나 출신의 밸런타인은 루스와 마찬가지로 배서 대학을 나왔고, 루스의 생애 말년에 뉴욕과 워싱턴을 따라 다닌 친밀한 파트너였다. 『루스 베네딕트』에서는 이 여자에 대해 "그녀(루스 베네딕트)는 그 보직을 받아들이고 1943년 중반 워싱턴으로 이사했다. 거기서 그녀는 캘리포니아에서 사귄 친구 중 하나인 임상 심리학자 루스 밸런타인과 함께 살았다"고 짤막하게 언급되어 있다.

1926년 미드는 사모아에서 유럽으로 가는 길에 자신보다 한 살 아래인 뉴질랜드 출신의 인류학자 레오 포천을 만난다. 포천은 루스가 『문화의 패턴』을 쓸 때 도부 족 자료를 얻어온 바로 그 사람이다. 미드와 포천은 곧 의기투합했고, 그녀는 결국 루터 크레스만과 이혼하고 레오 포천과 재혼한다. 미드는 1926년 10월

로마에서 있었던 인류학 학술 대회에서 루스 베네딕트를 다시 만났고, 이어 1928년 여름 한철도 함께 보냈다. 두 사람은 이렇게 가끔 만나면서도 연인 관계를 유지했다. 루스 베네딕트는 1930년 남편 스탠리와 별거하고 자신보다 연하인 건축기사 톰 마운트와 만난다. 그해 크리스마스 직전 루스는 자신의 일기에 "톰—접근해옴"이라는 은밀한 기록을 남겼다.

미드는 포천과 결혼 생활을 하는 동안 임신을 했으나, 성격 차이로 갈등이 많았고 서로 싸우던 중 포천이 미드의 배를 발로 걷어차서 유산을 하고 만다. 1931년 12월 미드는 뉴기니 현지 탐사를 나갔다가 그곳에서 자신보다 세 살 아래인 28세의 영국 인류학자 그레고리 베이트슨을 만난다. 두 사람은 만나자마자 서로에게 마음이 끌렸다. 베이트슨은 바람둥이로 소문이 나 있었으나 미드는 개의치 않았다.

그 후 미드는 포천과 이혼하고 1935년 3월 13일 그레고리 베이트슨과 세 번째로 결혼한다. 당시 미드는 34세이고 베이트슨은 31세였다. 1940년 두 사람 사이에서 태어난 딸 캐서린 베이트슨은 어머니 마거릿 미드와 루스 베네딕트가 젊은 시절 연인 관계였음을 밝힌 최초의 인물이 된다. 1947년 남편 베이트슨이 댄서와 바람이 나자 미드는 세 번째 남편과도 헤어지고, 그 후 딸을 키우며 혼자 살았다. 그녀는 뉴욕 시의 미국 자연사박물관에 오래 근무했으며, 보조 큐레이터(1926~1942), 차석 큐레이터(1942~1954), 민족지학 큐레이터(1964~1969)를 거쳐 이후 사망할 때까지 명예 큐레이터(1969~1978)로 있었다.

인류학자 미드는 오세아니아 지역의 원시 부족을 연구한 업적으로 기억된다. 그녀는 프란츠 보아스와 루스 베네딕트의 영향을 받아 심리학과 문화, 성적 행동의 문화적 영향, 국민성, 문화적 변화 등의 측면을 특히 집중적으로 연구했다. 그녀는 문화결정론자였기 때문에 20세기 후반에 들어와 그녀의 관찰과 결론에 여러 의문점이 제기되기도 했다.

미드의 대표적인 저서로는 『사모아의 성인식』(1928), 『세 부족 사회의 성과 기질』(1935), 자신의 어린 시절을 회고한 자서전 『블랙베리 겨울』(1972) 등이 있다.

1929년 미드에게 컬럼비아 대학 박사학위를 안겨준 『사모아의 성인식』은 아주 대중적인 스타일로 집필되어 있어 많은 독자의 사랑을 받았다. 이 책은 청소년의 질풍노도 시대는 보편적 현상이 아니라는 보아스의 가설을 다시 한번 확인한다. 사모아의 청소년은 아무 어려움 없이 성년으로 이행해 간다는 것이다. 단지 서구적 방식의 사회화가 성적, 직업적, 종교적, 가족적 갈등을 일으키는 요인이므로, 교육자와 부모는 소녀들이 성인 여성으로 원만하게 이행해갈 수 있도록 도와주어야 한다고 주장한다. 이 책은 남태평양에 대한 미국인의 동경에 힘입어 베스트셀러가 되었고, 영국의 한 인류학자는 이 책을 쓴 미드를 가리켜 "여류소설

가"라며 폄하하기도 했다. 이 책에서 미드는 "일탈"이라는 개념
을 다시 검토하면서 사모아 원주민이 여성 사이의 동성애에 관대
하여 그것을 "장난" 정도로 여기는 태도를 묘사한다. 원주민 사
회가 성을 이성애와 동성애로 엄격하게 구분하지 않기 때문에 성
정체성과 관련하여 노이로제, 불감증, 무기력 등이 발견되지 않
는다는 것이다.

『세 부족 사회의 성과 기질』은 이러한 주제를 더욱 심화 확대
하여 나간다. 이 책은 뉴기니의 세 부족인 아라페시 족, 문두구머
족, 챔블리 족의 남녀 관계를 살펴본 것이다. 미드는 아라페시의
남녀는 서양의 여자(온유하고 부드러운 타입)와 비슷하고, 문두구
머의 남녀는 서양의 남자(거칠고 사나운 타입)와 비슷하고 챔블리
의 남녀는 서양의 남녀와는 정반대 스타일로 성별이 구분되어 있
다(챔블리 남자는 온유하고 부드러운 반면, 챔블리 여자는 거칠고 사납
다)고 진단한다. 그러면서 미드는 남성과 여성에 부과된 특징이
문화적 편의에 따른 임의적인 것이라고 주장한다. 다시 말해 남
자와 여자의 정체성은 사회에 따라 달라질 수도 있다고 암시하는
것이다. 그러면서 사회적 일탈로 여겨지는 동성애(미국의 경우)가
남성과 여성의 역할을 지나치게 억압적으로 구분하는 사회에서
발생하는 것이라고 주장한다. 그것(남성과 여성의 역할)이 구분되
어 있지 않은 아라페시 족이나 문두구머 족의 경우에는 동성애라
는 개념이 아예 없는데 비해, 그것을 구분하는 챔블리 문화에서

는 "거친 동성애적 장난"이 발견된다는 것이다.

이런 발견을 바탕으로 하여 미드는 미국 사회 내의 "일탈"로
시선을 돌린다. 미국 사회의 성적 일탈은 타고난 기질과 성 역할
이 일치하지 않을 때 발생한다. 가령 남자아이에게 용기라는 특
성을 기대하는 문화에서 태어난 남자아이가 겁 많은 기질이라면,
그는 자신의 성 정체성에 커다란 위협을 받게 된다. 이 남자아이
는 결국 자신이 남성의 일원이 아니라고 느끼게 되어 자신을 여
성과 동일시하게 된다(마찬가지로 이런 사회 내에서는 용감한 소녀 또
한 위협을 느낀다). 그러나 용감함과 성性이 서로 연계되어 있지 않
은 사회에서는 겁 많은 남자아이라도 자신의 성 역할에 어려움을
느끼지 않는다. 다시 말해 성적 일탈자가 되지는 않는다.

이런 결론에 도달한 미드는 문화적 몰지각성을 이유로 정신분
석학을 거부한다. 정신분석은 서구 사회의 가정 속에서 벌어지는
갈등 드라마를 가지고 성 정체성의 일탈을 설명하는데, 그보다는
문화를 가지고 개인의 성 정체성을 이해해야 한다는 것이다. 이
러한 미드의 주장은 자기 지칭성이 강하다. 자신을 늘 여성적이
라고 생각했던 미드는 남성적 경향을 가진 루스 베네딕트에게 끌
렸다. 그런 자신의 동성애 기질은 문화적 결정론의 소산일 뿐, 그
것을 병적이라고 볼 수 없다는 것이다. 다시 말해, 미국 사회가
아라페시 족 같은 사회를 형성하고 있었다면, 두 사람은 아예 동
성애를 느끼지 않았을 것이고, 나아가 설혹 동성애를 느꼈다고

하더라도 그것을 일탈로 여기지 않았으리라는 것이다. "문화는 판타지, 공포 관념, 열등감 등에 바탕을 두고서도 얼마든지 조화롭게 또 견고하게 구축될 수 있고, 또 위선과 허세에 탐닉할 수도 있다"는 루스 베네딕트의 말은 이러한 성 정체성의 옹호로 읽을 수 있다.

『블랙베리 겨울』은 아주 생생하고 따뜻한 시선으로 자신의 어린 시절을 회고한다. 미드의 부모, 형제, 성장환경이 잘 묘사되어 있다. 모든 자서전은 엄밀하게 말해 자신의 변명 혹은 옹호이다. 미국 문화에서 여성성과 사회적 성공은 "단순한 복잡" 같은 모순 어법의 관계이다. 다시 말해 마음이 따뜻한 여성의 사회적 성공은 서로 어울리지 않는 것이다. 그러나 미드는 성공한 사회인이었으므로 자신의 업적과 상치되는 여성성을 어떻게 드러낼 것인지 고심한다. 미드는 세 번이나 실패로 끝난 결혼, 여성과의 애인 관계, 인간관계를 중시하기보다 출세 지향적이었던 점, 가정과 육아의 소홀, 공격적 성취욕 등으로 유명했으나, 실은 자신이 아주 따뜻한 여자임을 말하려고 한다. 그녀는 자서전의 제목을 "블랙베리 겨울"이라고 한 것에 대해 서문에서 이렇게 설명했다. "블랙베리 겨울은 서리가 블랙베리 꽃망울에 내려앉는 시기이다. 그것은 풍성한 추수의 예고편이다." 이 자서전은 미드의 유년 시절에 집중되어 있으나, 앞으로 있을 그녀의 사회적 성공을 예고하고 있다.

미드가 1959년(당시 58세)에 루스 베네딕트 전기 『연구 중인 인류학자』를 집필하고, 그 후 사망 4년 전이자 『블랙베리 겨울』을 출간한 2년 후인 1974년에 『루스 베네딕트』를 다시 집필했다는 것은, 루스가 그녀의 마음속에 얼마나 깊이 자리 잡고 있는가를 보여준다. 한 인간의 마음속 깊은 곳에 있는 진실은 아무리 되풀이 연출되어도 그 당사자에게는 지겹지 않은 법인데, 이 전기는 그런 사정을 잘 말해준다. 따라서 『루스 베네딕트』 중 미드가 루스를 직접 언급하는 부분은 깊이 신경을 써가며 읽을 필요가 있다. 가령 "루스 밸런타인과 함께 살았다"는 말을 썼을 때 미드가 느꼈을 질투의 심정, "그녀의 아름다움이 회복된 1931년"이라고 썼을 때 미드가 회상했을 과거의 연정 등을 함께 떠올려야 한다. 이렇게 볼 때, 이 전기는 마거릿 미드가 먼저 간 친구에게 보내는 생애 마지막 편지라고 할 수도 있으리라.